AKAL / Artefacto

Director
Miguel Ángel Cajigal, *El Barroquista*

Diseño y motivo de cubierta: Juan Hervás / artbyte.es

Diseño interior: RAG

© Cipriano García-Hidalgo Villena, 2025

© Ediciones Akal, S. A., 2025
Sector Foresta, 1
28760 Tres Cantos
Madrid - España
Tel.: 918 061 996
Fax: 918 044 028
**www.akal.com**

ISBN: 978-84-460-5630-0
Depósito legal: M-28-2025

Impreso en España

CIPRIANO GARCÍA-HIDALGO VILLENA

# SOBRE EL PEDESTAL

## La construcción de la memoria
## y sus monumentos

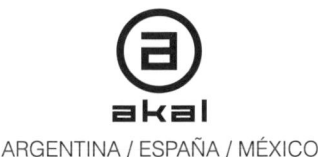

ARGENTINA / ESPAÑA / MÉXICO

A la intrépida Elena.

# Prólogo

Es la primera vez que me enfrento al reto de escribir un libro, su génesis me ha llevado a reflexionar mucho sobre cómo debía de ser mi forma de escritura, sobre qué contenidos y qué tono debía emplear, y he llegado a la determinación de que lo primero y principal es hacer una declaración de principios o, más bien, una justificación de cómo y porqué estoy metido en este fregado.

Hace un tiempo un muy buen amigo me llamó para hablarme sobre un proyecto nuevo, una colección de divulgación sobre Historia e Historia del arte en una de las editoriales que todos los amantes de estas disciplinas tenemos en alta consideración por la calidad de los textos que publica. En esa llamada ese amigo me proponía que escribiera yo uno de los libros y, además, me indicó qué tema tenía pensado. Como él me conoce bien, sabía que, por un lado, le iba a decir que sí, pero además iba a acoger la oferta con entusiasmo, pues el tema es un verdadero caramelo. Hacer una Historia de los monumentos, pero hacerla en el mismo tono en el que divulgo en los blogs y en el que hablo en los vídeos de YouTube, no hacer un ejercicio de erudición excluyente y elitista, sino un trabajo de contextualizar –¡cómo me gusta a mí esa palabra!– cómo se han utilizado los monumentos públicos, las esculturas, para construir un discurso o una memoria colectiva, que siempre va a estar controlada por las mismas instituciones que hacen los encargos y cómo, en un momento dado, en varias épocas de la historia, esos monumentos estorban o se resignifican. El tema no me puede parecer más fascinante, porque me permite hablar de mucho, casi de todo, y eso en sí mismo también es un problema. Mi primer impulso fue ampliar el foco, no solo la escultura que corona el monumento, sino también sus pedestales; cómo se encumbra o se desploma a personalidades de estas plataformas pétreas es, en muchísimos casos, una buena metáfora de los cambios que se producen en las sociedades, por eso me seduce tanto el proyecto.

Evidentemente el amigo no es otro que el director de la colección, no estoy desvelando nada que no pueda ser desvelado. Tras hablar con él, lo hice con el editor: fue una llamada fantástica, yo iba camino de ir a dar clase y el subidón fue enorme. Recuerdo que me dio datos importantes que nunca supe que iban a ser tan necesarios y a los que en aquel momento no presté demasiada atención, como el número de palabras que constituyen un libro de este tipo –escribo este texto tratando todavía de recordar cuántas me dijo, espero llegar al número–.

Desde esas dos conversaciones me he dedicado a mirar cada monumento que me he cruzado y a categorizarlo y tratar de ver si encajaba en mi idea preliminar. También me he acercado a textos que tratan el tema, a algunos viejos conocidos y a otros nuevos, he tratado de estar más o menos al día de por dónde van los estudios en esos campos. Evidentemente no he podido leer todo lo que hay acerca de este fenómeno, tampoco pretendo hacer un estado de la cuestión del asunto, no es esa mi idea ni el encargo recibido.

Por todo esto me gustaría ir dejando varias cosas claras desde el principio, para no llevar a engaños y para ser sincero, porque al final todo artificio se destapa. Es necesario ser honestos y reconocer nuestras debilidades y fortalezas, porque evidentemente no podemos saber de todo, ni lo pretendemos, pero sí que podemos dotar al lector de claves para ver cómo hemos llegado a la visión de la Historia del arte en este libro.

De primeras yo no hubiera escrito este libro *motu proprio*, seguramente no se me hubiera ocurrido. Si alguien me hubiera pedido un tema para un libro de divulgación, seguramente habría tirado por hablar de lo que más conozco: el Barroco o la Iconografía. Por eso el reto de este trabajo me parece aún mejor. Una vez que recibí el encargo, empezó ese lento trabajo de ir pensando qué podía encajar dentro y qué no, siempre desde la perspectiva de que es un texto que pretende ser para muchos, no para la elite de la intelectualidad. Por eso tengo que empezar con este ejercicio de sinceridad, porque en la historia que tengo que trenzar para ir alojando momentos, ejemplos, contextos, y, a partir de esos mimbres, organizar un discurso que sea comprensible, ameno, pero también riguroso y veraz, parto de mi propio contexto y no puedo ni quiero renunciar a él, pero siendo consciente de que hay que tenerlo presente.

Quiero decir que, en mis apreciaciones y en mi visión de la Historia del arte, vengo con una mochila ya cargada, la de ser hombre, blanco, europeo, nacido en la década de los setenta del siglo pasado, con una educación muy formalista y basada fundamentalmente en el arte occidental. Este contexto, mi formación universitaria y mi lugar de nacimiento y residencia van a influir, y mucho, en que mi discurso peque seguramente de cierto eurocentrismo, que los ejemplos que utilice se vayan circunscribiendo en muchas ocasiones a lo que yo conozco mejor, como son el periodo del Barroco y la ciudad de Madrid. Es lógico, pues muchos de los que nos dedicamos a esto de la divulgación seguimos esa máxima de que tienes que hablar de aquello que mejor conoces.

Mi bagaje en redes sociales y mi contacto con historiadoras e historiadores, así como mi oficio de docente, han hecho que tome conciencia de aspectos de cómo hacer Historia del arte que no se tenían en cuenta en mis años de estudiante y que ahora han tomado más protagonismo, permitiendo plantear nuevos enfoques a viejos problemas que están arrojando luz sobre contextos del pasado que también he querido tener en mi cabeza a la hora de afrontar este reto. No pretendo dar lecciones sesudas sobre historiografía, pero esta disciplina es fundamental para afrontar un reto como este. Para todos aquellos ajenos a ella, simplemente he de comentar que se denomina así a la manera de contar por escrito la Historia, es decir, a la metodología y la propia forma en la que las y los historiadores han registrado por escrito los hechos del pasado intentado dar una explicación. El trabajo de estos no se limita a investigar fuentes y buscar datos y hechos, sino que además tienen que narrarlos, crear un relato que dé sentido y permita comprender la labor de recopilación y sistematización de los datos obtenidos, la manera de contar, en qué nos fijamos y en qué no, es lo que llamamos corriente historiográfica.

La historiografía, evidentemente, ha ido evolucionando al mismo ritmo que las sociedades, de tal manera que no se escribe ahora como se hacía en el siglo XIX ni, evidentemente, como se hacía en la Edad Media. Esa evolución es importante porque ha ido variando el foco de atención según las épocas y nos ha permitido nuevas maneras de acercarnos al pasado. Es por ello por lo que la Historia no se termina de construir nunca, pues cada generación la ve con los ojos de su época y varía su mirada hacia el pasado. La Historia se fijaba antes en los grandes nombres, también la Historia del arte comenzó como una suerte de sucesión de biografías de *genios,* luego las disciplinas se han ido fijando en otras cuestiones, como los sistemas económicos y el dominio de los medios de producción, las mentalidades, la historia de las sociedades y la microhistoria, de tal manera que según han evolucionado esas visiones, también ha cambiado nuestra manera de mirar y acercarnos al pasado.

Tener presente esos cambios es esencial y ser conscientes de ello ayuda a entender por qué parece que hay modas en la manera de contar los hechos del pasado. En mis años como divulgador en redes sociales siempre he intentado mantener cierta coherencia entre lo que hago y lo que pienso: ser honesto es necesario, aunque te lleve a situaciones, las menos de las veces, incómodas.

Este libro seguramente hubiera sido distinto si lo hubiera escrito hace diez años y, aunque tenga una intención de validez larga en el tiempo, no me voy a engañar, responde a este contexto que comento al principio. Dentro de unos años puede haber cambiado tanto el contexto que sirva como ejemplo de cómo se hacían las cosas en el primer tercio del siglo XXI, que sea un ejemplo de una corriente historiográfica. En estos años mis ideas también han ido cambiando, porque nos vamos adaptando a las nuevas preocupaciones y focos que van apareciendo en nuestra sociedad. Por ejemplo, mi pensamiento acerca de si hay que mantener o retirar ciertos monumentos dedicados a personas con un elemento oscuro en su biografía está todavía en construcción, no tengo un criterio claro y por el momento suelo resumirlo en la idea de conservar y contextualizar, pero entiendo que conservar no es sinónimo de exhibir y no siempre se conservan las cosas en las mejores condiciones para su salvaguarda. Estamos acostumbrados a ver las imágenes en los noticieros de vandalización o directamente destrucción de una efigie en el marco de protestas o revoluciones. Es así desde la propia Revolución francesa, por lo que es fácil entender lo simbólico y contundente del mensaje de derribar una estatua como metáfora de derrocar a un dictador o un sistema político que no es aceptado por su propia ciudadanía. Entiendo que eso pase y que, como historiador del arte, también lo pueda llegar a justificar por la poca tradición historiográfica de esa pieza, o por su «escaso valor artístico» desde los ojos de mi construcción historiográfica europea y formalista. Pero a la vez me pregunto si, dentro de unos siglos, los futuros historiadores pensarán lo mismo o si lo verán como una muestra de barbarie y juzgarán nuestra época como oscura y falta de racionalidad. Con todo esto vengo a exponer que no es fácil tener un criterio claro cuando mezclamos tantos ingredientes en el cóctel y no quisiera yo pecar de integrista, ni mucho menos de proselitismo. Creo que el camino es dar contexto, dar conocimiento, y que cada uno con ello intente formar su propio criterio. Porque es importante que empecemos a dar más valor al conocimiento, en los asuntos artísticos, que al gusto, pues este siempre tendrá un alto componente subjetivo que poco tiene que ver con las realidades del pasado.

Por otro lado, no soy ajeno a que en gran medida los monumentos que hoy día podemos ver y muchos que no nos han llegado son fruto de un momento histórico interesante: el siglo XIX y la construcción del Estado liberal, que usa estas manifestaciones, al igual que usará la pintura de gran formato, para construir un relato del pasado que explique y justifique su presente, dejando fuera del mismo a muchas minorías y a todo lo que no encaje en su modelo. Pero también hay que ver cómo la crisis de este modelo ha dado lugar a otro tipo de manifestaciones en los años venideros y a cómo la cultura occidental ha exportado el modelo a otros ámbitos geográficos que han tomado el relevo en esa idea de la construcción de un relato cultural que explique situaciones, hegemonías o visiones de cada sociedad. Y ante estas manifestaciones me pregunto si debería seguir siendo la cultura occidental, el arte occidental, el rasero con el que medir todo este tipo de monumentos.

El arte es reflejo del momento, los valores que representa son los de la sociedad que ha encargado la obra. Pero, además, el objeto artístico, una vez realizado, tiene su propia vida, su propia trayectoria y una valoración cambiante por las sucesivas generaciones. La labor de los investigadores, estudiosos y docentes consiste en transmitir y difundir esos conocimientos. Durante demasiado tiempo hemos sufrido la dictadura del gusto, vienen condicionando nuestra visión del arte, sobre todo desde la Ilustración. Es de una banalización terrible, y creo que todos caemos en ella en alguna ocasión, juzgar una obra desde ese parámetro. Es restarle valor, porque se trata de concederle un valor sustentado en la subjetividad. Estamos tan sometidos a la dictadura del gusto que la falta de este, es decir el disgusto, es la única excusa necesaria para que se pueda iniciar un ataque destructor sobre los objetos artísticos, más si están en el espacio público.

Al final de lo que estamos tratando es de cómo hemos construido eso que se ha venido a llamar *memoria colectiva,* término controvertido pero que resulta útil para entendernos. La memoria es frágil y muy manipulable; la historia está llena de ejemplos de ello. Mi primer recuerdo de un acontecimiento histórico relevante, o por lo menos en aquellos momentos lo era, es el intento de golpe de Estado del 23 de febrero de 1981. En aquel momento yo era un niño de cinco años, próximo a los seis, que vivía en un piso bajo de Getafe, ciudad del área metropolitana de Madrid, en un barrio obrero, con unas ventanas que daban a una vía de tren que partía la ciudad en dos. Yo soy uno de esos españoles que recuerda encender la tele ese día y ver la imagen del congreso vacía, con un teniente coronel de la Guardia Civil pistola en mano apuntar hacia el techo. Muchas personas recuerdan algo parecido y la verdad es que eso no sucedió nunca o, por lo menos, no sucedió así. Los militares golpistas habían ocupado la sede de Televisión Española en Prado del Rey y habían obligado a cortar la emisión. Es más, no se estaba retransmitiendo en directo las votaciones del Congreso, porque no tenía especial relevancia en ese momento, sino que se estaba grabando para luego montar las imágenes en los informativos. Las imágenes las pudimos ver todos varios días después, cuando el golpe había sido neutralizado; toda la información real y en directo del mismo se había retransmitido por radio, no por televisión. Sin embargo, muchísimos españoles recordamos ver esas imágenes y hemos construido el recuerdo, falso, de cómo vivimos ese día. La memoria, a veces, es así, y por eso hay que tener cuidado tanto con ella como con todo aquello con lo que construimos nuestro relato como sociedad. Los monumentos públicos que podemos ver en ocasiones nos remiten al pasado, pero en otras es una figura ignorada que no nos dice mucho: depende del papel que haya tenido en nuestro relato, del peso que le hayan dado en los discursos y en las narraciones de nuestro pasado; por eso se siguen levantando y por eso a veces levantan ampollas. Frente a todo el ruido que suele acompañar a estos momentos, lo mejor es buscar el conocimiento y el contexto. Suelen ser herramientas útiles para entender y poder juzgar esa memoria colectiva que se construye con los personajes que subimos a –y bajamos de– pedestales, con los que se nos siguen removiendo las entrañas y con los que son simplemente un decorado más de nuestro transitar por la ciudad.

Le he dedicado muchos ratos a pensar qué cabía dentro de este libro y qué se esperaría que hubiera en él. Al no ser un tema concreto, empecé a apuntar en una nota del móvil, todos aquellos sucesos relacionados con esculturas y monumentos que se venían a mi cabeza cada vez que pensaba en el libro. Al final me quedó una lista un poco curiosa, llena de referencias vagas a sucesos como derrocamientos, vandalizaciones, destrucciones o éxitos y fracasos de este o aquel monumento y su porqué. Como soy hijo de mi tiempo y de mis circunstancias, y estas últimas pasan por mi labor de apoyo al trabajo de mis queridos compañeros, Miguel Ángel Cagijal, *El Barroquista,* o Sara Rubayo, *La Gata Verde,* pensaba en que debía intentar no excluir, por lo menos de manera consciente, la labor de mujeres en este campo. Quería que, como la Historia del arte de mi compañera Sara, fuera paritaria y no excluyera a nadie, pero además quería que eso sucediera de forma natural. Realmente me he encontrado, para mi sorpresa, con muchas más obras salidas de la creatividad de las escultoras de las que en un principio me esperaba y algunos de los ejemplos cumplen a la perfección su función, porque están dentro de la diana de las ideas que quiero tratar en el relato del libro. Por eso he ido organizando el relato en una serie de capítulos, que van abordando bloques temáticos, no estrictamente cronológicos. Pero los contenidos de los distintos bloques se van enredando, como si fueran conexiones neuronales, de tal forma que de algunos ejemplos hablo en varios sitios, porque conectaban diferentes cuestiones importantes para mí. En esa especie de acumulación de ejemplos para hablar de bloques de contenido, he tratado de ser ordenado y contarlo cronológicamente, ya que para mí es importante agarrar ese referente que es el tiempo, para no perdernos por el camino.

A la hora de plantear un capítulo exclusivo para las mujeres artistas, dudé mucho, porque, como acabo de mencionar, he tratado de llevar ejemplos de mujeres en todo el desarrollo de los bloques, sin forzar, pero sin excluir. Hacer un capítulo aparte me generaba dudas, porque no quiero que las mujeres artistas sean un anexo en la Historia del arte, sino que queden integradas en el relato, tal como ocurrió en su momento. Ahora que he visto el resultado final de ese capítulo, he de decir, que no me arrepiento nada de haberlo dejado así, porque es seguramente del que más he aprendido y, como docente que soy, aprender es siempre uno de los objetivos, también al enseñar.

Por otro lado, quiero dejar también de manera clara, que en principio y sin ningún tipo de ambigüedad estoy en contra de ejercer la violencia, también si esta es ejercida contra un objeto y sobre todo si ocasiona la destrucción de este. Para algunos la violencia puede venir justificada por una lucha para lograr un ideal o para obtener un cambio. En mi opinión la violencia no debería ser nunca el camino. Como historiador del arte soy consciente de que esta disciplina nos ha enseñado que no estudiamos lo mejor que se hizo, sino lo que nos ha llegado. No conocemos ningún original griego, sino copias romanas. No sabemos cómo pintaban Zeusis, Apeles o Parrasio. ¿Y si al destruir esculturas no dejamos obras de esos periodos para las generaciones futuras? ¿Y si por dejarnos llevar por un acto violento, que no va a cambiar nada, privamos a los que nos han de suceder de conocer mejor los contextos del pasado?

En cualquier caso, mi intención es que sea un texto entendible y que juntos viajemos por una historia apasionante, la historia de cómo se gestan las listas de grandes personalidades que merecen subir a un pedestal o cómo se les derriba de ellos. Es la historia de cómo se construye la memoria colectiva, concepto que parece que no gusta mucho a todos, pero que creo que define bien esa intención por parte de quien erige los pedestales y trata de justificarlos. Como muestra de ello, simplemente buscad cualquier listado de los personajes más importantes de la historia y comprobaréis que este va a ir cambiando, dependiendo de la época en que se creó, acomodándose en cada momento a las visiones de la sociedad contemporánea a su realización, que mira hacia atrás de manera diferente a como se hacía en el pasado o se hará más adelante en el tiempo.

Yo por mi parte me comprometo a seguir siendo honesto y a emprender contigo, lector, este viaje apasionante que espero que nos lleve por senderos que aporten luz a esta otra historia de las mentalidades y la culturas, aquella que decide a quién debemos honrar memoria y quién merece ser bajado del pedestal.

# 1. Origen de la escultura
«Todos los ídolos se vinieron a tierra»

Los monumentos públicos son siempre obras que se hacen con voluntad de poner de manifiesto dos elementos fundamentales: memoria y recuerdo. La memoria es frágil y por ello es tremendamente maleable; siempre se puede modificar y alterar. De tal forma que un recuerdo del pasado se puede manipular para que la memoria narre una historia más conveniente para el grupo dominante que tiene especial interés en manejar los códigos culturales para que trabajen en favor de su posición. También puede surgir de un error o de una interpretación equivocada de ese pasado que se quiere reivindicar o rechazar. Este hecho hace que sea fundamental, por un lado, el conocimiento de las circunstancias, esto es, del contexto de la creación de los artefactos culturales del pasado; y, por otro, cómo esos artefactos han llegado a nosotros y qué lecturas se les han dado a lo largo de la historia. Estas narraciones nos ayudarán a entender el significado que han tenido a lo largo de la historia, la interpretación que se les puede dar hoy y cómo la sociedad –o una parte de ella– ve esos objetos y los identifica con una ideología concreta, por lo que son susceptibles de ser aceptados o demonizados como representaciones de códigos de un pasado que se debe superar.

Cuando paseamos por una ciudad ajena, vemos cómo en las plazas más céntricas o en los lugares más destacados se yerguen esculturas sobre grandes pedestales que recuerdan a figuras que no sabemos quiénes son ni por qué han sido merecedoras de tan importante monumento. Seguramente alguno con cierta curiosidad puede usar ese recurso que hemos hecho tan nuestro, de buscar la información en el teléfono móvil. Pero la gran mayoría ni siquiera se interesará demasiado en resolver la duda. En cambio, para los habitantes de la ciudad, ese personaje puede llegar a ser importante, porque al final es el decorado en el que se desarrolla su vida. En algunos casos, estas esculturas o monumentos adquieren otro significado al tornarse en tradición que todo turista repita, sin saber muy bien por qué, ciertas acciones que no suelen ser beneficiosas para la supervivencia del propio objeto: tocar cierta parte, besar otra, lanzar monedas, poner candados o cualquiera de las costumbres que en este mismo momento se están agolpando en tu cabeza, porque todos las hemos hecho alguna vez, ya que «allá donde fueras, haz lo que vieres»… Pocas personas se preguntarán, al pasear por Madrid, por qué don Álvaro de Bazán está en la plaza de la Villa o quién demonios es Eloy Gonzalo y por qué nadie le llama así, sino Cascorro… Pero ahí están y forman parte ya del paisaje, del decorado, de la ciudad y de la vida de sus habitantes.

Es por ello por lo que la historia de cómo se han ido construyendo los monumentos ha de empezar por el origen mismo de los mismos, que no es otro que el origen de las manifestaciones artísticas. En ese sentido es muy ilustrativo cómo en la Antigüedad se explicaba ese origen y cómo los citados elementos, memoria y recuerdo, están siempre presentes en las narraciones. Así lo refiere Plinio el Viejo en su *Historia natural,* en la que cuenta la historia de una joven de Corinto llamada Cora, hija de un alfarero de nombre Butades de Sición, que, ante la marcha a la guerra de su joven amado, plasmó su silueta en la pared utilizando la luz de una vela como recordatorio de su ausencia. Un acto de amor como creador del dibujo y la pintura, pero también un acto para mantener viva la memoria y el recuerdo del ser amado. Para la tradición hebrea recogida en la Biblia, también es un acto para mantener vivo el recuerdo del ser amado el que inicia la utilización de imágenes que lleva a la idolatría: «Un padre, presa de acerbo dolor, hace la imagen del hijo que acaba de serle arrebatado, y al hombre entonces muerto le honra ahora como a Dios, estableciendo entre sus siervos misterios e iniciaciones»[1].

Dentro de los autores cristianos que van a tratar de conciliar los textos sagrados con el conocimiento histórico del pasado y los textos clásicos, será san Isidoro de Sevilla, obispo visigodo del siglo VII, quien va a identificar en esta breve y un tanto oscura cita bíblica del

---

[1] Sab 14, 15.

libro Sabiduría, que el padre dolorido sería el rey asirio Belo, hijo de Nebrot, y que el hijo sería Nino, que a su vez estuvo casado con la reina Semíramis, quien continuaría con esta tradición familiar de crear imágenes al decorar la ciudad de Babilonia con las efigies de ella y su marido y de sus suegros. Isidoro afirma que, aunque los judíos creen que Ismael fue el primero en modelar la primera imagen en arcilla y que para la tradición clásica es Prometeo el primero en desarrollar el arte de hacer estatuas, es en realidad el rey babilonio Ninus al que se debe atribuir la invención de la idolatría.

Giorgio Vasari, para muchos el padre de la Historia del arte, relata en el proemio de *Las vidas*:

> No dudo que sea una opinión común entre los escritores que la escultura junto con la pintura fueron descubiertas por los egipcios, y que otros, sin embargo, atribuyen a los caldeos los primeros bocetos de los primeros relieves de estatuas realizados en mármol [...]. Si bien es verdad que no se puede afirmar que los hombres anteriores al Diluvio trabajasen en estas artes imitando esta obra tan bella, parece verosímil creer que esculpieron y pintaron de varias maneras; después Belo, hijo del soberbio Nebrot, alrededor de doscientos años después del diluvio universal, mandó hacer la estatua de donde nació la idolatría, y su famosa nuera Semíramis, reina de Babilonia, en la construcción de aquella ciudad, puso como ornamentos no solo diversos y variados tipos de animales, representados y pintados del natural, sino su propia imagen y la de su marido, Nino, y también las estatuas de bronce del suegro, de la suegra y de su consuegra, como cuenta Diodoro[2].

Está claro que esa tradición medieval que nace en Isidoro se mantiene hasta el siglo XVI sin muchas fisuras, pero mucho más interesante y, a la postre, más veraz es la teoría del origen de la escultura que da Alberti en su tratado *De Statua*, en el que no lo relaciona con un momento histórico concreto, sino que lo vincula a la capacidad universalmente humana de reaccionar a los objetos que la naturaleza ha ido moldeando de manera semejante a animales o a humanos y que estos reconocían como tal, de manera que se

---

[2] Giorgio Vasari, *Las vidas de los más excelentes arquitectos, pintores y escultores italianos,* Madrid, Cátedra, 2012.

inicia un proceso de imitación de esos objetos. Alberti en el siglo XV está dando las claves para entender las primeras manifestaciones escultóricas de la prehistoria, porque ha entendido que hay una tendencia en el hombre a crear artefactos que se asemejen a elementos de la naturaleza: la clave está en la mímesis, en la imitación, que es una de las grandes cuestiones del arte.

Imitación, recuerdo y memoria están entonces entre las claves que hace que comprendamos la necesidad que siempre hemos tenido los humanos de dejar constancia de nuestra presencia en el mundo, así como de las personalidades que hemos entendido que son merecedoras de que sean recordadas. Pero, como bien cuenta Miguel Ángel Cajigal, *El Barroquista,* en su *Otra Historia del arte*[3], esa necesidad de proyección de los rasgos de una persona a través del tiempo para perpetuar la memoria, siguiendo la tradición romana del culto familiar a los ancestros –que también está vinculado a estas narraciones del origen del retrato y del arte–, se sustenta a veces en imágenes que poco o nada tienen que ver con la supuesta personalidad a las que se vincula, por lo que en muchas ocasiones hemos creado una memoria del pasado basada en una imagen no real y, por ello, estamos construyendo un relato distorsionado. Me parece interesante el cómo, el porqué y, sobre todo, el para qué de esas construcciones. Hemos heredado esa necesidad de acompañar la narración del pasado –o el recuerdo de un personaje o una hazaña– con una imagen que apoye la historia y, en la era digital, esta necesidad se ha convertido casi en obligación dando pie a que, por usar imágenes que sirvieran de soporte contextual a la narración, se acaben confundiendo esas imágenes ilustrativas con verdaderos retratos o verdaderas recreaciones del hecho en cuestión, creando confusiones y errores en las identificaciones que, en muchos casos, son complicados de corregir o revertir. Estoy pensando en las veces que se usa el retrato de Juan de Pareja de Velázquez para ilustrar la biografía de Juan Latino, cuando uno es del siglo XVII y el otro del precedente. No quiero pensar en el impacto que finalmente tendrán el desarrollo de los programas de creación de imágenes por inteligencia artificial y las falsas imágenes que acabaremos asumiendo como verdaderas, todo un jardín del que apenas estamos atisbando la valla.

---

[3] Miguel Ángel Cajigal, *Otra Historia del arte,* Barcelona, plan B, 2021.

Pero volvamos al comienzo. Personalmente soy muy reacio a hablar de arte cuando tratamos de las producciones humanas de la Prehistoria. En primer lugar, porque es mucho lo que ignoramos de esa etapa; todas las aseveraciones que podemos leer en cualquier manual de Historia del arte son fruto de teorías más o menos racionales que, aunque basadas en objetos encontrados, son una pequeñísima parte de lo que se pudo producir y en interpretaciones de esta usando claves que tienen que ver con la comparación entre culturas que se quieren ver como semejantes, con el trabajo de antropólogos y con cierta asociación del objeto encontrado con teorías de modos de vida, creencias, rituales, etc. En ese sentido, me parece interesante el ejercicio que han hecho otros historiadores que me han precedido de arrojar luz sobre algo tan confuso y oscuro. Leyendo a Juan José Martín González y su manual clásico *Historia de la Escultura*[4] no puedo sino sonreír al leer frases como: «Las representaciones humanas decaen en el *Solutrense* y, al contrario, abundan las representaciones animales». Ignoro profundamente si esta afirmación está suficientemente fundamentada –confío bastante en el criterio de Martín González y seguramente en los años setenta del siglo pasado, esta afirmación era válida–, pero desde entonces han avanzado bastante los estudios sobre Prehistoria y yo no soy conocedor profundo de los mismos, por lo que no me atrevería a asegurar que en el Solutrense haya más o menos esculturas de un tipo u otro. Pero sí que he de reconocer que también recoge en esa introducción a la escultura prehistórica y «primitiva» la idea de que en los primeros tiempos del Paleolítico han aparecido ejemplos de «piedras figuras» a las que la acción de los agentes erosivos ha dado formas que se asemejan a elementos de la naturaleza, como animales, y que conecta de nuevo con la idea de Alberti del origen de la escultura. Parece que las evidencias han acabado dando la razón a su teoría.

Como ha dejado claro Sara Rubayo en su *Te gusta el arte aunque no lo sepas*[5]:

Lo fascinante de no tener ni idea de por qué o para qué comenzamos a poner megapiedras de pie o por qué nos dio por pintar

---

[4] Juan José Martín González, *Historia de la Escultura,* Madrid, Gredos, 1970.
[5] Sara Rubayo, *Te gusta el arte aunque no lo sepas,* Barcelona, Paidós, 2022.

paredes y personalizar nuestras herramientas y objetos de uso cotidiano es que nos da mucho que pensar y mucho con lo que especular, ofreciéndonos la posibilidad de hacernos preguntas y eso es bueno.

Tradicionalmente se intentaban explicar esas manifestaciones relacionándolas con ritos religiosos, mágicos o sobre la muerte y las creencias. Pero creo que la explicación que más me ha calado personalmente como lector es esta que nos proporciona Marga Sánchez Romero en su *Prehistoria de mujeres*[6] refiriéndose a la pintura rupestre, pero que podemos extrapolar a cualquier manifestación artística de la prehistoria:

> En mi opinión, las representaciones rupestres son, sobre todo, un ejercicio de comunicación. Una comunicación esencial que se establece a diversas escalas entre los grupos humanos y lo sobrenatural, pero también entre los propios miembros de las comunidades que las generaron. El arte rupestre supone la expresión de una forma de entender y de explicar el mundo, de plasmar materialmente deseos y miedos, de transmitir simbólicamente la identidad, de apropiarse del paisaje haciendo que los lugares sean socialmente significativos, y también de expresar el conocimiento que esos grupos tienen sobre el mundo. Se trata de contar historias en las que lo oral se mezcla con el trazo dibujado. Se trata de transmitir conocimiento, un conocimiento que, a lo largo del tiempo, hemos seguido contando en múltiples soportes: en las esculturas de un pórtico, en un mapa, en la pizarra de una escuela, en un televisor, en un grafiti o incluso en ese cuento que le narras a tu hija.

En cualquier caso, esas manifestaciones prehistóricas han cumplido un objetivo que quizá no estaba en la mente de esas primeras personas que graban, pintan, tallan o colocan piedras, que es la idea de generar constancia de su existencia, crear una memoria que pasa a ser colectiva, cultural. Si observamos la definición que da el Diccionario de la Real Academia Española de la palabra monumento, veremos que en la práctica totalidad de las acepciones se repiten las palabras memoria e historia. En la segunda acepción

---

[6] Marga Sánchez Romero, *Prehistoria de mujeres,* Barcelona, Destino, 2022.

que recoge se puede leer: «Construcción que posee valor artístico, arqueológico, histórico, etc.». Y asocia como sinónimos los siguientes conceptos: «monolito», «menhir», «dolmen», «obelisco», «pirámide», «estatua». Vemos que ese concepto de que una o varias grandes piedras colocadas de una forma concreta está en nuestra memoria colectiva asociada a algo monumental y, como tal, a guardar la memoria de ese momento del pasado, que entendemos que es merecedor de tal o que ha llegado a nosotros y, por ello, pasa a ser parte de nuestro relato como sociedad. Me llama poderosamente la atención que de esos sinónimos que cita el diccionario dos son elementos que vienen directamente de la Prehistoria, otros dos son creaciones de la civilización antigua que más influjo ha dejado en nuestra cultura a la hora de crear elementos que sirvan para el recuerdo eterno: Egipto. Todavía hoy un obelisco es un símbolo reconocido de memoria, como en el monumento a George Washington en la capital estadounidense. Está claro que el siguiente hito fundamental en la creación de la idea de monumento lo tenemos en la cultura del Nilo.

El antiguo Egipto es un claro ejemplo de que si algo funciona, ¿para qué cambiarlo? Se trata de una civilización con una cronología que da vértigo, desde el aproximadamente 3000 a.C. hasta el triunfo del cristianismo en el siglo IV. Y si hay algo que podemos señalar como característica, es lo fácilmente que identificamos una pieza egipcia, porque una vez llegaron a un modelo de representación en el Imperio Antiguo, lo mantienen con poquísimos cambios, porque la cultura egipcia es poco amiga de los mismos. El otro elemento interesante de la civilización del Nilo es que las representaciones artísticas que nos han llegado –no olvidemos este pequeño pero relevante detalle– están vinculadas a dos aspectos: muertos y dioses. Otro detalle importante es que las cualidades de los materiales y el dominio técnico que tenían los egipcios según el material que utilizasen han provocado una lectura trascendente *a posteriori* de dichos objetos. Me explico: la utilización de granitos y basaltos para la realización de grupos escultóricos de bulto redondo o, por lo menos, muy alto relieve, con herramientas que son propias de culturas de los primeros metales, impiden un acabado detallista de las superficies, por la propia dureza de la piedra. Esa terminación en rasgos fundamentales y un acabado liso y bruñido de las superficies ha provocado en los ojos de las personas que se han acercado a ellas con posterioridad la convicción de que trataban de mostrar lo inmutable, lo permanente, lo que no se transforma por la degradación de la materia. Esta lectura venía genial para hacerla casar con las ideas que tenemos de cómo era la religión y la creencia en la vida de ultratumba de esta civilización, pero cuando vemos algunas obras en otros materiales –estoy pensando en los escribas del Imperio Antiguo, en caliza policromada; el *Alcalde de aldea,* obra en madera; o los conjuntos de trabajadores de todo tipo y condición que adornaban las tumbas del Imperio Medio– no puedo menos que considerar que la elección del material determina mucho el resultado final y no tanto la voluntad de representar lo inmutable. El realismo del cuerpo con ciertos michelines del *Escriba sentado* (*ca.* 2400 a.C.) del Museo del Louvre está muy lejos de la inmutabilidad de la *Tríada micerina* del Museo del Cairo, ambas piezas prácticamente contemporáneas y que son indudablemente de lo más señero de la escultura egipcia en bulto redondo.

Lo que es innegable es que los egipcios lograron crear esa idea de construcción monumental y asociar a la misma la representación de humanos, tanto en figuras monumentales aisladas como en los relieves apoyados además por la escritura, jeroglíficos que explicarían las hazañas del faraón de turno. Pero tampoco podemos olvidar que la universalidad del acceso a la lectura es algo relativamente reciente. Un egipcio común no tendría la capacidad de entender aquellos textos, aunque sí entendería la iconografía de los representados, de ahí la utilidad de mantener los elementos. Cuando los emperadores romanos tomaron prestados los obeliscos de la entrada de los templos egipcios para decorar las espinas de los circos romanos, seguramente no fue por los textos grabados en sus cuatro caras, y menos aun cuando, en el tránsito entre el Renacimiento y el Barroco, el papa Sixto V decidió trasladar o levantar de nuevo alguno de los que había en Roma y coronarlos con cruces. En ese momento el obelisco se había convertido en un símbolo universal, si por tal entendemos la cultura europea u occidental, de la inmortalidad.

La multiplicidad de dioses con sus claves iconográficas que nos facilitan su lectura, así como la creación de las representaciones de los diferentes cargos, desde el faraón, con todos sus símbolos de poder, hasta sacerdotes, funcionarios o escribas, se acabaron extendiendo, gracias al comercio mediterráneo en el mundo antiguo, por toda el área geográfica de lo que va a ser la cultura occidental. Esa multiplicación de figuras egipcias o sus imitaciones, que podemos ver desde las costas de la península ibérica, hasta Asia Menor o centro Europa, hará más fácil la propia asunción de la necesidad de imágenes, en las culturas de los primeros metales, para representar deidades, un orden sacerdotal o poderes políticos, como podemos rastrear desde las culturas prehelénicas hasta las *Damas* de la cultura ibérica. Desde el mundo antiguo, la cultura que se está fraguando en Occidente va a necesitar de imágenes, de una cultura iconográfica.

También es fundamental la impronta egipcia en el imaginario de los pueblos vecinos y de los que conquistaron el territorio del Nilo. Es innegable que el desarrollo de la cultura helénica se nutre, y mucho, de Egipto, así como posteriormente los romanos. También en la tradición judeocristiana, que veía en Egipto un pueblo idólatra con multitud de esculturas de sus dioses que van a protagonizar las primeras narraciones de iconoclastia:

> Y llenos de gozo y alegría, llegaron a los confines de Hermópolis. Entraron en una ciudad llamada Sotinen, y, no teniendo allí ningún conocido donde hospedarse, fueron a cobijarse en un templo llamado Capitolio de Egipto. En él había trescientos sesenta y cinco ídolos, a los que diariamente se tributaban honores divinos sacrílegamente. Y aconteció que, al entrar María con el Niño en el templo, todos los ídolos se vinieron a tierra, quedando deshechos y reducidos a pedazos[7].

Nada más elocuente que la destrucción simultánea de nada más y nada menos que de trescientas sesenta y cinco esculturas de dioses egipcios. Con este precedente ¿cómo se va a defender la validez de las imágenes? La dicotomía entre aceptación de las imágenes y su destrucción dentro de la Europa del Bajo Imperio y luego durante el Medievo va a ser una constante que tendrá sus puntos álgidos en la segunda, pero que se prolongarán más allá del tiempo, pues la prohibición de los textos sagrados desde la Biblia es más que evidente. Recordemos que el libro de la Sabiduría atribuía la práctica totalidad de los males del mundo a la costumbre de levantar esculturas y transformarlas en ídolos:

---

[7] Evangelio de Pseudo-Mateo XXII-XXIII.

Y como si no bastara errar sobre el conocimiento de Dios, los hombres, viviendo en violenta guerra de ignorancia, llamaron paz a tan grandes males; pues celebran iniciaciones infanticidas, o misterios ocultos, o desenfrenadas orgías de ritos extraños; y ya no guardan la pureza de su vida ni la del lecho conyugal, pues unos a otros se matan con asechanzas o con el adulterio se infaman.

Y en todo domina la sangre y el homicidio, el robo y el engaño, la corrupción y la infidelidad, la rebelión y el perjurio; la vejación de los buenos, el olvido de los beneficios, la contaminación de las almas, los crímenes contra naturaleza, la perturbación de los matrimonios, el adulterio y la lascivia. Pues el culto de los abominables ídolos es principio, causa y fin de todo mal, pues en sus regocijos son locos, y en sus profecías embusteros; viven en la injusticia y de ligero perjuran, pues, poniendo su confianza en ídolos sin alma, juran falsamente sin temer ningún daño.

Pero un doble castigo vendrá sobre ellos, porque sintieron mal de Dios adorando a los ídolos y juraron falsamente, con menosprecio de su santidad.

Pues no es el poder de los ídolos por quienes juran, sino la venganza sobre los pecadores, lo que siempre sigue a la prevaricación de los injustos[8].

Pese a este furor bíblico, la utilización de las imágenes va a ser una realidad en la cultura europea. Es una herencia recibida desde nuestros primeros ancestros y un caballo de batalla contra el que no han podido vencer corrientes de pensamiento anicónicas o directamente iconoclastas. La cultura mediterránea desde Egipto, que va a ser vertebrada por Roma, a su vez heredera de la Grecia clásica, concibió todo un sistema de representación a la medida del hombre y siendo la figura humana su más elevada expresión. Todos los fenómenos de la naturaleza, todo lo que podía ser pensado, todos los conceptos, acabaron tomando forma en un proceso de personificación cuyo culmen es el gran desarrollo de la mitología.

A cada una de las figuras corporeizadas con las formas que los antiguos entendían como más bellas debía acompañar una serie de elementos o atributos que indicaran su personalidad o su papel

---

[8] Sab 14, 22-31.

dentro de la narración mítica. Gracias a eso podemos distinguir entre dioses y diosas.

Esta tradición aceptada por los romanos fue adaptada y adoptada por el primitivo cristianismo, con la excusa de servir de *Biblia pauperum*. Así se utilizó la imagen religiosa de forma similar a como las usaban los antiguos griegos con sus dioses. Para muestra un botón: la costumbre narrada por Fidias en el friso interno del templo del Partenón de Atenas, hoy repartido por varios museos de Europa, de que las jóvenes atenienses llevaran todos los años un *peplos* nuevo a la figura de Atenea Partenos que regía el templo de la Acrópolis fue transformada en la cultura occidental en la tradición de vestir las imágenes escultóricas, como los Nazarenos y Dolorosas que procesionan en Semana Santa. Costumbre que aún sigue viva en muchos pueblos, no solo españoles o del ámbito hispano.

Los romanos, por su característica practicidad, son los creadores del monumento artístico, en la forma en que se ha aceptado por la cultura occidental: la creación de un elemento que suele combinar escultura y arquitectura, con carácter práctico, que elogia de forma didáctica y propagandística una hazaña o un personaje. En esa creación van a conjugar los dos lenguajes artísticos de las culturas precedentes. Por un lado, la estética del mundo helenístico que, desde la conquista de Corinto en el 146 a.C., hará que piezas procedentes del saqueo de la Hélade lleguen masivamente a Roma, para adornar los atrios de las casas de las elites romanas –cuando estas piezas no eran suficientes, artistas procedentes de Grecia llevarán este estilo y lo perpetuarán mediante el copiado de originales griegos–. Por otro, la tendencia al retrato realista, alejado de la idealización griega, que se suele relacionar con una influencia de la cultura etrusca, pero que, dado su componente práctico, emplean para hacer rostros identificables con el retratado con el objetivo de que la propaganda fuera mucho más efectiva. El otro gran género desarrollado por los escultores que trabajan en la cultura romana es el relieve narrativo, que tan útil va a ser para contar las hazañas del cónsul, tribuno o emperador de turno en el marco de su monumento conmemorativo.

Cuando nos acercamos a uno de esos monumentos romanos más conocidos, el *Ara Pacis* realizado en época del emperador Augusto –seguramente para conmemorar la paz en las fronteras del

Imperio alcanzada por este dirigente–, un avezado conocedor de la historia de la escultura podrá valorar que hay un fuerte influjo griego en la misma concepción del monumento, que parece estar tomado de los altares helenísticos, como el dedicado al dios Zeus en Pérgamo y que hoy día se custodia en el museo homónimo de Berlín. También se puede relacionar con la escultura griega la manera de representar los paños de tela en las innumerables figuras que aparecen en el relieve narrativo. Los artistas han utilizado diferentes técnicas de relieve para dotar al monumento de cierta variedad: por un lado, bajo relieve para las escenas históricas y para la decoración de hojas de acanto; mientras, por otro, en alto relieve se realizan las guirnaldas sostenidas por bucráneos de gran plasticidad. En el relieve más conocido desfilan miembros de la familia imperial, entre los que se reconoce al propio Augusto, a Livia y a Tiberio. Les acompañan magistrados, sacerdotes y senadores en una procesión que nos recuerda al friso de las Panateneas que mencionábamos más arriba, pero los artistas de esta obra han infundido mayor profundidad con la superposición de planos para generar el efecto de perspectiva y la sensación general de verosimilitud al poder reconocer los rostros individualizados de los retratados en esa procesión. La variedad de posturas y gestos, así como la posición de las cabezas combinando visiones de frente, de perfil, de espaldas y en tres cuartos, y la inclusión de figuras infantiles logran esa variedad en el relieve que hace que en nuestra memoria contemporánea lo identifiquemos con una instantánea, como si el altar llevara impresa la fotografía del acto fundacional del mismo hecha por el propio Augusto, pero hemos de recordar no solo que no puede ser una instantánea, sino que incluso estas están sometidas a la necesidad de controlar la composición y las formas, para que, aunque parezca inmediato, todo esté representado como el comitente estima más oportuno.

El retrato verista viene a ser, para los monumentos romanos, ese elemento que hace que parezca que lo contado es más real que si el relieve fuera más idealizado. Este sencillo y pragmático truco consigue que no se dude de la realidad de la historia narrada, lo cual es una enorme ventaja cuando lo que se quiere es hacer propaganda del papel desempeñado por un dirigente. Este detalle es importante porque, si pensamos en la utilización de la propaganda en épocas más modernas, como puede ser toda la pintura, cartelería y esculturas del régimen soviético estalinista, podremos comprobar cómo prefirió utilizar el realismo, frente a la vanguardia desarrollada en los primeros años de la Revolución soviética, precisamente por la facilidad de lectura y comprensión de este tipo de imágenes por toda la población. Nada nuevo bajo el sol.

También es creación romana y también de época de Augusto la idea de los *Paseos de la Fama,* como los ha llamado Néstor F. Marqués en *Momentos de la antigua Roma que cambiaron el mundo*[9], que serían una suerte de genealogía de personajes importantes para la civilización romana. Si lo pensamos fríamente, este paseo de la fama no difiere mucho de cualquier catálogo de monumentos de cualquier ciudad occidental. En este primer ejemplo romano, se quería incluir desde Rómulo, el mítico rey fundador de la ciudad, hasta Eneas, el héroe que escapó de Troya y que funda la estirpe de los romanos y, particularmente, la estirpe de la propia dinastía Julio-Claudia. También integra a personalidades como Escipión el Africano o Catón, todos ellos con una inscripción con su nombre grabada en el pedestal sobre el que se colocó la escultura de cada uno. Todas estas esculturas se reunían en el foro imperial que Augusto mandó construir en la ciudad eterna junto al foro del propio César, del que Augusto era hijo adoptivo y sucesor. Igualmente, Augusto está detrás del encargo de la *Eneida* de Virgilio, como epopeya que justifica la raíz mítica que entronca la propia genealogía del emperador con la tradición griega de *La Ilíada* y de *La Odisea* homéricas. Tanto su foro como el poema épico han de entenderse como parte de una misma estrategia de propaganda imperial.

En numerosas ciudades del Imperio, por imitación de la *caput mundi,* se van a erigir otros foros con sus grupos escultóricos de grandes personajes, repitiendo incluso los que aparecían en el foro augusteo, como el grupo de Eneas de Mérida o el rey Rómulo aparecido en Córdoba, a los que se sumaban figuras importantes para la historia local y los sucesivos emperadores. Estas figuras ocupaban un espacio público de culto, pues eran en muchas ocasiones divinizadas y veneradas después de su muerte como veladores del bienestar de Roma y del Imperio. En el foro de la ciudad se acaban dedicando estatuas sobre pedestales a los magistrados, benefacto-

---

[9] Néstor F. Marqués, *Momentos de la antigua Roma que cambiaron el mundo,* Barcelona, Espasa, 2023.

res y otros personajes importantes que, con este gesto, pasaban a tener un pretendido protagonismo para toda la eternidad.

Los antiguos representaban a la Fama iconográficamente como un genio femenino alado y con un clarín o trompeta en una mano y una hoja de palma en la otra; la palma es símbolo de la victoria y la trompeta hace referencia a que la fama causa ruido, pero lo más importante son las alas, pues la Fama es voluble y un día está con unos y otro, con otros, nunca es para siempre. Por eso, los monumentos y estatuas erigidas a las personalidades de la antigua Roma, tampoco lo son. A lo largo del tiempo muchos personajes vieron retiradas o destruidas sus estatuas, en algunos casos por una cuestión de espacio y de olvido, pero en otros por la propia voluntad de borrar su memoria. A ese castigo al olvido se le llamó *damnatio memoriae,* condena de la memoria, que es un término que, aunque parezca romano, se acuñó en el Barroco, usándose por primera vez en 1689. La condena de la memoria no es sino tratar de destruir todo rastro de la existencia de una persona en la historia, normalmente aplicada a personajes muy importantes, como emperadores.

Es interesante saber que, en la antigua Roma, cuando se producía la muerte de un personaje relevante, el senado podía emitir un *senatus consultum* que recogía el juicio póstumo sobre su figura. En ocasiones esa sentencia era positiva, la *apotheosis* o divinización oficial del difunto, como ocurrió con César, Augusto, Claudio o Adriano. Pero la sentencia también podía ser negativa, una sentencia judicial con rango de ley dirigida contra todo aquel personaje que, tras su fallecimiento, pasaba a ser un enemigo del Estado. En ese caso pasaba a borrarse o a arrancarse su nombre de los epígrafes que recordaban su labor edilicia o legislativa, a eliminarse sus inscripciones y a destruirse o a decapitarse sus estatuas. En ocasiones se picaba el rostro en pinturas o relieves donde apareciera con otros personajes. Además, se solían confiscar sus bienes y perseguir a familiares y amigos de tal manera que se borraba su recuerdo oficial y también la memoria colectiva. Esta práctica no es exclusiva del mundo romano, sino que sabemos que era usada también por asirios, hititas, babilonios, persas y, por supuesto, entre los egipcios. De estos últimos es conocido el intento por parte de Tutmosis III de borrar todo rastro de su antecesora en el cargo, Hatshepsut, en su caso por ser una mujer que detentó el poder de faraón, una rareza para la mentalidad conservadora egipcia. También es muy conocido el caso de Amenofis IV que, por su intento de reforma religiosa monoteísta, por su cambio de nombre a Akenatón y por la construcción de una nueva capital en Amarna, contravino la tradición e incomodó al orden sacerdotal de la antigua religión, sobre todo a los sacerdotes de Amón. A su muerte destruyeron todo el conjunto de la nueva capital de Amarna y volvieron al antiguo rito politeísta. Esa destrucción e intento de borrado han generado *a posteriori* una fama inusitada, cuando los arqueólogos encontraron los restos de la ciudad de Amarna y los relieves y esculturas que se hicieron en ese periodo en bastante buen estado de conservación, de tal manera que alguna de esas piezas ahora son imágenes icónicas de la cultura egipcia, como lo puede ser el *Busto de Nefertiti* conservado en Berlín.

Pero volvamos a Roma. Uno de los casos más conocidos de *damnatio memoriae* es el que se produjo tras el asesinato del emperador Domiciano el 18 de septiembre del año 96. Había caído bajo una conjura llevada a cabo por miembros de su propia Corte y, tras su muerte, el Senado decretó la eliminación de cualquier rastro visible de aquel hombre, de tal manera que se suprimió su nombre de inscripciones y relieves, se destruyeron numerosas estatuas, entre las que podríamos destacar la colosal estatua ecuestre de bronce dorado situada en la plaza del Foro frente a la Curia del Senado y que medía entre doce y dieciséis metros de alto. Este mismo borrado de la historia lo sufrieron otros personajes de la antigua Roma como Nerón, Calígula o Cómodo, y es muy trascendental porque, como la historia se encarga de recordarnos de vez en cuando, no hay manera más simbólica de acabar con un régimen político, con un tirano o con un personaje visto en negativo que destruyendo los monumentos y artefactos que recuerdan su periodo y mandato.

# 2. Historia del espacio público y con qué llenarlo

## «El aire que me das»

Tan importante como el propio artefacto es el lugar donde va a ser exhibido, el emplazamiento en el que su mensaje será recibido por el público. Evidentemente no se emplearán los mismos códigos si se trata de un espacio restringido para una parte de la sociedad. También ha de adecuarse a la idoneidad o al decoro que exigen ciertos sitios. Esta idea era bien conocida por los artífices, así que vamos a pararnos a considerar su impronta, porque los códigos y mensajes cambian si cambiamos la ubicación de un monumento.

En la mente de muchos de nosotros no se concibe un monumento que no sea público, pues la historia de estos está implícita en la de los espacios públicos, ya que estos son el escenario de la esfera pública, esto es, son espacios sociales y, sobre todo, políticos. La esfera pública –concepto propuesto por uno de los filósofos más importantes del siglo XX, Jürgen Habermas–, sería esa suma de espacios en los que los ciudadanos pueden entrar libremente y contribuir así al debate. Este concepto se ha utilizado, fundamentalmente, para referirse a las sociedades occidentales actuales, especialmente dentro del marco del desarrollo de los regímenes democráticos. Pero para llegar a entender el proceso de construcción del espacio público, hemos de entender también cómo ha ido evolucionando y adaptándose a cada sociedad a lo largo del tiempo. Como no puede ser de otro modo, debemos ir a nuestra herencia clásica para encontrar el origen.

Vitruvio, ese oscuro arquitecto de la época de Augusto del que no conocemos obra conservada, pero sí el manuscrito de su tratado *Diez libros de Arquitectura*[1], de gran importancia para el desa-

---

[1] Vitruvio, *Diez libros de Arquitectura,* Madrid, Akal, 2001.

rrollo teórico del Renacimiento, enumera los elementos que hay que tener en cuenta cuando se proyecta la construcción de una ciudad. Una vez elegido convenientemente el lugar, en un paraje sano, con buenos vientos, con agua, y tras establecer las calles principales y las menores, propone tratar sobre las áreas más oportunas para el uso común de la población: templos, foro y demás lugares públicos.

> Si la ciudad fuere marítima, el área para el foro se destinará junto al puerto: pero siendo mediterránea, se establecerá en medio de la ciudad. Las áreas para los Templos de los dioses titulares de la ciudad; como también para Júpiter, Juno y Minerva, se destinarán en el sitio más elevado, desde donde se descubra la mayor parte de la ciudad. A Mercurio en el foro, o en el mercado; como también a Isis y a Serapis. A Apolo y a Libero-Padre junto al teatro. A Hércules, en las ciudades donde no hubiere gimnasios, ni anfiteatros, se pondrá junto al circo. A Marte fuera de la ciudad, pero hacia su campo. A Venus junto a las puertas.

Más adelante, en el Libro Quinto, hace una descripción de los espacios públicos: foro y basílicas. Respecto al primero, además de señalar la manera común de construirlos en Grecia y en Roma, va desgranando las diversas funciones que acoge: dar fiestas de gladiadores, albergar tiendas de plateros en los pórticos, mientras que en las plantas altas se situarían balcones para el uso del cargo público. En cuanto a las segundas, describe sus usos y las formas que han de tener en cuanto a la planta, alzado y órdenes arquitectónicos. No detalla mucho acerca del ornato o si han de considerarse espacios susceptibles de recibir un monumento, pero está claro que los ejemplos de la Antigüedad que nos han llegado, por medio de otras descripciones o de restos arqueológicos, así parecen afirmarlo.

Me interesa ver cómo se gesta el espacio público, como el ágora, ese espacio vacío que forma el centro de una *polis* griega, transformado en el foro en época romana y que ahora identificamos con el concepto de plaza. En origen quizá no fuera más que, como dice Vicente Casals en «El espacio público, espacio social»[2], un espacio

---

[2] Vicente Casals, «El espacio público, espacio social», en *Crítica Urbana* 5/22 (2022).

vacío en el que se reunían los ciudadanos para debatir. Para Vitruvio están claras las funciones que entran dentro del concepto de espacio público, como son la económica, la religiosa, la lúdica y también la política, pues todas ellas tienen su espacio en el foro. Ya aludimos, anteriormente, a que los foros romanos eran el espacio propicio para levantar una escultura sobre pedestal, de un magistrado, de un benefactor, de un líder local carismático y, por supuesto, de los emperadores. En cierto momento, podía levantarse un monumento a la eterna memoria de aquel que pudiera pagársselo y eso llevó a que la eternidad no fuera tal cosa, sino que dependiera –y mucho– de la densidad de esculturas y la necesidad de espacio de los foros.

Un ejemplo de este tipo de esculturas seguramente sea el llamado *Orador* del Museo Arqueológico de Florencia, un bronce de finales del siglo II o principios del I a.C. encontrado en el siglo XVI en las cercanías del lago Trasimeno en la región de Perugia en Umbría. Lleva una inscripción en lengua etrusca en la que se identifica como Aulo Metelo y, por su indumentaria, se deduce que debió de ser un senador o magistrado de alto rango. La escultura se debió de hacer, bien como homenaje público, bien como ofrenda del propio Aulo a una deidad como agradecimiento o exvoto. En cualquier caso, el hecho de que sea a tamaño natural y la importancia que tiene el gesto tanto de manos como de boca, identificado como oratoria, y que lleve una inscripción identificativa, hacen que pensemos que este tipo de obras son las que poblarían las inmediaciones de los templos o los foros de las ciudades italianas durante la civilización romana.

Durante la Edad Media el monumento público queda subordinado al espacio religioso, fundamentalmente en forma de monumento funerario. El interior de una iglesia no deja de ser un lugar público, y más durante el Medievo, cuando las iglesias eran un espacio polivalente en los que no solo se acudía a los actos litúrgicos, sino que asimismo eran un sitio de encuentro social y mundano. También se utilizó la escultura monumental que ornaba los exteriores de las grandes iglesias para lanzar mensajes propagandísticos muy efectivos sobre el modelo de sociedad estamental y la mentalidad de las clases dominantes; pensemos en los grandes tímpanos románicos con el Juicio Final y esas representaciones de Cristo Pantocrátor que seguramente amedrentarían a más de un fiel. En las catedrales góticas de las tierras bajo dominio de la corona francesa, la presencia en la fachada occidental de una imponente galería de reyes, en alusión a los Reyes de Judá, no era sino una patente alusión al proceso de fortalecimiento de la institución monárquica en paralelo y gracias al auge de las ciudades. Estas alusiones son más que visibles en los ejemplos de Notre Dame de París o en las de Chartres, Amiens o Reims, la tríada capitolina de las catedrales del gótico clásico francés.

Pero, sin lugar a duda, será en Italia donde, por permanecer más vivo el recuerdo de la Antigüedad y por el propio contexto de la rivalidad entre las ciudades-Estado, estas querrán comisionar obras que loen las hazañas bélicas o el papel de alguno de sus políticos o militares. El mosaico de pequeños Estados enriquecidos por el desarrollo del comercio logró que las ciudades-Estado italianas prosperaran en un clima de auge económico y político, pero con un espíritu localista que aseguraba la independencia de cada una de ellas frente a sus vecinas. Ese equilibrio, frágil, se veía tachonado de conflictos pequeños que ocasionaban la excusa para sacar pecho de una posible victoria o disimular una derrota con obras públicas comisionadas por los gobiernos locales, en manos de la clase burguesa, que tenían el objetivo de cohesionar a la sociedad y de mandar un mensaje claro a los posibles rivales. El contexto italiano que se mantuvo durante toda la Edad Media partía de una teórica vinculación política al Sacro Imperio, pero con un gobierno efectivo autónomo de los consejos locales; si a esto unimos esa pervivencia del modelo urbano, que se mantuvo desde el Imperio romano, ajeno al proceso de ruralización que se dio en el resto de la Europa alto medieval, entenderemos su singularidad.

La materialización de este fenómeno italiano ha dado lugar a alguno de los hitos de la escultura renacentista, a los que nos referiremos más adelante, pero si necesitáramos una genealogía, esta podría iniciarse en las pinturas murales encargadas por la comuna que dirigía la República de Siena, como son el *Condottiero Guidoriccio da Fogliano,* realizado por Simone Martini en 1328, los frescos con *Las alegorías del Buen y del Mal Gobierno* y *Los efectos del Buen Gobierno,* iniciados por Ambrogio Lorenzetti en 1338. Continuaríamos con los monumentos ecuestres de *condottieri* que seguirían la tradición de Martini aunándola a la de los retratos ecuestres del Imperio romano, que tenía en el retrato de Marco Aurelio un fantástico y visible antecedente (Fig. 1). Dentro de esta tipología entrarían los interesantes frescos pintados en la catedral de Santa Maria del Fiore de Florencia de *Giovanni Acuto,* por Paolo Uccello en 1436; o *Niccolo da Tolentino,* por Andrea del Castagno en 1456; así como las esculturas en Bronce del *Gattamelata,* por Donatello en 1443-1453, o el *Bartolomeo Colleoni,* por Andrea del Verrochio en 1479-1488. No quiero profundizar ahora en la tipología del retrato ecuestre, sino marcar los hitos de una genealogía del monumento público de las ciudades-Estado italianas en el tránsito entre la Baja Edad Media y el Renacimiento, en la que entrarían muchos otros monumentos, como los encargos de frescos para la Sala del Consejo del Palazzo Vecchio de Florencia, con la *Batalla de Anghiari,* de Leonardo, y la *Batalla de Cascina,* de Miguel Ángel.

Lo más importante es que, aunque algunos de estos ejemplos sean pinturas ubicadas en interiores, son todas obras pensadas para ser vistas por un amplio público, ya que tanto el *Palazzo Pubblico* de Siena, como la catedral de Florencia y no digamos las plazas, son espacios públicos cargados de connotación política y social.

Pero, sin duda, el más trascendente de todos para la Historia del arte, por toda la literatura que ha suscitado desde su colocación, es el imponente *David* (Fig. 2) esculpido por Miguel Ángel Buonarroti para la plaza del Palazzo della Signoria de Florencia y que representa a la perfección el mito de Florencia ante sus enemigos más fuertes y que llevó a la Toscana a encumbrarse como la cabeza del ducado mediceo. Cuando en 1501 Miguel Ángel regresa a su Florencia natal, después de su primera estancia en Roma en la que había dejado muestras de su buen hacer escultórico, recibe el encargo de hacer la escultura dedicada al joven héroe hebreo del Antiguo Testamento. En sus obras romanas previas había conseguido alcanzar la mayor cota de perfección desde la perspectiva del clasicismo renacentista. Su *Piedad* se inscribe en una pirámide y tiene un impecable acabado en el tratamiento de las superficies del mármol, geometría y belleza según los cánones más puristas. Mientras que su *Baco,* hecho enterrar en unos jardines romanos, podía confundirse con un original griego o romano.

El *David* es una escultura monumental, gigantesca, tanto en tamaño como en concepto, pues debía representar la Entereza, la virtud cívica más preciada para los florentinos. Además, es una

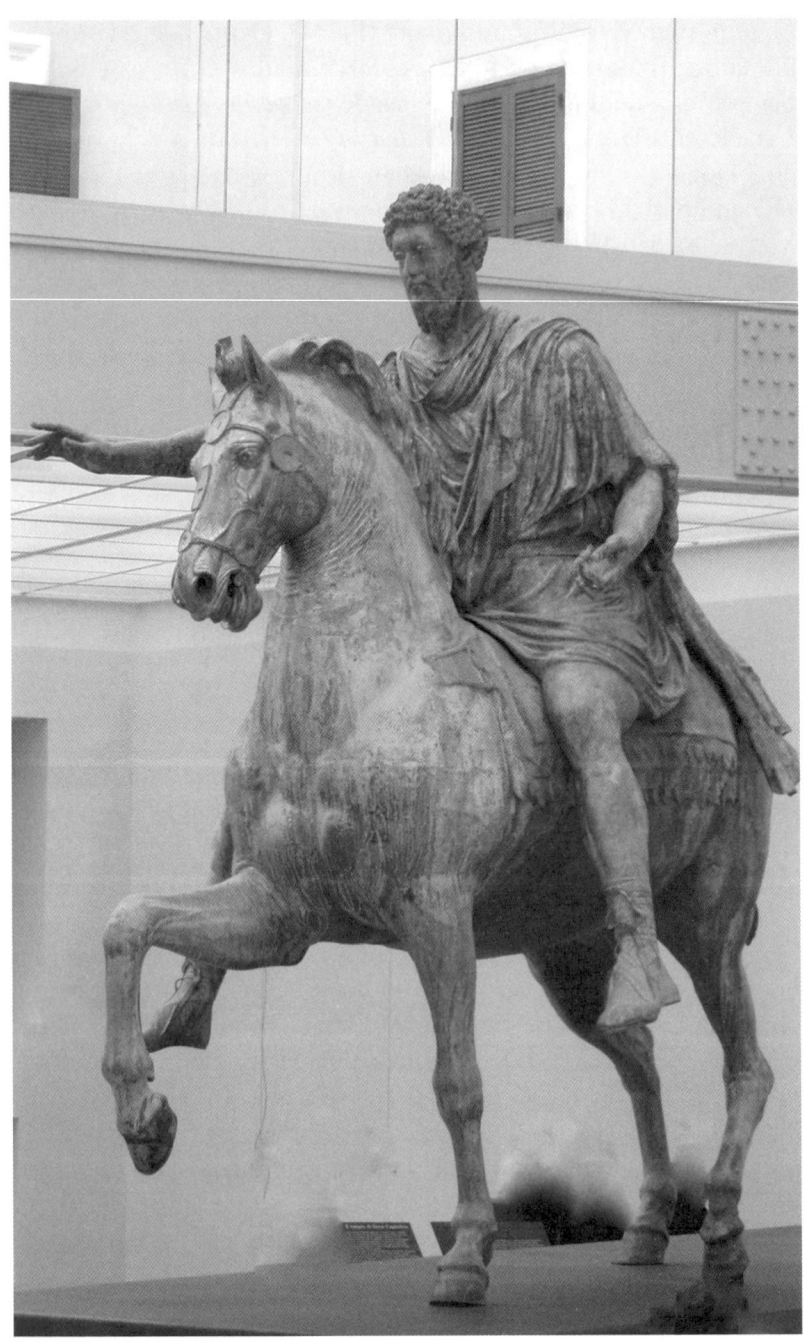

Figura 1. *Retrato ecuestre de Marco Aurelio.* Museos Capitolinos (Roma).

escultura donde Miguel Ángel se aleja de los postulados del clasicismo más purista que había desarrollado en Roma. Es conocida la historia de cómo había un enorme bloque de mármol que había tratado de trabajar Agostino di Duccio en 1464, pero que acabó abandonando. Miguel Ángel retoma este bloque que tenía escasa profundidad en relación con su anchura, lo que forzaba la postura necesaria de cualquier figura que se quisiera sacar del mismo bloque. Haciendo de la necesidad virtud, el escultor florentino consigue que apenas nos demos cuenta de este hecho en la visión frontal de la escultura, que es la que prima en el conjunto. Además, consigue añadir elementos que van a recordar a la escultura antigua, como el bellísimo *contraposto* o la pose, y conexiones con teorías filosóficas medievales, que han hecho correr ríos de tinta sobre las diferencias entre el lado derecho y el izquierdo. Aunque todas estas ideas estén ahí y no se pueden denostar, hay que recordar que la lectura política en su momento, seguramente, sería lo más claro para la ciudadanía florentina. Pues se colocó junto a la puerta del Palazzo della Signoria, reemplazando a una escultura de Donatello, que había sido expropiada a los Médici por la ciudad tras la expulsión de esta familia, con el tema de *Judith,* que se leía en su momento como una representación del valor frente a la tiranía, al igual que el David se entendía como una alegoría del buen gobierno.

En ese sentido, la lectura en clave política del conjunto de esculturas que van a llenar la plaza de la Signoria y su Loggia dei Lanzi en los siguientes años es bastante singular. En la Loggia se situó la *Judith* de Donatello, y en el siglo XVI, los Médici encargarán el *Perseo* al temperamental escultor Benvenuto Cellini, al igual que Baccio Bandinelli tendrá que hacer una escultura monumental como pareja del *David* en la forma de un *Hércules y Caco,* de tal manera que este conjunto de personajes mitológicos o veterotestamentarios se trasformaban en una alegoría del gobierno de los Médici y su política en la Toscana. Seguramente por eso, por su importancia política y por ser un símbolo de Florencia, la escultura de Miguel Ángel recibió el indulto de estar sometida a las inclemencias del tiempo y ser trasladada al Museo de la Academia en 1873, ocupando su hueco en la Signoria una copia de la obra que se hizo a la misma escala en 1910.

Pero no es el único caso en el que podemos relacionar a la figura de Miguel Ángel con la utilización de un espacio público para la

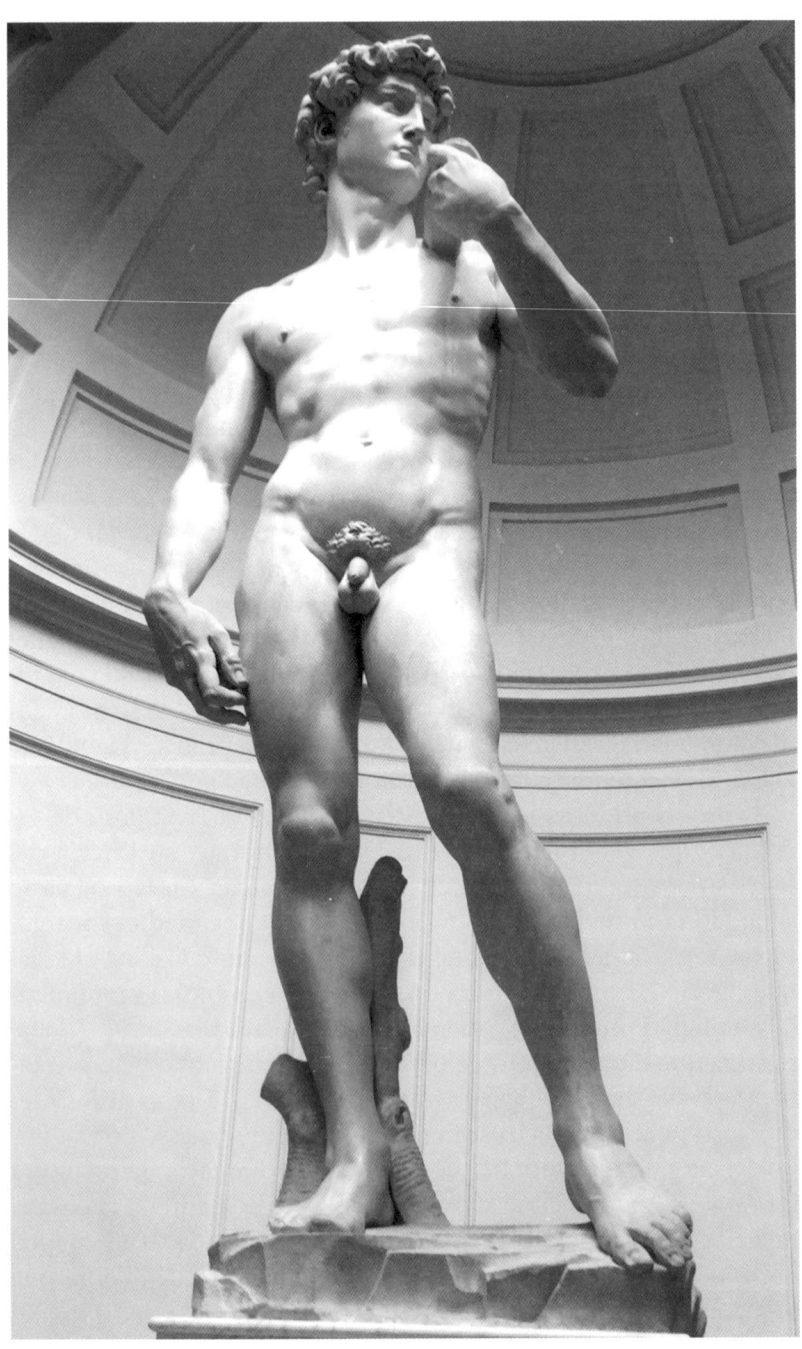

Figura 2. *David* de Miguel Ángel. Galería de la Academia (Florencia).

exhibición de un monumento. De vuelta a Roma, donde se convertirá en la principal figura artística, el florentino gestará la reordenación y urbanización del Capitolio de Roma, usando un monumento como eje vertebrador. El monte más importante durante el periodo de la antigua Roma había sido en parte descuidado durante la Edad Media y el primer Renacimiento, ya que se había construido una de las basílicas más importantes de la ciudad, Santa Maria in Aracoeli, pero el lado sur de la colina, el Campidoglio, solo tenía un palacio del siglo XV que acogía una asamblea legislativa laica, un Senado. La fachada del nuevo palacio del Senado se hace mirando hacia el Vaticano y no hacía el Foro, seguramente porque el poder de la ciudad realmente estaba orientado hacia el palacio papal. Para dotarlo de magnificencia, se trasladó a ese nuevo espacio frente a su fachada, la estatua ecuestre de *Marco Aurelio* de bronce, que durante toda la Edad Media estuvo junto al palacio Lateranense de Roma. En 1547, Miguel Ángel proyectará toda la reordenación y creación de un espacio arquitectónico para esta plaza del Campidoglio frente al palacio del Senado, y en su proyecto la escultura ecuestre centra la plaza y configura el foco de atención mediante el diseño de un pavimento en forma de elipse con una figura estrellada que converge en la base de la escultura. La fachada del palacio del Senado va a ser el centro de la perspectiva, incluyéndole un orden gigante, y se reformará para que su escalera sea simétrica. A ambos lados proyecta dos fachadas telón, con uso también de orden gigante y unas loggias en el piso inferior que suponen un gran elemento plástico por las sombras que generan. El modelo de la planta de la plaza, seguramente, deriva del proyecto de la plaza de Pienza, realizado para el papa Pío II por Rossellino, el mejor discípulo de Leon Battista Alberti, a mediados del Quattrocento. Los palacios laterales, actualmente parte de los Museos Capitolinos de Roma, funcionan a la perfección como generadores de una perspectiva en la que la escultura de *Marco Aurelio* centra toda la atención. Así, la plaza del Campidoglio será un hito también fundamental en la configuración de una plaza monumental en la que una escultura ecuestre preside su centro.

De esta génesis del espacio público en la Antigüedad, pasando por sus epígonos medievales y el resurgir gracias al desarrollo del pensamiento humanista en el Renacimiento, debemos dar un salto al momento de máximo esplendor del concepto, que no es otro que el coincidente con la sociedad contemporánea, pues, como analizó Habermas en *Historia y crítica de la opinión pública*[3], aunque el origen del concepto lo tengamos en esos momentos, su máximo desarrollo se alcanzará con la creación de lo que la traducción española definió como «publicidad burguesa», y que no es otra cosa que la construcción de la esfera pública que representará los ideales de la clase dominante surgida del nuevo orden económico, político y social tras las revoluciones liberales de finales del XVIII y principios del XIX.

En la creación de la conciencia contemporánea, es fundamental el desarrollo de la Ilustración, esa corriente de pensamiento que surge en el siglo XVIII y que propugna el imperio de la Razón, por encima de todo. En la construcción de la mentalidad ilustrada solo la educación tiene el poder de transformar la sociedad y posibilitar a las personas la capacidad de lograr mejores condiciones de vida y trabajo. En ese sentido, proliferarán en toda Europa proyectos para combinar esa idea de progreso con el fomento de la cultura y la educación. En esa fórmula, un poco monstruo de Frankenstein, de combinar las monarquías absolutas del Antiguo Régimen con principios de la Ilustración, que conocemos con el nombre de despotismo ilustrado –término creado por la historiografía liberal, pero que deberíamos sustituir por absolutismo ilustrado–, se intentará buscar la promoción del conocimiento, el gusto por las ciencias y por las artes, pero dentro del control férreo que impone una monarquía absoluta.

Un clarísimo ejemplo sería el programa de reforma que se llevará a cabo en Madrid, por iniciativa de Carlos III, en el Paseo del Prado, transformado ahora en Salón, en el que las fuentes públicas monumentales confieren el mensaje político que quiere transmitir la corona con la reforma urbanística de esa zona de Madrid. En un lugar donde se alojará un museo dedicado a las Ciencias Naturales, en el edificio del Museo del Prado, un Jardín Botánico, un observatorio astronómico y un conjunto de fuentes que canalizaban el agua del arroyo cuyo curso coincide con el paseo. Las fuentes no pueden ser más icónicas hoy día, y por razones ajenas a la voluntad regia, de la ciudad: Cibeles, Neptuno y, entre ellas, Apolo con las

---

[3] Jürgen Habermas, *Historia y crítica de la opinión pública,* Barcelona, Gustavo Gili, 1982.

cuatro estaciones. En el diseño de todo el conjunto se combinan los mejores nombres de la corriente barroca clasicista italiana de la segunda mitad del siglo XVIII y los mejores artífices del Neoclasicismo: Ventura Rodríguez, Francisco Sabatini, Hermosilla o Juan de Villanueva. Es a Ventura Rodríguez a quien le debemos el diseño de las famosas fuentes de los dioses, aunque la ejecución se realizaría por escultores del ámbito de la Academia de San Fernando: Roberto Michel y Francisco Gutiérrez para Cibeles; Juan Pascual de Mena para Neptuno; y Alonso Bergaz para Apolo. La lectura simbólica de estas fuentes escultóricas, en la que Cibeles representa a los territorios peninsulares, Neptuno los de ultramar y Apolo al propio Carlos III, que irradia su luz sobre ambos, no puede estar más en sintonía con el concepto de que la educación y la razón aportan luz, conocimiento a la sociedad. Todo un ejemplo de creación de un espacio público, el Salón del Prado va a representar a la perfección los intereses de la monarquía de Carlos III y su concepción de la Ilustración como herramienta de formación y entretenimiento para el pueblo. Tras un inicio complicado para Carlos III, tras el motín de Esquilache, con esta política de reordenación de un espacio urbano, dotado de monumentos públicos, va a introducir la costumbre de acudir a hacer relaciones sociales al nuevo espacio, siguiendo el nuevo decoro en el vestir que quería promulgar el soberano, de tal forma que la sociedad madrileña acabó asumiendo el cambio sin la reacción violenta precedente. Durante el siglo XVIII el Salón del Prado será el escenario social por antonomasia en el que, sobre todo, las clases más acomodadas van a lucirse. De esta forma se cumplía a la perfección el plan del monarca de propaganda de su reinado a la vez que daba herramientas de instrucción y deleite al pueblo.

Con la implantación y el desarrollo de los diferentes regímenes liberales surgidos tras las oleadas revolucionarias que convulsionaron Europa durante buena parte de la primera mitad del siglo XIX, el espacio público se convierte de manera efectiva en espacio político. Hasta este momento, los monumentos públicos estaban comisionados por los grandes poderes del Antiguo Régimen, es decir, los monarcas, los nobles o los poderes locales y la iglesia fundamentalmente, pero a partir de este momento no serán ya exclusivos de estos. El nuevo siglo abrirá la posibilidad a otros grupos de llevar la iniciativa, aunque no nos vamos a engañar, esas iniciativas van a estar siempre controladas por la ideología dominante. Más si pensamos en el esfuerzo económico de erigir un monumento que puede tener gran envergadura y precisa de materiales más costosos. Además de que todas las corrientes de pensamiento decimonónicas –desde la Ilustración, pasando por el Romanticismo, hasta el positivismo– veían en el arte una manera de exaltar las virtudes y acercar estos valores y ejemplos al pueblo, por lo que todas las ciudades del ámbito occidental se llenarán de monumentos dedicados a personajes ilustres, políticos, representantes de la cultura y de la historia. De tal manera que se irán jalonando las ciudades con lápidas, bustos, estatuas aisladas o grandes conjuntos monumentales dedicados a ensalzar esas glorias locales o nacionales, con la excusa del ornato e instrucción pública, que son las palabras que más se repiten en todas las propuestas de monumentos presentadas a los poderes que a la postre debían autorizar su construcción y emplazamiento.

Si leemos con atención el manual de Carlos Reyero *La escultura conmemorativa en España*[4], veremos cómo se nos detallan en su cuarta parte, «El proceso monumental», todos los elementos que hay que tener en cuenta para entender el *boom* de esculturas monumentales públicas, en este caso referidas a España, pero extrapolables a cualquier país de la cultura occidental no solo europeo, sino también americano. En este capítulo el autor nos habla de las iniciativas, que pueden estar en manos del Estado, de los poderes públicos, de los militares, de instituciones culturales o de la propia iniciativa particular –en este último caso, se usaba mucho el método de la cuestación o suscripción pública para conseguir la financiación–. Cuando se quiere usar este modelo de gestación de un monumento, además, solía utilizarse la prensa para dar publicidad a la iniciativa y poder captar así no solo más donaciones anónimas, sino también el interés de algún poder público que finalmente terminase de costear la obra.

Una vez se tenía la determinación de crear un monumento o escultura para elogiar un hecho, persona o actividad, dependiendo del caso, se iniciaba la elección de la estatua –en eso no ha cambiado mucho la cosa, como podremos ver en algún caso concreto más

---

[4] Carlos Reyero, *La escultura conmemorativa en España. La edad de oro del monumento público 1820-1914,* Madrid, Cátedra, 1999.

adelante–. Lo más habitual era abrir un concurso público en el que diversos artistas presentaban bocetos. Una vez aprobado el boceto y conseguido el permiso y la financiación, se podían iniciar los trabajos. Pero no todos los procesos fueron tan sencillos como aquí exponemos. En muchos casos hay cambios de ubicación, cambios de proyecto, añadidos, elementos reaprovechados, etc. Y cuando el monumento o la escultura puede ser inaugurada, también es susceptible de alteraciones, cambios o directamente su eliminación por diversas causas. Es cierto que cuando entra en el imaginario colectivo de una ciudad, cuando acaba identificada como un objeto más del paisaje, es más complicado su alteración o supresión, pues se ha creado ya un vínculo emocional entre la ciudadanía y ese objeto. También puede pasar todo lo contrario, que parte de la ciudadanía vea el objeto como algo impuesto por unas elites políticas, económicas o culturales, que han querido transmitir un mensaje o un elogio ajeno al espíritu de la comunidad o de parte de ella, conduciendo al rechazo de la ciudadanía a ciertos monumentos.

Es muy interesante ver los proyectos fallidos y los motivos por los que la empresa no llega a buen término. En el libro *Historia de los monumentos de la Villa de Madrid* de José Rincón Lazcano[5], el estudioso madrileño, después de desgranar gran parte de los más importantes monumentos escultóricos de la capital española, añade dos capítulos muy interesantes en forma de apéndice: «Monumentos proyectados» y «Monumentos que ostentó Madrid». En el primero recoge los proyectos fallidos, algunos verdaderamente sorprendentes como el que aprobaron las Cortes de Cádiz reunidas en la Isla del León para levantar un monumento a Jorge III de Reino Unido, o la propuesta de las Cortes extraordinarias de 27 de diciembre de 1822 de erigir un monumento en la llamada «Plaza de la Constitución» de Madrid, que no es otra que la Plaza Mayor, o en otro paraje visible, en el que se coloquen los nombres de los fallecidos en la defensa del sistema liberal, tras el intento de golpe de Estado dirigido por la Guardia Real de Fernando VII. En las instrucciones del citado decreto se concreta que la escena de la batalla entre realistas y liberales, que sucedió en la propia Plaza Mayor, se ha de narrar en forma de bajo relieve y que se invitará a

---

[5] José Rincón Lazcano, *Historia de los monumentos de la Villa de Madrid*, Madrid, Asociación de Libreros de Lance, 2001 (facsímil de la ed. de 1909).

los artistas españoles para que presenten modelos que juzgará la Real Academia de Bellas Artes. Evidentemente los cambios políticos del convulso siglo XIX español impidieron la realización formal de este monumento, pues en 1823 finalizó el gobierno liberal por la intervención de la Santa Alianza que repuso el absolutismo de Fernando VII.

Volviendo a la cuestión de la creación de los espacios públicos en los que se van a insertar las esculturas y monumentos, hay que tener muy presente un elemento, a saber, la transformación de la ciudad industrial a partir del desarrollo de los regímenes liberales. Durante el siglo XIX las ciudades históricas sufrieron una transformación importante con el derribo de las antiguas cercas y murallas que constreñían su crecimiento y el surgimiento de los nuevos barrios burgueses, los ensanches, que otorgaban nuevos espacios públicos, como plazas, bulevares, alamedas o paseos, en los que se va a combinar la inclusión de arbolado, iluminación artificial y monumentos públicos. Silvia Gas Barrachina lo ha expresado muy bien en «La historia fragmentada de los monumentos públicos: el proceso de identificación y su significado en la actualidad»[6]:

> Las reformas urbanas constituyeron la expresión de la modernización, asentadas sobre un interés estético acorde con la percepción de las nuevas formas sociales. Los monumentos conmemorativos fueron consolidados como elementos ornamentales en la expansión del espacio urbano, así como artefactos imprescindibles para la cimentación de los nuevos valores; una doble función que intensificó su disposición por toda Europa.

La identificación entre los monumentos decimonónicos con la mentalidad burguesa, así como su ubicación en el espacio público dará pie a que, en ocasiones, no solo en los últimos tiempos, sino casi desde el inicio de estos, las esculturas sean, a veces, objeto de la ira de grupos sociales descontentos y, en otras ocasiones, simplemente víctimas del divertimento de personas que encuentran en ellas un objetivo inmóvil para probar su puntería. De tal forma que

---

[6] Silvia Gas Barrachina, «La historia fragmentada de los monumentos públicos: el proceso de identificación y su significado en la actualidad», en *Arte y políticas de la identidad* 23 (2020).

ya en el Código Penal de 1848, sancionado por la reina Isabel II el 19 de marzo, se puede leer en el artículo 199 lo siguiente: «Los que destruyeren o deterioraren pinturas, estatuas u otro monumento público de utilidad u ornato serán castigados con la pena de prisión correccional». La cita es prueba de que los monumentos públicos siempre han sido objeto de destrucción.

También hay que tener en cuenta que durante el siglo XIX se van a consolidar en Europa, y de ahí se expandirá a otras latitudes, la Revolución industrial y el desarrollo de los nacionalismos. Las nuevas posibilidades técnicas y los avances en las comunicaciones harán que las grandes ciudades estén mucho más conectadas. Si a esto sumamos que el incipiente sentimiento nacional tiene que generar artefactos que la sociedad, ahora nación, reconozca como símbolos culturales de la misma, entenderemos que estamos en la Edad de Oro de la creación de monumentos que exalten las personalidades más sobresalientes de cada nación. En todo este proceso hemos de tener en cuenta otros factores interesantes, como el papel de las Academias de Bellas Artes y la creación de enseñanzas artísticas regladas, y cómo cada una de ellas genera un sistema de exposiciones y premios para incentivar el trabajo de sus artistas consagrados y de sus estudiantes.

Al proceso de creación de las ciudades industriales, generadoras de los nuevos espacios públicos, y al desarrollo de las nuevas ideologías liberales y nacionalistas, hay que sumar como factor determinante para la expansión del fenómeno de los monumentos públicos a nivel internacional la creación a partir de 1851 en Londres de las Exposiciones Universales, que mostrarán y difundirán no solo los avances tecnológicos de la Revolución industrial, sino también las nuevas propuestas artísticas. Esta iniciativa, de condensar en una exposición todos los avances tecnológicos, científicos y culturales de la época, con una evidente voluntad de enciclopedismo y educación, se creó por primera vez en la capital británica a instancias del príncipe Alberto, consorte de la reina Victoria. Para aquella primera ocasión se construyó en Hyde Park el novedoso edificio Crystal Palace que mostraba las bondades de la arquitectura de hierro y cristal. La idea fue copiada en las sucesivas Exposiciones Universales: París en 1855, 1867, 1878, 1889, 1900 y 1937; Londres en 1862; Viena en 1873; Filadelfia en 1876; Barcelona en 1888; y Chicago en 1893.

Es evidente el protagonismo de la capital gala, que abanderaba así el protagonismo como capital cultural del siglo XIX en el mundo occidental.

Un magnífico ejemplo de la importancia e influencia de las exposiciones universales es el caso de la celebrada en París en 1937 en el contexto de las tensiones europeas previas al estallido de la Segunda Guerra Mundial y mientras se estaba produciendo la Guerra Civil en España. Los regímenes totalitarios quieren usar este evento para mostrar las grandezas de sus nuevas formas de gobierno y su intervención fuerte en la economía, mientras que el gobierno español, el de la República, que era el reconocido internacionalmente como el legítimo, quiere captar la atención de las grandes potencias europeas para que intervengan en su auxilio. En este sentido es conocido cómo el pabellón español, proyectado por Luis Lacasa y José Luis Sert, exhibía obras tan emblemáticas y trascendentes como el *Guernica,* de Picasso, o *El pueblo español tiene un camino que conduce a una estrella,* la monumental escultura de Alberto Sánchez. Junto a este pabellón se levantaron enfrentados el pabellón de la Alemania nazi, diseñado por el arquitecto predilecto de Hitler, Albert Speer; y el pabellón de la Unión Soviética, creado por Boris Iofán. En ambos casos se empleaba un lenguaje arquitectónico basado en la evocación de la arquitectura clásica. De ese enfrentamiento entre concepciones autoritarias, la guerra propagandística seguramente la ganó el pabellón soviético, pues su obra se convirtió en una metáfora del Estado estalinista.

Como toda obra pública monumental, siguiendo la tradición decimonónica, lo que no deja de ser irónico, se abrió en la Unión Soviética un concurso para elegir el diseño arquitectónico en septiembre de 1935. Salió elegido el proyecto de Boris Iofán, que básicamente hizo una especie de reducción de su proyecto para el Palacio de los Soviets, que debía construirse en Moscú sobre las ruinas de la demolida catedral de Cristo Salvador. Este proyecto era un rascacielos que acabaría coronado por una escultura de Lenin de cien metros de altura. Para la Exposición Universal, hace una reducción de aquel proyecto y lo corona con una escultura que debía representar a la nueva sociedad soviética formada por los trabajadores de la industria y del campo portando los símbolos de la Unión Soviética, la hoz y el martillo. De esta forma se abre un segundo concurso en 1936 para elegir a la persona que diseñe y realice el grupo escultórico que ha de coronar el pabellón. A este concurso se presentan Iván Shardr, Vyacheslav Andreev, Matvey Manizer y Vera Mújina, quien salió finalmente elegida con *El obrero y la mujer de la granja colectiva* (Fig. 3). Su proyecto seguía más fielmente la idea de Iofán, una pareja que avanzan con los símbolos soviéticos con un aire épico pero sin estridencias, que podían simbolizar no solo la nueva Unión Soviética, sino también el gobierno de Stalin y el éxito del primer plan quinquenal. Se le concedió cuatro meses para la realización técnica del proyecto que debía hacerse en acero inoxidable, lo que aumentaba todavía toda la simbología que la propaganda estalinista quiere usar. El pabellón de 1937 era fundamental para el estalinismo porque servía para celebrar el vigésimo aniversario de la Revolución de Octubre, loar los logros del nuevo gobierno y, sobre todo, porque suponía el reconocimiento internacional del Estado soviético. También se quiere crear una metáfora optimista cara al exterior, en el que el modelo socialista triunfa frente al capitalismo en crisis del resto de Europa tras la crisis económica de 1929. En ese clima de presión, coincidiendo además con las purgas estalinistas, se entiende que, hasta la propia escultora, Vera Mújina, fuera denunciada por el director de la fábrica de acero donde se estaba trabajando para la realización del grupo, por ser demasiado perfeccionista en los acabados, lo que ralentizaba el proceso. En el momento de máxima tensión y seguramente para evitar caer él mismo en desgracia, acusó a Mújina de haber insertado la cara de Trotski en los pliegues de la falda de la campesina koljosiana. Las autoridades dudaban del proceso creativo y de la necesidad de telas flotando al viento, lo que pudo salvar la artista al aducir que eran necesarias para la estabilidad de la escultura. El éxito de Mújina es saber dotar a sus esculturas de ese aire de inmortalidad y de épica gracias a mirar al pasado, a su cultura visual como estudiante de Bellas Artes. La postura y composición general del grupo derivaba del famoso *Grupo de los tiranicidas* que representaba a Harmodio y Aristogitón, realizado por Critio y Nesiotes en el periodo del clasicismo severo de la antigua Grecia y que conocemos por copias romanas como la que se conserva en el Museo Arqueológico de Nápoles. Para las telas al viento, la alusión más clara es la *Victoria de Samotracia* del Louvre, y también se pueden rastrear ecos de los grupos escultóricos del *Arco del Triunfo* de

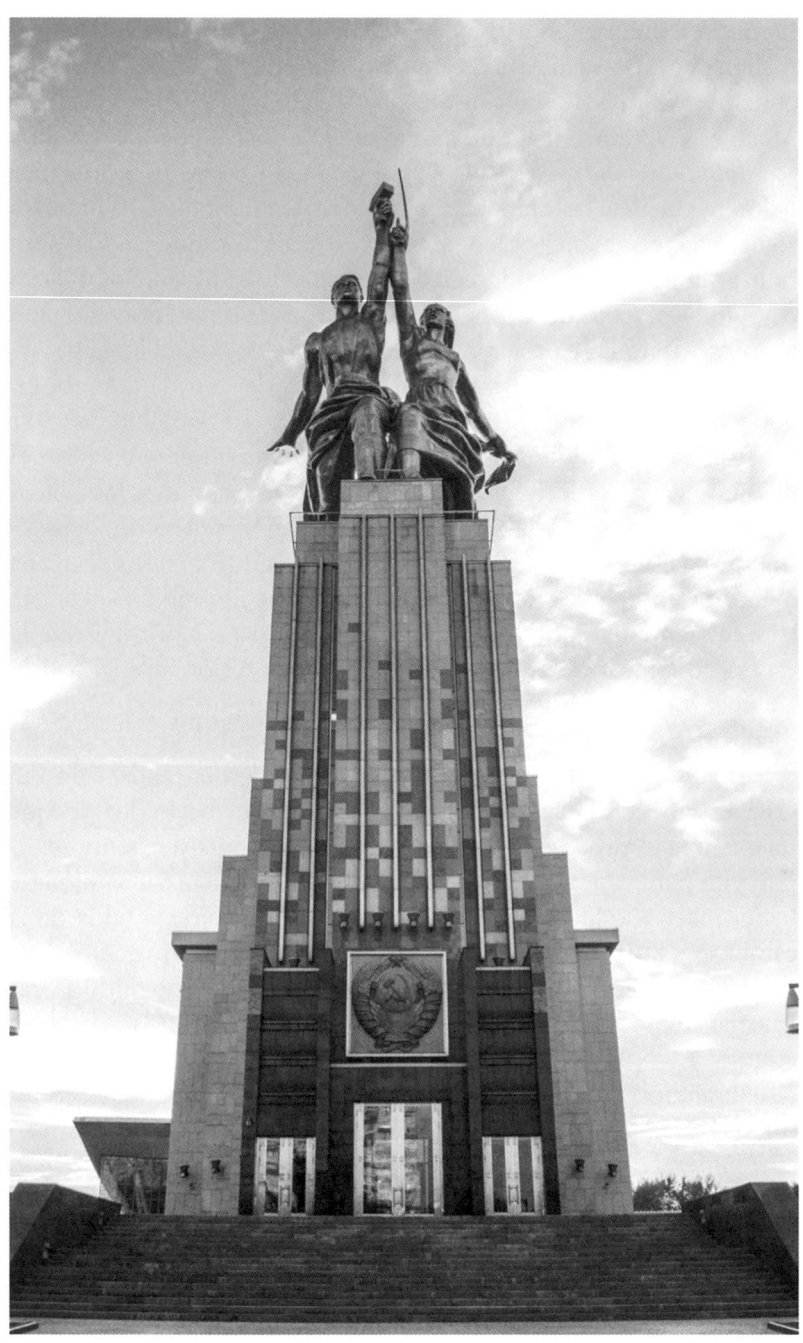

Figura 3. *El obrero y la mujer de la granja colectiva* de Vera Mújina.

París, en especial del grupo de *La Marsellesa* de François Rude. En palabras de Dariusz Konstantynów[7]:

> La propaganda soviética aprovechó plenamente la Exposición de París para demostrar al mundo que la Unión Soviética se había convertido en «sinónimo de trabajo creativo, libertad, cultura, fortuna y alegría» y en el país «de héroes del trabajo como Stajánov, un país de héroes académicos y conquistadores del Polo Norte»; que era simplemente «el país de la gente afortunada». Muchos contemporáneos fueron víctimas de esa propaganda. Parece, no obstante, que confiaron en ella porque era justamente aquello en lo que querían confiar, pues era más fácil creer en la existencia del «paraíso socialista» simbolizado en la obra de Mújina que reconciliarse con la visión apocalíptica, aunque mucho más verídica, de aquel futuro no muy lejano del *Guernica* de Pablo Picasso, expuesto en el pabellón de España.

Evidentemente el recurso de propaganda que fue todo el pabellón soviético de 1937 funcionó a la perfección y la obra de Mújina se convirtió en un icono, tanto de la era soviética, como del arte figurativo realista al servicio de la dictadura de Stalin, que prefería este tipo de recurso al lenguaje de vanguardia que acompañó a los primeros momentos de la Revolución. Que *El obrero y la mujer de la granja colectiva* acabó siendo un emblema también lo vemos en su utilización en sellos, medallas conmemorativas, monedas y hasta en el logotipo de los estudios Mosfilm de cine en Moscú.

Hemos visto cómo desde el Renacimiento y, sobre todo, desde la creación de la ciudad industrial con sus nuevos espacios amplios, se ha establecido la costumbre de dotar a los espacios públicos de un elemento simbólico e iconográfico de primer orden, como son los monumentos, que, según la ocasión y época, responden a la idea de ensalzar las virtudes, personalidades y hechos que para los grupos dominantes constituyen una memoria colectiva. Es por esa cualidad de transformarse en símbolos de una comunidad que podemos encontrarnos con fenómenos que implican o cuestionan la presencia en el espacio público de monumentos, como

---

[7] Dariusz Konstantynów, «*El obrero y la mujer de la granja colectiva* de Vera Mújina, 1937», en *Historia, antropología y fuentes orales* 26 (2001).

cuando se produce una destrucción o cuando se instala un monumento sin el consenso de esa colectividad.

Es interesante reflexionar sobre el efecto que tienen esos espacios, que ahora son parte de la memoria colectiva, en el contexto de una posible pérdida. Cuando el devenir histórico, como las Guerras Mundiales en Europa, o cuando en aras del progreso, o un fortuito desastre natural o por causa humana, se derriben o se pierdan algunos monumentos históricos, puede suceder que parte de la ciudadanía reclame su reconstrucción tal como estaban, porque no deja de ser el intento de recuperar el escenario histórico de su vida. Como bien ha señalado Wolfgang Lotz en su *Historia de la arquitectura del Renacimiento en Italia*[8], las reconstrucciones tras los bombardeos en Alemania en la Segunda Guerra Mundial persiguieron situar todo en el mismo sitio con la voluntad de conservar un vínculo con el pasado. No solo hay que tener en cuenta la practicidad, también la conservación. Aunque ello nos lleve a veces a casos extremos, como las reconstrucciones. Estoy pensando en dos casos madrileños: la *Puerta de San Vicente* de Francesco Sabatini, destruida para abrir una salida de Madrid por esa parte de la ciudad al tráfico rodado y que, tras la reivindicación del arquitecto en la década de los noventa del siglo pasado, dio pie a la reconstrucción con piezas totalmente nuevas de una obra cuyas piezas originales se habían guardado pero que, por desidia o necesidad, se habían perdido en los almacenes municipales. El otro caso es el ascensor que diseñó Antonio Palacios para la estación de metro de Gran Vía, el original, que, desmontado y descontextualizado, se colocó para ser víctima de la acción de grafiteros y el abandono en un parque de la localidad de Porriño, en Galicia, mientras que recientemente se ha hecho un facsímil en piedras nuevas para instalarlo en Madrid, dos ejemplos de falso histórico que hay que tener en cuenta, porque pueden acabar pasando por originales, como sucederá, si se cumplen los planes con la reconstrucción del tejado, con aguja de Notre Dame de París.

También puede ser objeto de una reflexión importante al hilo de la ocupación de los espacios públicos, la creación y colocación de obras que no cuentan con consenso para su financiación o su ubi-

---

[8] Wolfgang Lotz, *Historia de la arquitectura del Renacimiento en Italia,* Madrid, Hermann Blume, 1985.

cación. Es una cuestión controvertida, pero me estoy acordando de varias esculturas colocadas en lugares más o menos públicos en la ciudad de Madrid a finales del siglo XX y principios del XXI y que han suscitado más o menos debate. Espero poder entrar de lleno en algunos casos más adelante, pero como aperitivo sirva la mención de los monumentos dedicados a Juan Pablo II, obra de Juan de Ávalos. De estos, el más conocido es el que se levantó en la explanada junto a la puerta del crucero de la catedral de la Almudena. No voy a entrar en juicios de valor sobre el estilo artístico de la escultura, pero las personas de mi edad recordarán las bromas que se hicieron por el gesto con los brazos levantados del sumo pontífice; hoy día, con las redes sociales, hubiera sido blanco ideal de un sinfín de *memes*. El segundo ejemplo lo situaron en el paseo de la Castellana en 2005; representaba al papa como un anciano peregrino encontrándose con la Virgen. Este segundo monumento se hizo por iniciativa de un grupo de comunicación para ubicarlo en la entrada del edificio de oficinas que ocupaban en aquel momento. La financiación se hizo por suscripción popular, entre oyentes y televidentes de sus medios de comunicación, pero en 2014, tras una profunda crisis económica, la empresa tuvo que desalojar las oficinas de la Castellana y la escultura también se retiró. Estaba a escasos metros del Museo de Esculturas al Aire Libre, que se instaló en Madrid en 1972 con obras de los mejores artistas contemporáneos, como Sempere, Millares, Chillida y un largo etcétera. El monumento se acabó instalando en el Parque Juan Pablo II de Madrid, en el distrito de Hortaleza, mientras que en el lugar que ocupaba el bronce de Ávalos se instaló la salida de humos de un parking, toda una metáfora.

Hemos repasado cómo surge el modelo y la forma de los monumentos escultóricos públicos y también cómo surge la necesidad de ocupar el espacio público y su finalidad. Ahora nos toca adentrarnos en algunos ejemplos concretos y en algunas cuestiones que pueden ser reseñables de cómo ha ido evolucionando este tipo de artefactos y cómo han cambiado la manera de ser vistos y reconocidos a lo largo del tiempo.

# 3. Destrucción de imágenes
## «Y apedrean las estatuas»

Una de las cosas más curiosas sobre los monumentos públicos es que normalmente son noticia por dos causas: o bien por su abandono institucional, lo cual puede acabar en su deterioro y posible desaparición; o bien por ser objeto de ataques –llamémoslos vandálicos–, que pueden provocar el mismo y fatal desenlace. Parece que solo nos acordamos de esos elementos que forman parte del paisaje urbano, que presiden plazas, enfocan perspectivas o culminan edificios rimbombantes, cuando están en peligro. Al hilo de esto, me surgen un par de preguntas: quién decide que un acontecimiento, persona o lugar es merecedor de un homenaje público en forma de monumento; y, sobre todo, cómo recibirá la sociedad ese mensaje cuando las circunstancias y el contexto hayan cambiado.

La mirada al pasado no es siempre la misma, por lo que la respuesta que demos tampoco lo será; y no, no se relaciona con modas o agendas impuestas por elites, sino con el contexto de la época y con las preocupaciones y valores que se tienen en cada momento. Los historiadores estamos mirando al pasado constantemente, es nuestro trabajo, pero en cada etapa lo haremos con los ojos de nuestro tiempo, para explicar y tratar de entender lo acontecido en el pasado y explicarlo a nuestros contemporáneos. Por eso, cosas que antes pasaban desapercibidas o simplemente no se tenían en cuenta, ahora cobran protagonismo y nos hacen ver los sucesos de antaño con otros ojos.

Como contaba con mucho tono literario Rincón Lazcano en 1909[1], la estatua sustituye al muerto en la vida, de manera que el

---

[1] José Rincón Lazcano, *Historia de los monumentos de la Villa de Madrid,* cit.

militar, el poeta, el músico o el estadista que dejaron este mundo, continúa siendo –más bien estando, en silencio e inmóviles– un ser familiar con el que nos cruzamos a diario. Aquí están las claves de cómo se entiende el monumento público en esa mentalidad heredera del largo siglo XIX. Y añade dos cosas: en muchos casos, las personas desconocen realmente quiénes son esos personajes con los que cohabitan en forma de escultura, y, por tanto, es misión de los estudiosos dar a conocer los motivos por los que se han ganado pasar a la posteridad subidos en un pedestal. Por cierto, resulta muy sintomático que, en el anónimo listado de posibles ejemplos de monumentos, siempre se use el masculino genérico.

Cuando recibí el encargo de abordar este tema, fui apuntando en una nota del móvil las primeras ideas que me venían a la mente. Evidentemente, tenía que tratar del fenómeno de la destrucción de monumentos públicos que acompañó a las protestas en Estados Unidos contra el racismo estructural presente tanto en sus cuerpos de seguridad como en su sistema judicial. Y tampoco debía perder de vista cómo la destrucción de imágenes públicas ha acompañado a algunos de los momentos históricos contemporáneos más célebres –caídas de regímenes, dictadores, etc.–. Por tanto, tenía que ocuparme de esas etapas «destructivas» que conocemos como iconoclasia.

Lo primero que me vino a la cabeza fue, evidentemente, Bizancio, en concreto el periodo de la historia del antiguo Imperio Romano de Oriente que transcurre entre los siglos VIII y IX, pero también las revueltas calvinistas en Suiza y en Francia, así como otros movimientos acompañados de disturbios en los que se destruyeron imágenes. Me dediqué entonces a buscar representaciones de personajes que en un momento dado pudieron abogar o propiciar esa destrucción. Me preguntaba por qué se dedican estatuas a algunos de los protagonistas de esos movimientos iconoclastas, como pueden ser Calvino o Savonarola, que cuentan con monumentos públicos en Ginebra y en Ferrara, respectivamente. Trataré de ver cómo se resuelven estas contradicciones, pero lo primero es saber qué es eso de la iconoclasia y cuándo se ha dado en el transcurso de los siglos.

Es inevitable pensar en lo que dice David Freedberg en el prefacio incluido en la edición española de sus textos sobre ataques a imágenes reunidos bajo el título *Iconoclasia*[2]:

---

[2] David Freedberg, *Iconoclasia,* Vitoria-Gasteiz, Sans Soleil, 2017.

¿Por qué las personas destruyen las imágenes? ¿Qué motiva estos actos individuales y colectivos de violencia contra algo que –al fin y al cabo– es una mera representación en madera, piedra, lienzo o papel? ¿Cómo podemos pensar la iconoclasia en el mundo contemporáneo?

Trataré de hacer mías estas preguntas y reflexionar sobre este fenómeno que no es nuevo y del que tenemos muchas evidencias a lo largo de la historia. Freedberg pone el foco en varios asuntos que me parecen muy relevantes: la idea de la encarnación, es decir, que la imagen encarna lo representado; también que la recepción de las imágenes es importante para los movimientos iconoclastas, más allá de las motivaciones políticas, que son las que tradicionalmente se han esgrimido; y, por último, el papel y la importancia de la censura, que en ocasiones es igualmente una forma de iconoclasia.

Está claro que una imagen que representa algo o a alguien, es decir, que no es la representación de un concepto abstracto, sino de un acontecimiento o personaje del pasado, cobra un significado para todo aquel que la observa. La raíz de la mayoría de los movimientos iconoclastas se encuentra precisamente en cómo esa imagen desempeña un papel sustitutivo de aquello que representa. Ese papel del doble, asociado a las imágenes, ha sido profusamente estudiado, pero sirva como ejemplo alguno de los casos que vamos a ir desgranando en las siguientes páginas, en un momento de exaltación violenta y ante la imposibilidad de dirigir ese arranque destructivo contra personas reales, las efigies que representen a similares o directamente a los mismos, serán perfectos sustitutos de aquellos. De esta forma si la imagen es religiosa, la destrucción puede venir de un grupo con un credo diferente, con una visión distinta de las imágenes de culto. Pero mucho más interesante es cuando la imagen es política, pues ahí es donde se destruye seguramente ante la imposibilidad de destruir al representado.

Si hemos de buscar ejemplos de esta «sustitución», me viene a la cabeza el fantástico juego de pintura dentro de la pintura que llevó a cabo Juan Bautista Maíno en el lienzo que hizo para el Salón de Reinos del madrileño palacio del Buen Retiro entre 1635 y 1636, y que conserva el Museo del Prado. El programa de dicha estancia se debe a Velázquez y respondía a la necesidad de mostrar el poderío de la monarquía hispánica en el contexto internacional, así como de enseñar su pasado y su prometedor futuro. Todo ello usando, como no puede ser de otra forma, diversos géneros y lenguajes pictóricos: retratos, mitología y escenas de historia, a la vez que maestros del primer naturalismo, como Carducho o Cajés, los maestros formados en la estela de Caravaggio, como Maíno o Zurbarán y otros artistas más innovadores que representaban el futuro como Jusepe Leornardo o Antonio de Pereda. Dentro del conjunto, Velázquez dejó en manos de pintores vinculados a la Corte la realización del ciclo de grandes batallas ganadas por el ejército de la monarquía, la mayoría en el contexto de la Guerra de los Treinta Años y la Guerra de los Ochenta Años. A Maíno le tocó plasmar *La recuperación de Bahía de Todos los Santos,* acontecida en 1625, cuando Fadrique Álvarez de Toledo, como capitán general de la Armada, tomaba la ciudad de Brasil, previamente ocupada por tropas holandesas. Para ello, parece que se sirvió del modo en que Lope de Vega narra la rendición en su comedia *El Brasil restituido,* de ese mismo 1625. En ella, don Fadrique pide consejo a un retrato de Felipe IV para saber si debe ser clemente con los prisioneros holandeses. En el lienzo de Maíno, el mando español desvela un retrato donde se ve al rey acompañado por el conde-duque de Olivares, que, al señalarlo, muestra a su legítimo soberano a los prisioneros holandeses. En este caso, la imagen del monarca sustituye la presencia real y, en la comedia de Lope, hasta se insinúa que el propio cuadro toma vida, como por obra milagrosa, para designar la voluntad regia del perdón. En realidad, esta cualidad de las representaciones figuradas de revivir y expresarse como si fueran el objeto mismo retratado ya tenía una larga trayectoria en el ámbito de las imágenes religiosas, donde desde antiguo existen milagros asociados a imágenes que hablan, sangran, lloran, etc. Así pues, si el rey retratado sustituye al rey, el monumento al que una horda asesta furibundos golpes o derriba, es simbólicamente también el objeto representado.

El origen de todo esto ya lo anunciábamos al hablar de los comienzos mismos de la escultura y las representaciones artísticas; la prohibición de crear estatuas a las que dar honores o culto está en los textos sagrados del judaísmo que heredaron tanto el cristianismo como el islam. Concretamente, la podemos ver en la narración del Éxodo, cuando Moisés recibe los diez mandamientos en el monte Sinaí:

No tendrás otro Dios que a mí. No te harás esculturas ni imagen alguna de lo que hay en lo alto de los cielos, ni de lo que hay abajo sobre la tierra, ni de lo que hay en las aguas debajo de la tierra. No te postrarás ante ellas, y no las servirás, porque yo soy Yavé, tu Dios, un Dios celoso[3].

Mientras el patriarca Moisés está recibiendo la Ley, el pueblo de Israel, impaciente, pide a Aarón que les haga un dios para que les represente, y Aarón acaba haciendo un becerro de oro, al que los israelitas rinden culto y hacen ofrendas. El pueblo de Israel, tantos años sometido a la esclavitud de Egipto, según los textos bíblicos, se había acostumbrado a las representaciones de los dioses en forma figurativa. Al bajar del Sinaí, Moisés destruirá las tablas que contenían los mandamientos y reducirá a polvo el becerro –como señala Freedberg en otro libro suyo, *El poder de las imágenes*[4], tenemos muchas representaciones de este pasaje, lo que no deja de ser una simpática contradicción–. Este relato bíblico escenifica muy bien un caso de iconoclasia, y a él aludirán los movimientos destructores de imágenes en la Edad Media y la Edad Moderna cuando estén relacionados con el ámbito religioso. No obstante, también hemos hablado de que esto tenía su paralelo en las efigies civiles, como el ya mencionado caso de la *damnatio memoriae*.

Entre los primitivos cristianos, al comienzo de la expansión de la nueva fe, seguramente se seguía con cierta normalidad la prohibición de las imágenes religiosas. Pero, según se fue extendiendo por las tierras del Imperio romano, chocó frontalmente con la costumbre de mostrar en público esculturas –en ocasiones de muy gran tamaño– de los dioses y de los emperadores romanos, a los que públicamente se rendía homenaje y culto. Además, hay que tener en cuenta que, en el ámbito privado, se desarrollaban pequeños ritos, como quemar incienso y encender lámparas, relacionados con imágenes de los dioses protectores del hogar. En un momento dado, cuando el cristianismo sea aceptado de forma oficial por las instituciones del Imperio, esas imágenes de dioses del hogar se sustituirán por iconos cristianos. Y, cuando se produzca la división del Imperio, en el de Oriente, conocido luego como Bizancio,

---

[3] Ex 20, 3-5.
[4] David Freedberg, *El poder de las imágenes,* Madrid, Cátedra, 2022.

las imágenes religiosas adquirirán un cariz protector que hará que se exhiban en las murallas de las ciudades cuando son objeto de asedio, y se lleven como estandartes en los combates. Sin embargo, el contexto va a cambiar con el surgimiento de una nueva religión a principios del siglo VII: el islam; esta nueva religión iniciada por el profeta Mahoma, surge con una fuerte vinculación a la tradición judía y cristiana; en realidad, es el mismo dios de Abraham al que se da culto en las tres religiones y el islam acepta toda la serie de profetas de la tradición judía más a Jesús, que reconoce como uno más de los profetas, siendo Mahoma el último. Con esa vinculación, la religión islámica acepta parte de la herencia de ambas, recalcando la prohibición de las representaciones de la divinidad. Esta nueva fe avanza con una rapidez inusitada y conquista con poca resistencia las tierras del Imperio bizantino de Siria y Egipto, así como el Imperio persa, para continuar por el norte de África. A principios del siglo VIII, la propia supervivencia de Bizancio estaba en peligro ante el empuje de los ejércitos musulmanes.

En el año 723, el califa de Damasco, Yazid II, decretó la destrucción de todas las imágenes de culto cristianas en los territorios bajo su dominio –entre otros, comunidades tan importantes como las de Jerusalén o los patriarcados de Alejandría y Antioquía–. Este contexto de expansión y dominación territorial es importante para entender la política de prohibición o no de imágenes religiosas. Ante el avance musulmán, el emperador bizantino León III acaba pensando que quizá Dios les estaba castigando por el uso que hacían de las imágenes, conclusión a la que se había llegado por la constatación de un hecho: el nuevo poder, abiertamente anicónico, ganaba batallas y terreno con una rapidez inaudita, mientras que los ejércitos bizantinos, con sus iconos al frente, las perdían irremediablemente. Por otra parte, un hecho fortuito, la erupción de un volcán en el Egeo en el 726, acabó de rematar esta idea, pues se vio como una señal de desaprobación divina. Finalmente, el emperador decretó la retirada de los iconos en el 730.

Estos hechos no explican por sí solos el fenómeno de la prohibición de las imágenes religiosas en Bizancio, porque, además, no está nada clara la repercusión real de la medida en un primer momento –parece que se limitó a la destrucción de una imagen de Cristo mandada hacer por Constantino I y que lucía en la conocida como puerta de Chalké, el acceso monumental por el que se entraba al Gran Palacio imperial de Constantinopla, y a su sustitución por un crucifijo con un texto explicativo–. En cualquier caso, el primer periodo iconoclasta durará hasta el año 787, cuando el decreto es derogado por la emperatriz Irene. Luego habrá un segundo periodo entre 815 y 843 que acabará por la iniciativa de la emperatriz Teodora. No tenemos muchas fuentes al respecto porque la documentación reunida en los diferentes concilios convocados en este tiempo se destruyó inmediatamente al decretarse el final de esas prohibiciones y tenemos que recurrir a las huellas que la destrucción de imágenes dejó, así como a narraciones secundarias, como son las hagiografías de mártires partidarios de las imágenes que acabaron siendo condenadas a muerte por su defensa violenta de las imágenes, como santa Teodosia de Constantinopla, que llegó a causar la muerte de uno de los soldados que estaba retirando la imagen de Cristo de la puerta de Chalke.

Al final triunfaron las corrientes iconódulas (esto es, partidarias del culto a las imágenes), y la realización de imágenes en el Imperio bizantino va a ser primordial para el Occidente cristiano, que las tomará como ejemplo e inspiración. Esto no es óbice para pensar que, latente, existirá siempre una parte de la Iglesia que considere que las imágenes y el lujo ornamental, en ocasiones asociado a ellas, no deberían utilizarse para los espacios sacros, posturas lógicas, si pensamos en la prohibición bíblica que mencionábamos antes. Pensemos en las reformas monacales medievales, por ejemplo, que contraponen a la estética del lujo en el que la Iglesia es la casa de Dios –tal como podemos ver en los interiores de las suntuosas catedrales góticas–, una *estética negativa,* en palabras de Władysław Tatarkiewicz. Es el caso de los cartujos, que renuncian al empleo de oro y plata en sus ornamentos litúrgicos; de los franciscanos, que limitan el tamaño de sus templos, prohíben la construcción de torres y limitan los colores de las vidrieras, o de los cistercienses, que prohíben el empleo de pinturas y esculturas, de manera que Bernardo de Claraval acaba escribiendo en contra del uso de las imágenes:

> Se muestra la bellísima forma de un santo o una santa y creen que es más bella por estar decorada en más colores. Corren los hombres a besarla, se les invita a hacer donativos, y más la admiran por su belleza que le adoran por su santidad. ¿Qué piensan que se

busca en todo esto? ¿La corrupción de los arrepentidos o la admiración de los espectadores? ¡Oh, vanidad de vanidades, pero más vana que insensata! Relucen las paredes de la iglesia, y esta vive en los pobres. Cubre de oro sus piedras, y abandona a sus hijos desnudos[5].

Ese mismo rigor, esa vuelta a unos orígenes sin necesidad de adornos y figuras, será preconizado en la mayor parte de los movimientos religiosos que van a aflorar en la Edad Moderna: tanto las propuestas reformistas del dominico Girolamo Savonarola como las nuevas teorías de los reformadores protestantes –con mención especial a Calvino–, y alguna de las respuestas del catolicismo contrarreformista –como las ideas sobre los conventos de Teresa de Jesús–, tienen en común ese mismo espíritu de limpieza ornamental:

> La casa jamás se labre, si no fuese la iglesia, ni haya cosa curiosa, sino tosca la madera; y la casa sea pequeña y las piezas bajas; cosa que cumpla a la necesidad, y no sea superflua. Fuerte lo más que pudieren, y la cerca alta y campo para hacer ermitas que se puedan apartar a la oración, conforme a lo que hacían nuestros padres[6].

Pero retomemos los dos primeros ejemplos para reflexionar sobre las relecturas que se pretenden hacer del pasado con los monumentos públicos.

El primero es el del fraile dominico italiano Girolamo Savonarola, personaje interesantísimo por su papel político en la Florencia de finales del XV, detractor de los Médici y último representante del pensamiento escolástico de Tomás de Aquino. Básicamente pedía una renuncia a los bienes materiales y una vuelta a la pobreza y al modo de vida de los primeros cristianos. En relación con la iconoclasia, Savonarola promovió el martes de Carnaval de 1497 una quema pública de objetos de lujo o incitadores de malas con-

---

[5] Recogido en Władysław Tatarkiewicz, *Historia de la Estética II. Estética Medieval,* Madrid, Akal, 1990.

[6] Teresa de Jesús, *Constituciones,* 1567, disponible en [https://www.santateresadejesus.com/wp-content/uploads/Las-Constituciones-PDF.pdf].

ductas para los buenos cristianos bajo el nombre de la «hoguera de las vanidades». La tradición cuenta que, entre los miles de piezas que ardieron (libros, espejos, joyas), había también pinturas de temas no religiosos de Sandro Botticelli, uno de los más destacados artífices de ese último tercio del siglo XV en Florencia. Gran parte de la bibliografía más tradicional citaba como fuente de este dato al pintor y biógrafo Giorgio Vasari, en su libro de *Las vidas,* pero lo cierto es que, en su biografía del pintor Botticelli, dice que fue partidario de esa secta –en referencia a las doctrinas del dominico– y que esto le llevó a abandonar la pintura, pero no menciona nada de la quema de sus cuadros. Savonarola acabó excomulgado y acusado de herejía, y murió en la hoguera en 1498, aunque está claro que las causas principales de su condena fueron su papel en la República florentina tras la expulsión de los Médici. Esto es interesante, porque en épocas posteriores se ha ido rehabilitando su figura hasta el extremo de que, en el siglo XIX, coincidiendo con el movimiento cultural del *Risorgimento,* asociado a los inicios del nacionalismo italiano y el proceso de unificación política, Savonarola va a ser objeto de homenajes. Es el caso del monumento público que querrá levantar su ciudad natal, Ferrara. Para ello, en 1867 abrió un concurso –el método tradicional del siglo XIX, como ya hemos visto– en el que fue elegido el proyecto del escultor Stefano Galletti (Fig. 4). En él se prioriza el gesto vehemente de predicador encendido que vemos en sus manos, pero no se silencia ni oculta su final, pues bajo sus pies aparecen esculpidos unos troncos apilados en alusión a su muerte. En realidad, lo que se estaba haciendo era transformar su muerte en martirio, ensalzar a un héroe que alzó su voz frente a un papado que no supo entenderlo; así lo leería un italiano que, en 1867, ansiaba que Roma y Pío IX permitiesen la unificación total de Italia. Vemos, pues, cómo una figura que durante años fue demonizada por su papel político contra una de las familias más poderosas del Renacimiento es rehabilitada y hasta reivindicada en el contexto de la construcción del nacionalismo italiano. En sí, la escultura de Galletti tampoco es innovadora; adscrito al movimiento realista, sus figuras, un tanto robustas y pesadas, se adecúan a lo que se pedía en el concurso. Por otra parte, y como toda escultura pública, ha sufrido daños y actos vandálicos que han obligado a varias intervenciones restauradoras, pero no es especialmente objeto de protestas o polémicas. En los años noventa

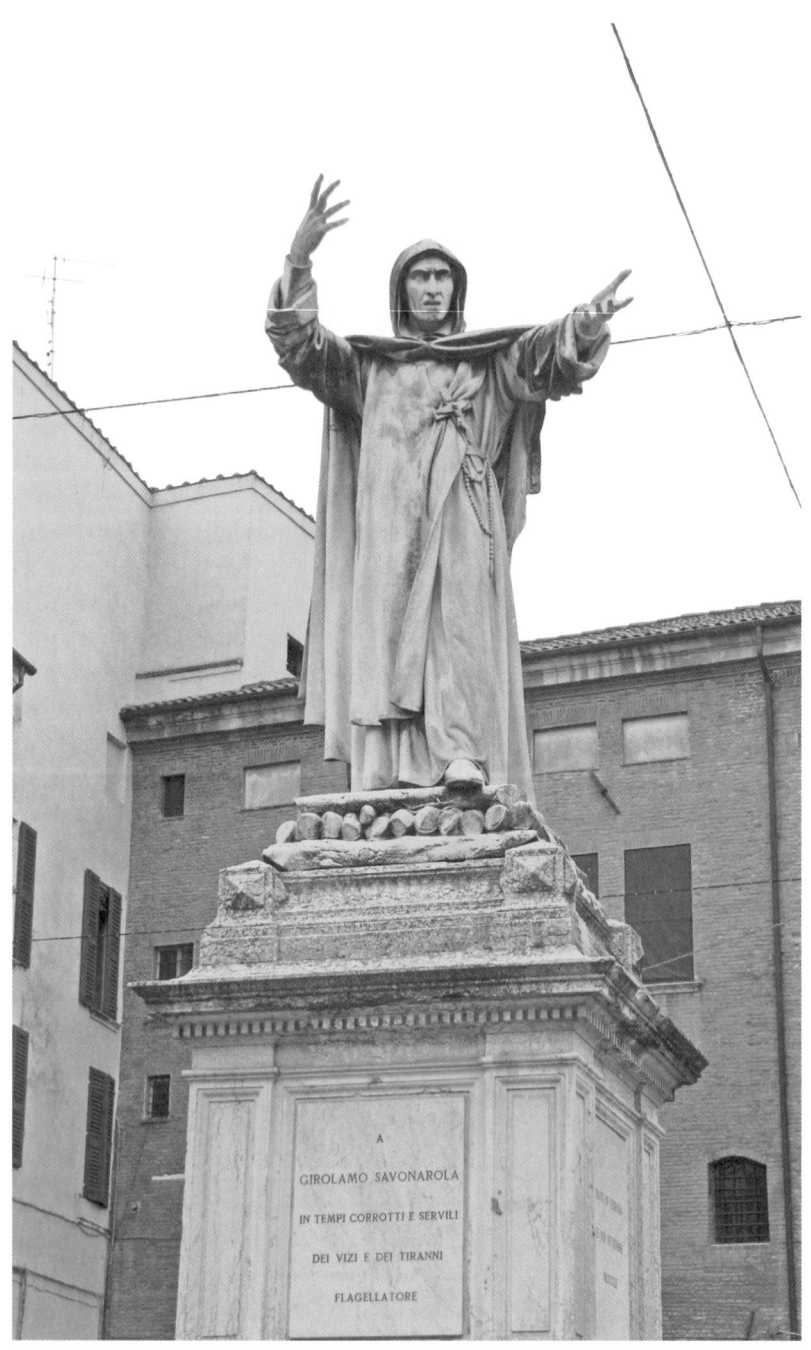

Figura 4. *Monumento a Savonarola* de Stefano Galletti. Ferrara.

del siglo pasado, la diócesis de Florencia inició los trámites para iniciar el proceso de beatificación y canonización de Savonarola, es decir, que su imagen estaría completamente recuperada, tanto en el plano político como en el religioso.

En otro orden de cosas, junto con el surgimiento del pensamiento humanista, se produce una reivindicación del papel concreto que los individuos tienen en la historia. Es en los albores del Humanismo cuando surgen obras como *De viris illustribus* de Petrarca, de 1337. Tras su ejemplo, surgirá una nueva manera de narrar los logros de un lugar, mediante la concatenación de biografías de hijos ilustres de ese sitio. Este tipo de textos da pie a crear listas de hipotéticos miembros de un nuevo *paseo de la fama,* como ya hemos comentado; *Las vidas* de Giorgio Vasari, ya mencionada, está dentro de esta tradición. El proceso de expansión de las ideas humanistas coincide, además, con el del surgimiento de los Estados modernos, por lo que en muchas ocasiones las genealogías o listas de biografías de hijos ilustres trabajan como constructores de un relato que culmina en la familia o, directamente, el personaje destinado a dirigir los designios de ese territorio. La construcción de estos relatos se basa en la idea de que esas personalidades van construyendo una sucesión en la que con cada generación se produce un cambio sobre los logros de la anterior; en el ejemplo de Vasari, que está construyendo una historia de la pintura florentina que comienza con los pintores del *duecento,* los primeros que abandonan el modo griego en la pintura, y en la que el culmen ha de ser la biografía de Miguel Ángel Buonarroti. Florencia –cuna de esos pensadores–, será la ciudad que mejor sepa sacar partido de la creación de una genealogía de artistas que loen y ensalcen la grandeza de la República, primero, y la dinastía medicea, después. Seguramente serán los Médici quienes mejor sepan utilizar las obras públicas como propaganda; en ese sentido todas las esculturas y fuentes situadas en las plazas florentinas nos hablan de esa campaña de prestigio de la ciudad, que necesita legitimar su papel preponderante en la política italiana del Renacimiento. Y, cuando ese poder empiece a declinar, se usarán las mismas herramientas para mantener parte del mismo con los nuevos poderes, como contaré más adelante.

Como muestra, nos puede servir la escultura de Fernando I de Médici que se erigió en el puerto de Livorno. La parte superior representa la efigie del duque hecha en piedra por Giovanni Bandini entre 1595 y 1600. El monumento se encargó para conmemorar las victorias de Francisco contra el Imperio otomano y los piratas berberiscos que hostigaban los puertos mediceos, como el de Livorno. Su sucesor, Cosme II, encargará la elaboración del pedestal, en el que cuatro figuras, realizadas por el insigne broncista Pietro Tacca, representan prisioneros berberiscos o «moros». Este conjunto se debía completar con unas fuentes ornamentales que finalmente nunca se instalaron en Livorno, sino en la Plaza de la Annunziata de Florencia, flanqueando la estatua ecuestre de Francisco I, hecha en bronce por Giambologna. Por tener esos cuatro «moros», el monumento del puerto estuvo a punto de ser derribado durante la ocupación francesa de la ciudad en las campañas napoleónicas en 1799, ya que el componente simbólico «de esclavitud» de aquellas figuras chocaba con los ideales de libertad surgidos del proceso revolucionario francés, que, a su vez, había desembocado en el expansionismo napoleónico.

Pero volvamos a la visión eminentemente religiosa de las figuras. Será la Reforma protestante la que resucite la prevención sobre las «imágenes muertas de madera y piedra», en palabras del propio Martín Lutero, aunque, de todos los reformadores, este fuese el más tolerante con las mismas. La base de la Reforma estaba en la palabra; se pedía expresamente que los fieles leyeran la Biblia y que la interpretaran libremente, por lo que ya no existía la antigua necesidad de explicar a los iletrados los misterios de la religión mediante el uso de imágenes. Aun así, para el más radical de los reformadores, Calvino, las imágenes religiosas solo eran tolerables si representaban aquello que podía verse con los ojos. Pero los brotes de iconoclasia asociados a la reforma calvinista, tanto en Suiza como en los Países Bajos, tienen una implicación mucho mayor que la mera referencia teológica. Son hechos que se tienen que entender en el clima de rebelión política, no solo como una cuestión religiosa o ideológica. Este proceso ha sido estudiado por David Freedberg en su ya mencionado libro *Iconoclasia,* donde da las claves para entenderlo. Resumiéndolo mucho, debemos tener en cuenta que las prevenciones contra el uso y abuso de las imágenes desde el primer cristianismo y durante toda la Edad Media culminarían en las ideas de Erasmo de Rotterdam y en los teólogos de la Reforma, que dan la base teológica o doctrinal para el rechazo al uso de estas. Hubo estallidos iconoclastas, en principio aislados, tanto en Alemania como en Suiza en los primeros momentos de expansión de la Reforma; también hubo en Inglaterra y en Escocia en la década de los cuarenta del siglo XVI y en Francia una década más tarde, pero el gran estallido iconoclasta se da en Países Bajos en 1566.

Desde el punto de vista teológico, el principal problema era la gran cantidad de imágenes que, junto con las reliquias, empezaban a no pasar el filtro de la más mínima verosimilitud: santos de dudosa biografía, imágenes milagrosas, pinturas de san Lucas o esculturas de Nicodemo poblaban templos en toda Europa. Desde la llegada de predicadores reformistas a los Países Bajos, estas historias y la comparación con los textos del Antiguo Testamento que prohíben el uso de las imágenes figuraban en todos los sermones. Pero estos sermones e ideas, estando como estaban bajo el dominio de la monarquía hispánica, defensora del catolicismo romano, tenían también un alto componente político –de rechazo del poder político, más bien–. Hay que entender que el contexto de los Países Bajos difería de otras partes de Europa, para empezar, era el lugar donde se había producido el segundo foco de Renacimiento, gracias al auge económico de la zona, con una pujante agricultura unida a la importancia de la industria, como el desarrollo de los telares. Estos avances económicos habían generado un desarrollo de la burguesía y patriciado urbano, formada por la baja nobleza, que van a ser los protagonistas necesarios de los cambios religiosos. La necesidad de recursos por parte de los gobiernos de los Países Bajos para financiar la política imperial de los Austrias, así como la política centralista que ejercía Felipe II desde España, en esos territorios acabó siendo una carga que fue generando un malestar que, unido a las cuestiones religiosas, desembocaron en las revueltas iconoclastas, en las que desempeñó un papel decisivo la baja nobleza de las provincias del norte, que ya había abrazado el calvinismo. Estos sucesos darán como resultado un largo conflicto, la Guerra de los Ochenta Años, que marcará las diferencias entre las dos regiones que conformaban los Países Bajos, el norte calvinista y el sur católico.

Aunque Calvino no propugnaba directamente la destrucción de imágenes, vemos cómo se usa este elemento en las luchas de religión, y los Estados calvinistas van a ser especialmente propicios a la eliminación de imágenes en sus templos. Al comenzar este capítulo, citaba dos nombres que me venían a la cabeza relacionados con la destrucción de imágenes: Savonarola, del que acabamos de hablar, y Calvino. La conexión que había hecho mi cabeza entre el reformador suizo y la iconoclasia, como he tratado de explicar, viene de las revueltas acompañadas de destrucción en los Países Bajos. En Suiza hay un enorme monumento construido para honrar a los reformadores de Ginebra. Es un proyecto que salió a concurso en 1908 para ser erigido en el parque de los Bastiones de la ciudad suiza. El motivo era la conmemoración del cuarto centenario del nacimiento de Juan Calvino y se presentaron más de setenta proyectos, aunque finalmente se adjudicó el concurso al presentado por cuatro arquitectos suizos –Charles Dubois, Alphonse Laverrière, Eugène Monod y Jean Taillens– y dos escultores franceses –Paul Landowski y Henri Bouchard–. El monumento, en forma de gran muro, combina grandes figuras de los reformadores ginebrinos con textos y referencias a otros reformadores, y se financió gracias a donaciones de fieles de diversos países. Es interesante el estilo grandioso empleado en su configuración, que recuerda a las murallas defensivas de la ciudad; su lenguaje, realista pero sintético en las formas, quiere dar un aire de eternidad que puede recordarnos a iconografías fantásticas, como las esculturas de los antiguos reyes de *El señor de los anillos.* Es interesante ver cómo una conmemoración, veremos más casos, es el detonante de la creación de un monumento público cargado de intenciones políticas y religiosas. Ginebra, que en el siglo XVI se la conocía como la *Roma protestante,* reivindica así su papel en la Reforma protestante, no solo de Europa, sino también de América, como bien dejan claro algunos de los relieves que narran hitos históricos importantes para los reformadores.

La respuesta católica a la Reforma se materializó en el famosísimo Concilio de Trento, que no dedicó demasiado tiempo al asunto de la veneración de reliquias e imágenes, que se trataron en un único decreto conciliar, redactado en la última sesión de este, celebrada entre los días 3 y 4 de diciembre de 1563, durante el pontificado de Pío IV. Tras autorizar la invocación y el papel de intercesión de los santos como mediadores entre el género humano y Dios, y autorizar también la veneración de las reliquias, pasa a decretar lo siguiente sobre las imágenes:

Enseñen con esmero los Obispos que por medio de las historias de nuestra Redención, expresadas en pinturas, y otras copias, se instruye y confirma al pueblo recordándoles los artículos de la fe, y recapacitándoles continuamente en ellos: además que se saca mucho fruto de todas las sagradas imágenes, no solo porque recuerdan al pueblo los beneficios y dones que Cristo les ha concedido; sino también porque se exponen a los ojos de los fieles los saludables ejemplos de los Santos, y los milagros que Dios ha obrado por ellos; con el fin de que den gracias a Dios por ellos, y arreglen su vida y costumbres a los ejemplos de los mismos Santos; así como para que se exciten a adorar, y amar a Dios y practicar la piedad[7].

La importancia del factor religioso en el ámbito artístico español de la Edad Moderna viene determinada por la voluntad de las autoridades, tanto civiles como religiosas, de mantener al territorio de la monarquía hispánica dentro de la ortodoxia de la Iglesia de Roma. Por ello se intensificará el uso que, como herramienta de propaganda, tiene la obra de arte. Este hecho, así como la posibilidad de explorar una nueva religiosidad que apelase al sentimiento, tratando de poner al espectador en el lugar del sufrimiento experimentado por Cristo o sus santos –lo que los jesuitas llamarán la «composición de lugar»–, será fundamental para el desarrollo de las artes visuales y también de la arquitectura en el Barroco hispano. Por eso y por su vinculación a la historia de la iconoclasia, quiero traer aquí un ejemplo de cómo pudo triunfar una tipología de imagen que se acomodase a esa nueva *pietas* o religiosidad basada en la compasión y en el sentimiento. Es el caso de la iconografía del Cristo de las Victorias o Cristo de los Dolores, pues de las dos formas se lo denomina.

La historia de esta creación iconográfica es apasionante, pues es una mezcla de la mentalidad de la época y del recelo ante los judíos conversos, así como de la trasferencia de imágenes pictóricas a tallas escultóricas. A todo esto, hay que sumar el contexto político, que en este caso es importante. En esas fechas, está en su momento de máximo apogeo el poder del valido de Felipe IV, el conde-duque de Olivares, y las facciones contrarias le están acusando de

---

[7] Tomado de Cristina Cañedo-Argüelles, *Arte y Teoría: La Contrarreforma y España,* Oviedo, Universidad de Oviedo, 1982.

usar a familias de judeoconversos portugueses para labores administrativas en la Corte, por lo que hay cierto recelo ante este tipo de familias que se están instalando en la Corte bajo el amparo de Olivares. No podemos olvidar tampoco el impacto que en esas fechas tuvo la llegada de la epidemia de peste originaria de Italia, de la zona de Lombardía-Véneto, que se conoció como peste italiana y que era vista también como un posible castigo ante el comportamiento de la sociedad o de sus dirigentes.

En este clima, en el entorno de 1630, se produce en Madrid un hecho insólito y con connotaciones que superan lo puramente religioso. En la calle de las Infantas, en las casas del licenciado Parquero, vivía una familia de conversos de origen portugués que, según la acusación del tribunal de la Inquisición, practicaban el criptojudaísmo además de infligir a una pequeña talla de Cristo Crucificado todos los martirios que el propio Jesús había recibido durante la pasión. En realidad, toda esta historia no es sino la adaptación al Madrid barroco de la famosa historia o leyenda del *Cristo de Beirut*. Esta historia de una familia de judíos que se ensañan con una imagen de Cristo que milagrosamente empieza a sangrar era conocida y este caso se repite varias veces y en varios lugares a lo largo de la historia, lo que nos pone en la pista de lo improbable que es que lo citado ocurriera realmente. Esta historia, además, era una de las que se utilizaban para defender el uso y culto de las imágenes por parte del catolicismo romano.

Alertados los vecinos y el tribunal del Santo Oficio, se procedió a juzgar y condenar a la familia de origen portugués a la pena capital y construir en el solar de su casa un convento como desagravio, como nos cuenta Mesonero Romanos en *El Antiguo Madrid*[8]:

> Convento e iglesia de Capuchinos llamados de la Paciencia. Este había sido fundado en 1639, por el rey don Felipe IV, sobre el mismo sitio que ocupaba la casa del licenciado Barquero, en que unos judíos que la habitaban solían maltratar en ciertos días y ceremonias a un Crucifijo; y denunciados a la Inquisición, fueron quemados hasta siete en persona y cuatro en estatua y demolidas sus casas para la fundación de dicho convento e iglesia.

---

[8] Ramón de Mesonero Romanos, *El Antiguo Madrid,* Madrid, Establecimiento tipográfico P. Mellado, 1861.

El convento fue derribado en 1837, tras la desamortización de Mendizábal para abrir una plaza en el congestionado entramado de calles de Madrid; es la actual plaza de Pedro Zerolo, antigua Vázquez de Mella.

Este acontecimiento acrecentó el interés por las iconografías de Cristo doliente frente al Cristo triunfante, ya que era más eficaz para provocar emoción y patetismo. En este clima llegó a Madrid proveniente de Cáceres una mujer piadosa con intención de obtener de la Corte una imagen para dotar un santuario en su pueblo, Serradilla. La beata Francisca de Oviedo y Palacios llegó cuando todavía se realizaban procesiones de desagravio a la figura del Cristo. En una de ellas contempló un lienzo que recogía la visión de Cristo que había tenido un fraile dominico del convento de Atocha. Esta visión llevada al lienzo seguiría alguna de las estampas de tipo devocional que desde el siglo XVI se estaban realizando en el área centroeuropea, fundamentalmente Países Bajos y Alemania, donde se seguía esta visión de Cristo doliente y donde además se iniciará la iconografía de Cristo triunfante sobre la muerte y el pecado.

Así, Francisca de Oviedo encargó al escultor Domingo de la Rioja una traducción de esa imagen piadosa en una talla de madera policromada. El resultado es el *Cristo de las Victorias,* imagen que se basa en partes iguales en las iconografías doliente y triunfante, en las imágenes centroeuropeas y en modelos italiano como el *Cristo Triunfante* de Miguel Ángel en Santa Maria Sopra Minerva (Roma) o su versión en pintura realizada por Guido Reni y que se encontraba ya en las colecciones reales de Felipe IV, pues aparece citado en su testamentaría.

La talla, acabada en torno a 1635, adquirió gran fama y fue expuesta en Madrid y reclamada por Felipe IV para la capilla del Alcázar, donde estuvo hasta 1639. Pero, finalmente, fue devuelta a su propietaria y llevada al pueblo de Serradilla. Inmediatamente se iniciaron las copias y réplicas, una de ellas realizada por el propio escultor Domingo de la Rioja. Se trata del *Cristo de los Dolores* que acabará siendo el titular de la capilla homónima de la Venerable Orden Tercera junto a la iglesia madrileña de San Francisco el Grande.

Pero en otras ocasiones se podía dar el caso de que un problema político tuviera su reflejo en el uso de las imágenes. Cuando Felipe IV quiso concluir las obras del Panteón de Reyes de El Escorial, se encontró que cambios en la arquitectura del altar mayor, realizado por Alonso Carbonel, provocaron que el Cristo crucificado de bronce dorado de Pietro Tacca, escultor florentino, obra que debía ir en el retablo, quedara demasiado ajustado. Esto obligó al rey a encargar en Italia otro crucificado para el Panteón. Como no podía ser de otro modo, se intentó que la obra fuera del mejor escultor del momento, lo que provocó el encargo en 1653 de un Cristo crucificado al mismísimo Gian Lorenzo Bernini, en un momento álgido de su carrera y coincidiendo con los últimos años de pontificado de Inocencio X, papa claramente filoespañol; es importante este dato porque durante todo el siglo XVII se está librando una batalla soterrada en Italia, sobre todo en Roma, por ver qué nación es más preponderante, si Francia o España. Los papas y los artistas desempeñarán un papel importante en esta contienda, pues el papa era del bando español, pero Bernini había trabajado para comitentes abiertamente filofranceses y seguramente él mismo lo era. La inauguración oficial se hizo con el traslado de los cuerpos reales a sus nuevos sarcófagos en los primeros días de marzo de 1654, en una ceremonia sencilla. Para la misma se tuvo que colocar de forma provisional el crucificado de Tacca, mientras se esperaba la llegada del de Bernini. Este debió de llegar durante ese año. Pero, cuando llegó, se había producido algún tipo de problema político y esto provocó que oficialmente se dijera que, cuando se colocó el crucificado de Bernini, el resultado no fuera del gusto del monarca. Finalmente se encargará un tercer crucifijo para el Panteón al escultor italiano Domenico Guidi, discípulo de Algardi, escultor abiertamente filoespañol, que es el que se colocará definitivamente en 1659. El crucifijo de Bernini se instaló en dependencias secundarias de El Escorial. Ahora podemos verlo en la Galería de las Colecciones Reales de Madrid, donde es una de las piezas más destacadas.

Hemos hecho un recorrido por la iconoclasia en tiempos antiguos, los modelos más clásicos en la destrucción de imágenes, vinculados sobre todo a elementos religiosos. Cuando la sociedad se transforme al calor de los cambios producidos por la Revolución industrial y las Revoluciones liberales, también cambiarán las motivaciones para la destrucción de imágenes, aunque no el modo de hacerlo.

El cambio podemos observarlo en la Revolución francesa. Frente a otros procesos, en los que podemos hablar de motines o levantamientos populares, que los hubo y ha habido siempre, en el caso francés se conjugaba un nuevo grupo social, la burguesía adinerada y educada que quería acceder al poder, con una clase obrera en plena crisis económica y perfectamente mediatizada con los inicios de la propaganda. Los panfletos y pasquines que se estaban imprimiendo contra los grupos dominantes y, sobre todo, contra la reina María Antonieta de Austria eclosionarán en una oleada violenta contra estos grupos. Pensemos que la fecha que tomamos como culmen de este proceso es nada más y nada menos que la destrucción de un símbolo: la toma de la Bastilla el 14 de julio de 1789. Y, en ese furor revolucionario, serán los símbolos los que sufrirán la ira de las masas enfervorecidas.

Como ejemplo podemos traer la estatua ecuestre de Luis XIV, obra de Girardon, que presidía la parisina Place Vendôme desde 1692, aunque la escultura es de 1685, la plaza fue renombrada como Place Louis-le-Grand. La obra, encargada al escultor que mejor encajaba en los gustos del Rey Sol, François Girardon, y que conocemos bien por los grabados, medallas y copias en menor tamaño, representaba al rey vestido a la antigua, con peluca y manto, y con el caballo al paso, más cercano al gusto por la serenidad y clasicismo del monarca. Esta obra sufrió durante los primeros momentos de la Revolución las iras de las masas obreras y campesinas de París, el 13 de agosto de 1789, de tal manera que finalmente solo han quedado vestigios de aquella obra, como un pie del rey calzando unas sandalias al más puro estilo clásico. En lugar del caballo, se situó una escultura, también en bronce, en honor a Napoleón I, que sufrió la misma suerte que el Rey Sol, durante la Comuna de París en 1871. Como podemos ver, en momentos convulsos, los símbolos en forma de monumentos adquieren la cualidad de recibir las iras hacia los personajes o las instituciones que representan. Pasó lo mismo con la escultura en homenaje a Luis XIII, que Richelieu encargó en la Place des Vosges, o el retrato ecuestre de Enrique IV, de Giambologna, en la Place Dauphin junto al Pont Neuf.

Como ha señalado Freedberg, hay elementos iconográficos que se repiten en grabados de iconoclasia del siglo XVI, y que vemos también en la destrucción de estatuas dedicadas, por ejemplo, a Sadam Huseín. La figura de un niño o un joven pisoteando la cabeza de una escultura, que acaba de ser derribada, o un personaje en un ángulo, orinando sobre los restos de la estatua rota, sirven como ejemplo de esas imágenes que podemos ver repetidas tanto en estampas como en fotografías o fotogramas de la caída de monumentos. Esas coincidencias nos dicen mucho de esa cualidad de sustitución que la imagen tiene sobre lo representado, y también de cómo en ocasiones es fácil redirigir el enfado o la ira hacia un objeto inerte, como es una piedra o un bronce, pero que tienen en su forma la posibilidad de que reciba el castigo que no puede darse al original.

El siguiente hito en la destrucción de imágenes lo tenemos en la caída del bloque comunista. El desmoronamiento de la Unión Soviética y de todos los regímenes de la Europa del Este que se suceden como un dominó tras los acontecimientos de 1989, son significativos, porque en las protestas populares se solía emplear la violencia contra los símbolos del régimen. Pensemos en lo icónico que sigue resultando el derribo del muro de Berlín. Junto con este muro de hormigón, cayeron esculturas dedicadas a Marx, Lenin, Stalin y otros líderes nacionales o locales.

La incómoda presencia de los antiguos líderes soviéticos ha provocado, en muchas de las exrepúblicas que formaban parte de la Unión Soviética, la necesidad de retirarlas del espacio público y almacenarlas en lugares menos significativos políticamente. Eso ha provocado que en muchos parques en lugares poco frecuentados se hayan ubicado, casi como despojos descontextualizados, imponentes imágenes en metal y piedra de los líderes de la Revolución, como en una especie de parque temático. El caso más curioso es el parque Muzeon en Moscú (Fig. 5), donde se han acumulado muchas de estas figuras, pero más sorprendente es, si cabe, el Memento Park de Budapest, que atesora unas cuarenta y dos esculturas del periodo soviético de Hungría entre 1949 y 1989.

Este parque de la capital húngara se presenta como una exposición de las obras de la dictadura soviética para reflexionar desde la democracia. En sus esculturas podemos encontrar referencias a los líderes del Partido Comunista, como Marx, Engels o Lenin, y homenajes al Ejército Rojo o a Stalin. La puerta de entrada al parque es una arquitectura en ladrillo que evoca modelos clásicos y en la que, enmarcados por unos arcos de medio punto, aparecen en un proceso geometrizador, que deriva de la estética cubista, los retratos monumentales, de más del doble del natural, de Marx y Engels, en un arco, y Lenin, en el otro. Es muy interesante ver, como comentábamos al hablar de la Exposición Universal de París de 1937, cómo los regímenes totalitarios usan evocaciones de la arquitectura clásica en sus obras propagandísticas. Pero, sin lugar a duda, el caso

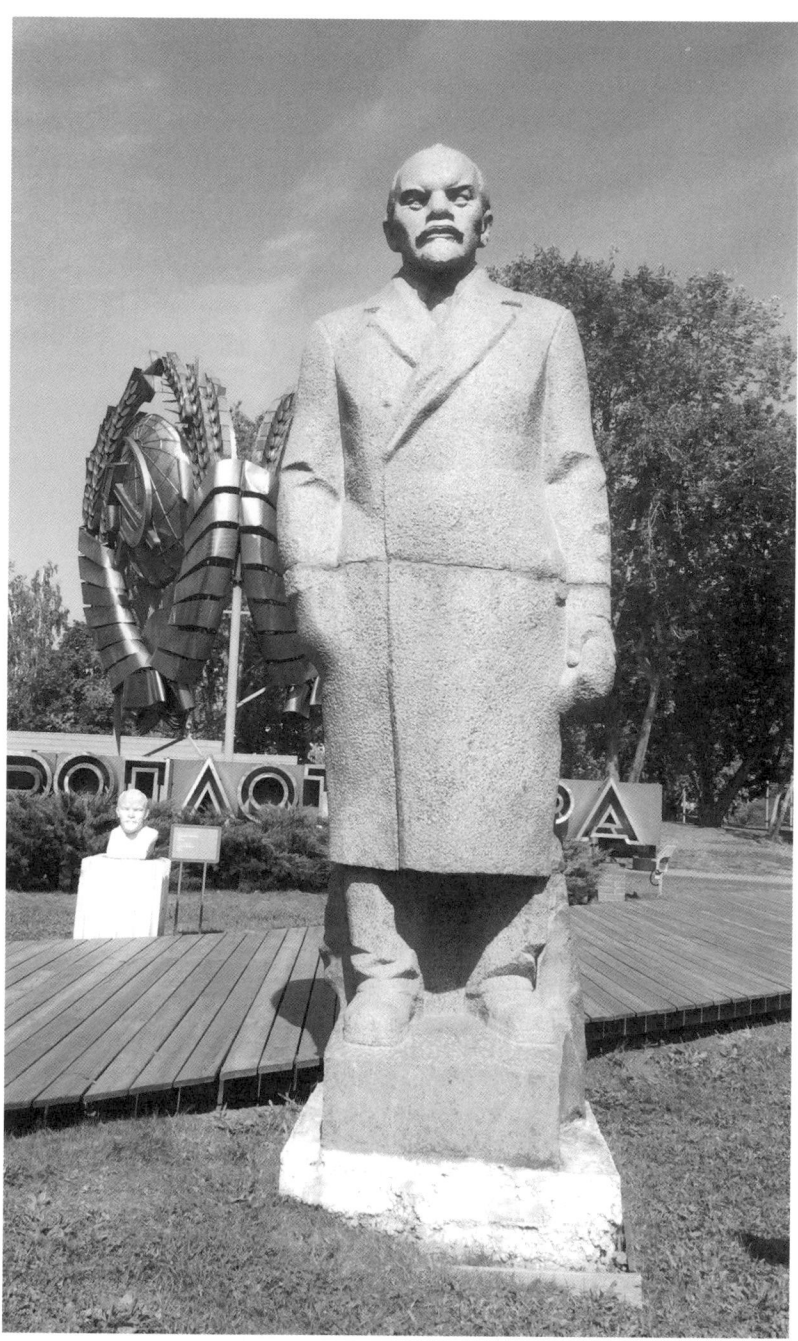

Figura 5. Parque Muzeon. Moscú.

más curioso es la reproducción de *Las botas de Stalin,* una reconstrucción a la misma escala del monumento que había en Hungría dedicado al líder de la Unión Soviética y que era conocido como «el balcón del saludo», por pasar frente a ella todos los desfiles y situarse en su escalinata los mandos húngaros del partido comunista. Este monumento constaba de una base en piedra con una escalinata en la que había un relieve sobre el trabajo y el progreso, y, sobre un gran pedestal, una escultura monumental, que alcanzaba los 25 metros de Stalin. Durante la Revolución húngara de 1956, la multitud que trataba de librarse del yugo soviético atacó la escultura de Stalin, serrando sus pies y derribándola. En el Memento Park se ha reconstruido esa base y pedestal, y se han reproducido las botas del dictador, tal como quedaría la escultura después de la intervención de los revolucionarios húngaros. Recogemos del blog de Miguel Ángel Ferreiro, *El Reto histórico,* la descripción del incidente hecha por Sándor Kopácsi, jefe de la policía de Budapest:

> Colocaron [...] un grueso cable de acero alrededor del cuello de la estatua de 25 metros de Stalin, mientras otra gente que llegaba en camiones con cilindros de oxígeno y herramientas para cortar metal se puso a trabajar en el calzado de bronce. [...] Una hora después la estatua caía del pedestal.

La narración podría ser perfectamente la de la destrucción de cualquier estatua del siglo XX; es más, descontextualizada, pensaríamos que era el derribo de la de Sadam Huseín en Bagdad que mencionábamos antes.

En 2013 fuimos testigos de cómo las protestas de la población ucraniana contra la política de acercamiento a Rusia del entonces presidente Víktor Yanukóvich se materializaban en el derribo de la escultura en piedra que había dedicada al líder soviético Lenin en la capital, Kiev. Una vez derribada con cables de acero, algunos manifestantes con grandes mazas metálicas infligieron golpes para acabar de romper el gran bloque de piedra. Estas imágenes, como hemos visto, son potentes y se repiten con gran parecido iconográfico; en la misma manera de romper esculturas, se imitan las destrucciones del pasado.

La irrupción en el siglo XXI de regímenes islámicos más radicales en su aplicación de la tradición hizo resucitar la iconoclasia asociada a la prohibición islámica de representar imágenes de Dios o del Profeta. El primer hito destructivo en ese sentido ocurrió en 2001, cuando accedió al gobierno de Afganistán el régimen talibán. Una de las medidas que tomaron fue la voladura de las impresionantes esculturas de Buda, excavadas en la roca de los acantilados de Bamiyán. Estas figuras representaban por un lado la máxima expansión de la religión budista por la Ruta de la Seda, de tal manera que en las cuevas asociadas a estas figuras vivieron ermitaños budistas hasta la llegada del Imperio islámico en el siglo IX. Los Budas, inscritos en la lista de patrimonio mundial de la UNESCO, fueron volados con explosivos y el nuevo gobierno de Afganistán difundió las imágenes de este hecho como carta de presentación. Desde nuestra óptica occidental, nos parece más aceptable la destrucción de la efigie de un dictador o un líder político que la de una escultura de connotaciones religiosas, sobre todo si estas son antiguas, pero no dejo de preguntarme si no lo aceptamos mejor simplemente porque ese supuesto, la destrucción de figuras más políticas que religiosas, es la que seguimos practicando con cierta asiduidad en la cultura occidental.

El derrocamiento de Sadam Huseín en Iraq en 2003 o la primavera árabe de 2011 nos han dejado imágenes también de asaltos a esculturas públicas, normalmente símbolos de los regímenes políticos. Cuando pensaba en este libro, pensaba constantemente en la figura de la escultura de Sadam derribada por cables metálicos tirados por una enorme grúa y el papel que los soldados estadounidenses tuvieron en la construcción de esas imágenes, en las que intentaban pasar desapercibidos, para dar protagonismo al pueblo de Bagdad. La base de la escultura con enormes martillazos en su decoración y las piernas de Sadam rotas, con los hierros que sujetaban la estructura de la enorme estatua, son ya imágenes que aparecen en los libros de historia y en los libros de texto.

Pero, sin lugar a duda, el peor momento para los que consideramos que los artefactos culturales son memoria y son pasado que hemos de conservar, aunque haya que explicar por qué hay que hacerlo, fue el periodo entre 2014 y 2015, en el que el autoproclamado Estado Islámico inició un furibundo ataque contra yacimientos arqueológicos y vestigios de las principales culturas que se asentaron en Oriente Medio en la Antigüedad. Consciente del poder de las imágenes, de la cultura de conservación del mundo occidental y de la posibilidad de visibilidad de tales actos no solo los perpetraron, sino que dejaron imágenes grabadas del hecho, a sabiendas de que esas imágenes iban a dar la vuelta al mundo. En esa horquilla de fechas ocuparon territorios del norte de Iraq y de Siria, en los valles del Tigris y el Éufrates, la zona donde confluían las rutas comerciales asociadas a la Ruta de la Seda y en donde surgieron grandes ciudades en la Antigüedad. Las destrucciones en los yacimientos de Nimrod, Nínive y Hatra, donde se desfiguraron los icónicos lammasu o toros alados asirios, se complementaron con los destrozos en el Museo de las Civilizaciones de Mosul y la quema de la biblioteca de dicha ciudad iraquí. Las imágenes de cómo se violentaban los tesoros de las antiguas civilizaciones conmocionaron a la opinión pública de Occidente, nos impactaron directamente a todos, sobre todo a los que amamos la conservación de bienes culturales.

Pero, sin lugar a duda, la destrucción más mediática y mucho más cruel y violenta es la de la ciudad siria de Palmira. Entre otras atrocidades se ejecutó públicamente a Jaled al-Asaad, el jefe de las excavaciones arqueológicas de la ciudad, en el teatro romano, en un más que significativo uso torticero de un espacio concebido para el espectáculo. Como si de un preso de regímenes del pasado se tratara, con el que hay que dar ejemplo, se colgó su cuerpo de una de las columnas de las ruinas clásicas de la ciudad. Además, los yihadistas volaron el templo del dios fenicio de las tormentas, Baal Shamin, que llevaba 1.900 años en pie, como también el tempo de Bel y el Arco de Triunfo de la puerta de entrada de la ciudad.

Todas estas destrucciones, acogidas bajo el paraguas de la iconoclasia islámica más radical, en realidad son propaganda del Estado Islámico, no molestaron durante los anteriores catorce siglos de coexistencia del islam con las ruinas del pasado y realmente no creo que les molestaran, pero saben que estos actos van a tener el impacto mediático que necesitaban. Lo peor es que su ejemplo, que está enraizado en sus tradiciones y creencias, como hemos visto, la repiten los mal llamados activistas que, con la excusa de defender sus ideales, violentan obras de arte o monumentos públicos, sabiendo que tendrán sus 15 minutos de fama, repercusión y propaganda a coste cero, porque no hay consecuencias gordas a estos ataques.

# 4. Retratos ecuestres
## «Es conveniente que el príncipe dome a los súbditos como se doma un potro»

Una subcategoría importante en la historia de la escultura y, dentro de ella, en la de los monumentos conmemorativos o públicos es la referida a los retratos ecuestres. En primer lugar, simple y llanamente porque por su porte y tamaño, al incluir al equino junto al jinete, suelen ser más grandes. Segundo, porque no todos los homenajeados pueden tener el privilegio de ser representados a caballo, montura que se usaba exclusivamente para personas de alta consideración social, toda una herencia de la sociedad estamental que los siglos XIX y XX perpetuarán usándose, fundamentalmente, para militares.

Además, los retratos ecuestres son en sí mismos un reto técnico. Como vamos a ver en el desarrollo de este capítulo, la forma del caballo y su posición sufrirán una evolución en la que debemos tener en cuenta, por un lado, la estabilidad de las esculturas y, por otro, la técnica y las propiedades de los materiales, así como el peso del conjunto. Por consiguiente, cuando os encontréis con una guía o una explicación sobre el simbolismo de las manos, o extremidades anteriores, de los caballos en las esculturas ecuestres y os cuenten que si están las dos levantadas, significa que el retratado murió en batalla, si solo levanta una, es que murió de las heridas de combate y, si están todas en el suelo, murió de muerte natural, como si no fueran naturales todas las muertes, podéis ir desengañándoos, porque todo eso no se sustenta en nada. Básicamente es un pequeño bulo que, como toda historieta con cierta gracia y códigos fáciles de lectura, se ha perpetuado.

Si volvemos a usar Madrid como ejemplo, entre 1875 y 1936, es decir, entre la Restauración borbónica y el inicio de la Guerra Civil, periodo estudiado por Socorro Salvador Prieto[1], se levantaron entre estatuas, lápidas conmemorativas y otros tipos de monumentos unos 83 ejemplos, dejando fuera la autora aquellos que no supusieron una aportación relevante para el arte de la escultura. De todos estos ejemplos, ocho fueron esculturas ecuestres o contenían una escultura de estas características en el conjunto del monumento. Son bastante variopintos, desde la monumental Isabel la Católica de Manuel Oms hasta los personajes militares como el marqués del Duero, por Andrés Aleu, Espartero, por Pablo Gisbert, Martínez Campos, por Mariano Benlliure, o el rey Alfonso XII, por este mismo escultor. No obstante, también hay algún ejemplo peculiar, como la inclusión de Don Quijote a caballo y Sancho Panza en burro, de los hermanos Collaut Valera, en el monumento a Cervantes de la Plaza de España, o, de estos mismos, el joven andaluz a caballo en el monumento a los hermanos Quintero en el parque del Retiro, o el que para mí es el ejemplo más raro y difícil de justificar, el retrato ecuestre del pintor Diego Velázquez realizado por el escultor francés Manuel Fremiet y que se conserva en la Casa de Velázquez en la Ciudad Universitaria. Más significativo es, si comparamos la cifra con la total de monumentos, que haya siete obras dedicadas a seis mujeres que recibieron homenaje en forma de escultura: Isabel la Católica, Bárbara de Braganza, María Cristina de Borbón, Concepción Arenal y dos obras a Emilia Pardo Bazán.

Como la historiografía sigue teniendo un poso grande de sus orígenes, todavía está extendida entre nosotros la idea de la evolución, es decir, la construcción de que el relato histórico-artístico es una secuencia de logros en diferentes campos que llevan hacia un progreso constante, en el que, además, se señalan esos avances y se ignora o se deja en un segundo plano a los artistas que, aunque fueran solventes en su disciplina y en su momento hubieran obtenido el aplauso de crítica y público, no entran en esa carrera hacia unos logros que nos hablen del progreso en la manera de representar los intereses de una sociedad en sus obras. Y, quizá porque yo me formé como historiador del arte en esa corriente, sigo teniendo ese defecto –aunque cada día intentemos salirnos de esa senda y buscar también entre los artistas que no cumplen esa «máxima del progreso»–.

---

[1] Socorro Salvador Prieto, *La escultura monumental en Madrid. Calles, Plazas y jardines públicos (1875-1936)*, Madrid, Alpuerto, 1990.

Dicho todo esto, voy a contradecirme un poco, porque este capítulo, a pesar de que no es lo deseable, tiene «forma de evolución», de carrera por conseguir una mejor representación de este tipo de retrato tan interesante y complejo. Mi visión en este campo viene muy determinada por una asignatura que cursé en la licenciatura, hace ya tanto tiempo, sobre escultura italiana del Barroco. A raíz de ella y de las lecturas, sobre todo de la obra de Wittkower, *La Escultura. Procesos y principios*[2], quedó en mi cabeza esa narración en la que se quería lograr un retrato ecuestre que ejemplificara el poder absoluto y cómo en esa especie de carrera se va evolucionando hasta llegar a rozar casi la perfección con los retratos ecuestres en corbeta. Pero no quiero adelantarme, así que iniciemos ese relato –ya me saldré varias veces de él para ver qué cosas se van quedando fuera–.

Como decía Saavedra Fajardo en su *Idea del príncipe político-cristiano representada en cien empresas*[3]:

> Es conveniente que el príncipe dome a los súbditos como se doma un potro a quien la misma mano que le halaga y peina el copete, amenaza con la vara levantada… significando que han de estar acompañadas en el príncipe la severidad y la benignidad.

El frontispicio de la edición original está adornado con los retratos ecuestres, hechos en estampa, de Felipe IV y de su hermano, el cardenal infante don Fernando, entonces gobernador de los Países Bajos. Es decir, durante todo el Antiguo Régimen, los retratos ecuestres tienen mucho de simbología política, de capacidad de mando, se manejan las riendas del poder al igual que se manejan las del caballo. Pero ¿cuál es el origen de esta tipología?

El retrato ecuestre fue una creación clásica, y, además, había un importante ejemplo romano, la estatua ecuestre de Marco Aurelio en bronce, que durante toda la Edad Media era visible en el exterior del palacio Lateranense de Roma, la residencia papal en aquella época. De la Antigüedad tardía sería el monumento ecuestre

---

[2] Rudolf Wittkower, *La Escultura. Procesos y principios,* Madrid, Alianza, 1997.

[3] Diego de Saavedra Fajardo, *Idea del príncipe político-cristiano representada en cien empresas,* Amberes, Casa de Verdussen, 1655.

conocido como *Regisole* o monumento al Rey Sol, erigido en la ciudad imperial de Rávena pero trasladado en la Edad Media a Pavía, donde se situó en la plaza frente a la fachada del Duomo hasta su destrucción por los jacobinos en 1796, por entender que era un símbolo del Antiguo Régimen y la monarquía.

El modelo no llegó a perderse nunca y, aunque no hubiera grandes retratos ecuestres durante muchos años, sí había pequeñas referencias que lo mantenían vivo. Como ejemplos podríamos citar el interesante bajorrelieve datado en el siglo VII que representa a un guerrero germánico, probablemente sajón, a caballo y con un escudo, aparecido en el norte de Alemania a finales del XIX y que se guarda en el Museo Arqueológico de Halle; o el pequeño bronce carolingio, conservado actualmente en el Louvre, procedente de la catedral de Metz y que tradicionalmente se ha identificado con Carlomagno o con su nieto Carlos el Calvo.

El otro hito fundamental, que además suscita ciertas incógnitas, es el bellísimo *Jinete* de la catedral alemana de Bamberg, hecho por un maestro vinculado con las esculturas de la catedral francesa de Reims en torno a 1225. El retratado, pues tiene un rostro relativamente individualizado, podría ser uno de los emperadores del Sacro Imperio, como Enrique II, enterrado en dicha catedral, o quizá uno de los Reyes Magos. Como ha señalado Michael Camille en *El ídolo gótico*[4], el mensaje medieval de esta escultura fue siempre ideológico, porque glorifica la superioridad del caballero como guardián de los valores cristianos. Las estatuas ecuestres simbolizaban la estabilidad del orden político y, por eso, se convierten en el tipo visual más importante para los soberanos medievales.

Ya mencionamos brevemente, al hablar del espacio público, que el modelo pervivió gracias a la pintura: los retratos de *Guidoriccio da Fogliano,* por Simone Martini en 1328, el *Giovanni Acuto,* por Paolo Ucello en 1436, y *Nicolo da Tolentino,* por Andrea del Castagno en 1456, estos últimos como grandes monumentos funerarios en las paredes de la catedral de Santa Maria del Fiore, que no solo lo mantenían vivo, sino que lo fijaban para las esculturas en bronce que estaban a punto de resurgir.

El primer ejemplo escultórico a tamaño monumental, más grande del natural, es el que encarga la Serenísima República de Vene-

---

[4] Michael Camille, *El ídolo gótico,* Madrid, Akal, 2000.

cia para honrar la figura de Erasmo Stefano de Narni, conocido popularmente como *Gattamelata*. El encargo se hará al gran escultor del Quattrocento florentino, Donato di Niccolò di Betto Bardi, Donatello. En este proyecto estuvo implicado entre 1444 y 1453, año en que finalmente se funde y coloca la escultura en su lugar, junto a la basílica de San Antonio en la ciudad de Padua, donde aún se conserva. Narni era un conocido *condottiero* o jefe militar que había trabajado para la República veneciana. Estas figuras son muy características del siglo XV en Italia, que, al estar divida en pequeños Estados, normalmente se veían involucrados en conflictos fronterizos y por el dominio de las regiones circundantes. Donatello se inspira, por un lado, en el modelo antiguo de retrato ecuestre que estamos mencionando, pero también en los famosísimos caballos de bronce de origen griego helenístico que se conservaban en la entrada del hipódromo de Constantinopla y que, tras el saqueo de la ciudad bizantina en la cuarta cruzada, en 1204, fueron llevados a Venecia, donde se exhibían en la terraza de la fachada de San Marcos. Con estas referencias, Donatello consigue un verdadero retrato monumental que, además, se va a situar en un espacio público, una gran plaza. El conjunto transmite un ritmo repetido de curvas que sugieren el movimiento del paso del caballo, no es una figura estática, aunque la composición sea cerrada, de ahí que se haya querido ver el recurso de añadir una bola en la mano delantera del animal, para garantizar el equilibrio, pero también para cerrar la composición. Siempre se ha visto esa bola como un elemento de inseguridad en el escultor, que temía que la pérdida de cuatro apoyos desequilibrara la escultura. Lo más destacado es la escala, pues hasta el *Gattamelata* nadie había intentado hacer nada semejante desde la Antigüedad. Es la primera línea en la construcción del relato sobre la evolución de los monumentos ecuestres. Giorgio Vasari, responsable en gran medida de esta idea de la evolución, como hemos comentado anteriormente, dijo en sus *Vidas* sobre el monumento de Padua:

> El caballo de bronce de la plaza de San Antonio, en el que se pueden apreciar el resoplido y la agitación del caballo y el gran ánimo y la energía que el arte ha expresado con suma vivacidad en la figura del jinete. Donato se mostró tan admirable en las grandes proporciones y la calidad del vaciado, que su obra realmente so-

porta la comparación con la de cualquier artista antiguo, por su movimiento, dibujo, arte, proporción y esmero. No solo asombró a los que lo vieron en su momento, sino que sigue asombrando a los que lo ven en la actualidad[5].

El siguiente retrato que hay que considerar es el monumento ecuestre a Bartolomeo Colleoni en Venecia, encargado a Andrea del Verrocchio, obra también mayor del natural, en la que se avanza en la vía del movimiento y, sobre todo, en la clave psicológica. La mano levantada del caballo y la evidente composición con una línea oblicua crean la sensación de avance de las figuras. A ese movimiento se contrapone la postura erguida y orgullosa del *condottiero,* reforzada por la torsión y el fuerte escorzo del busto, de tal manera que el rostro, marcado por los fuertes contrastes de luces y sombras, expresa la *terribilità* del guerrero, en palabras de Giulio Carlo Argan. Verrocchio no terminó la escultura, en la que estuvo trabajando entre 1479 y su muerte en 1488, momento en el que solo se había fundido la figura del guerrero; de fundir el caballo, así como de terminar todo el conjunto, se encargó Alessandro Leopardi. Frente al clasicismo y serenidad del *Gattamelata* de Donatello, el *Colleoni* da sensación de ímpetu, de avanzar de frente, de ahí que tenga tanta importancia en nuestra narración, pues ese avanzar supone un plus en la recepción psicológica que los espectadores tenemos de la obra, ubicada en el Campo di San Giovanni e Paolo, una plaza junto a la basílica veneciana del mismo nombre; nos sentimos sobrecogidos por la mirada arrogante del militar que, en su posición elevada, domina sobre los espectadores. Esa idea es el gran triunfo de Verrocchio y del retrato ecuestre, pues, a partir de ahora, no solo generales, sino también líderes políticos, querrán ser retratados de esa guisa.

Es importante hacer una puntualización, ya que estamos hablando fundamentalmente de monumentos escultóricos, y es que una vez que los modelos se han rescatado del pasado y se han ejecutado en escala monumental, gran parte de la evolución vino por parte de la pintura. Será este arte la que vuelva a recoger la imagen y dotarla de nuevas formas y significados. No se entiende esta na-

---

[5] Giorgio Vasari, *Las vidas de los más excelentes arquitectos, pintores y escultores italianos desde Cimabue a nuestros tiempos,* cit.

rración sin tener presente el retrato de *Carlos V en la batalla de Mühlberg* de 1547 pintado por Tiziano y que se conserva en el Museo del Prado y, a partir de él, los retratos ecuestres de Rubens y Velázquez. Los modelos pictóricos permiten el avance en el movimiento y la profundidad psicológica de los retratados y serán impuestos a los escultores en algunas ocasiones. Volviendo a nuestro hilo, el siguiente hito escultórico no llegó nunca a concluirse, pero los bocetos y dibujos fueron conocidos e importantes para nuestro relato. No es otro que el monumento ecuestre a Francesco Sforza, padre del duque Ludovido *el Moro,* señor de Milán, que Leonardo da Vinci se ofreció a realizar. El retrato ecuestre iba a tener una dimensión de más del doble que el *Gattamelata* de Donatello, hubiera alcanzado más de seis metros de altura. Conocemos dibujos fechados en 1482, en los que plantea ya un caballo en corbeta, es decir, con las dos manos levantadas y un fuerte dinamismo, con una gran diagonal que dinamizaría todo el conjunto. El duque a caballo, con la bengala de general en la mano derecha, tendría también una pose de torsión que jugaría en favor de ese dinamismo. Para salvar el posible desequilibrio del caballo, proyecta que a sus pies se sitúe la figura de un enemigo, que, además de loar las virtudes militares del padre del duque, ejerce una labor similar a la esfera en el *Gattamelata,* manteniendo la estabilidad al conjunto. Los cambios en los dibujos hacia un modelo de caballo en acción de marcha, pero sin encabritarse, ni en corbeta, hacen pensar a Wittkower[6] que desecharía esta primera idea por el problema de estabilidad. Se sabe que en 1493 se presentó un modelo de barro del caballo sin jinete, por lo que parecía inminente hacer el vaciado en bronce del monumento, pero en 1499 cuando las tropas francesas al mando de Giacomo Trivulzio, conquistaron la ciudad y expulsaron a los Sforza, el vaciado no se había hecho y el modelo del caballo fue destruido por los asaltantes. Leonardo, marchó de nuevo a Florencia, hasta que en 1506 regresó a Milán y aceptó el encargo de hacer la tumba de Trivulzio, que iba a coronarse con un retrato ecuestre de este militar a tamaño natural. Finalmente, tampoco llegó a realizarse este segundo proyecto. De toda la labor de Leonardo en este campo nos han llegado muchos estudios tanto de la anatomía de los caballos como de jinetes y su relación.

---

[6] Rudolf Wittkower, *La Escultura. Procesos y principios,* cit.

Florencia es el nexo común en esta historia. Es normal, porque es esa ciudad la que protagonizó el inicio de la idea del Renacimiento. En el siguiente paso en nuestra historia volveremos a ella, pero ahora el protagonista no es oriundo de allí, sino que es en la ciudad del Arno donde se afincará y creará un interesante taller especializado en bronces, especialmente en este tipo de esculturas ecuestres. Se trata del artista de origen flamenco Jean de Boulogne, que conocemos por su nombre italianizado Giambologna.

El escultor realizará nada menos que cuatro esculturas ecuestres. La primera es un encargo del duque Fernando I en 1587 para honrar a su padre Cosme I. La escultura, de gran tamaño, se concluyó en 1594 y se situó en la Piazza della Signoria. Para el caballo se inspiró en una cabeza de caballo etrusco que estaba en las colecciones de los Médici. El conjunto con el caballo en acción de avanzar tiene mucha prestancia, pero no llega a las cotas de intensidad que había logrado Verrocchio con su escultura. Pese a ello, la actitud del caballo es naturalista y Cosme I aparece con una dignidad especial, remarcada por el manto colocado sobre la armadura que genera una línea que enmarca la figura del gran duque y aumenta su prestancia, a la vez que recuerda a los ejemplos clásicos.

El éxito de la obra le valió la llegada de encargos internacionales, con los que además los duques de la Toscana, sus principales mecenas, conseguían jugar bazas diplomáticas importantes. Durante todo el siglo XVI, la disputa entre Francia y la monarquía hispánica por el dominio de ciertas zonas de Italia llevó a los duques de la Toscana a intentar mantener su independencia con franceses y españoles gracias a un estudiado equilibrio diplomático entre ambas monarquías, a las que agasajaban con regalos artísticos. Giambologna, así, realizará dos magníficos retratos ecuestres para las dos Cortes más importantes en ese momento de Europa: París y Madrid. El encargo parisino era una escultura ecuestre de Enrique IV. La obra se instalará en la Île de la Cité junto al Pont Neuf, donde permaneció hasta su destrucción en 1792 durante la Revolución francesa. La segunda es el Felipe III que actualmente podemos ver en el centro de la plaza Mayor de Madrid, pero que originalmente se situaba en los jardines de la Casa de Campo, un pabellón de caza de los monarcas al lado opuesto del río Manzanares, frente al Alcázar. Este retrato tiene un parecido grande con el cuarto ejemplo, el que le realiza al propio Fernando I en 1602 y que finalizará en 1607, para centrar la florentina plaza de la Anunciata. En los últimos proyectos dejó parte de la ejecución en manos de su discípulo más diestro, Pietro Tacca, quien, a la postre, heredará el taller y también realizará importantes retratos ecuestres.

Tacca, que en realidad fue quien terminó tres de los cuatro grandes retratos ecuestres de Giambologna, culminará nuestro relato con su último encargo de envergadura. A la realización del retrato ecuestre de Felipe IV de España, que actualmente podemos ver en la Plaza de Oriente de Madrid, le dedicó mi compañera Gloria Martínez Leiva dos artículos en el blog *InvestigArt* de los que me hago eco para contar los avatares sufridos por esta escultura. En 1634 se está ultimando la decoración del espacio cortesano más importante del Madrid de Felipe IV, el palacio del Buen Retiro, que era un proyecto personal del conde-duque de Olivares para crear una segunda residencia regia a modo de villa suburbana a las afueras de la capital. Hemos de entender el encargo de esta escultura en ese contexto, pues al igual que el Felipe III había sido un regalo, el Felipe IV es directamente un encargo. El conde-duque hacía la petición al Gran Duque de la Toscana, Fernando II, por mediación del embajador en Madrid de Florencia. La obra fue encomendada a Tacca, como continuador del taller de Giambologna, y en 1635 ya había un proyecto para la escultura, de tal manera que el escultor solicitaba a Madrid un modelo para el rostro, así como el diseño del traje y la armadura que debía lucir. Para la primera petición se hizo acudir a la Corte al escultor andaluz Juan Martínez Montañés, al que Velázquez retratará justamente modelando el retrato del soberano para ser enviado a Florencia y que hoy podemos ver en el Museo del Prado. Además, se mandó un modelo pintado, seguramente una copia del retrato ecuestre que Rubens pintó a Felipe IV en 1628. Este retrato de Rubens se perdió en el incendio del Alcázar, pero se conoce precisamente una copia hecha por el taller de Velázquez y que tradicionalmente se atribuye a su yerno Juan Bautista Martínez del Mazo, en las colecciones de la Galería de los Uffizi en Florencia. El retrato mostraba al rey sobre un caballo en corbeta, tan solo apoyado sobre las patas traseras. Este detalle era de suma importancia, ya que esta pose simbolizaba el buen gobierno. Si un monarca era capaz de controlar las riendas de un caballo encabritado, también podía dominar los asuntos de Estado. La simbología estaba clara, y se había representado sin problemas antes en grabados y pinturas; pero, como vimos al hablar del proyecto de Leonardo en Milán, tenía más dificultades en la realización material de una escultura.

Tacca hubo de empezar de nuevo los modelos, seguramente él había previsto una versión más parecida a los retratos con el caballo en marcha y una sola mano levantada de Giambologna. La nueva posición entrañaba una dificultad técnica, al tener que realizar un caballo en bronce, cuatro veces mayor que uno natural, apoyando todo el peso de la estructura sobre solo dos patas traseras, algo totalmente novedoso para el momento. Para solventar este problema Tacca consultó con el personaje florentino del momento que podía dar con la solución, Galileo Galilei, quien le sugirió la utilización de una vara de metal, que atravesara el caballo en diagonal, para que ejerciera de apoyo a la estructura y un interesante juego de pesos con el grosor de la capa de bronce, haciendo la mitad trasera prácticamente maciza y disminuyendo el grosor de la otra mitad en proporción, para conseguir aligerar esa parte del grupo de tal manera que la mitad más gruesa, con los apoyos al suelo, consigue equilibrar la parte delantera suspendida en el aire.

Finalmente, en septiembre de 1640 la escultura estuvo finalizada y partió del puerto de Livorno, acompañada del hijo del escultor, Ferdinando Tacca, para encargarse del ensamblado de las diferentes piezas de bronce en que venía dividida. Pietro Tacca fallecía tan solo un mes después de salir la pieza de su taller rumbo a Madrid. Una vez en España, las cajas fueron retenidas durante casi un año, en el puerto de Cartagena, por problemas con los pagos de los traslados, el 10 de junio de 1642 llegaron por fin a Madrid. Ferdinando Tacca se encargó de ensamblar y cincelar las piezas para que quedara perfectamente unidas y sin marcas. Se tuvo que retocar la cabeza del rey, que llegó probablemente dañada por el trasiego del viaje, y guardaba poco parecido al monarca. Finalmente, el 29 de octubre de 1642 la escultura ya estaba situada sobre un gran pedestal de mármol adornado con relieves, en los jardines del Buen Retiro, cerca del salón de baile, conocido actualmente como el Casón, en un lugar que pasó a denominarse el jardín del caballo.

Es muy interesante la peculiaridad de los monarcas españoles a la hora de colocar estos monumentos. Tanto las esculturas ecuestres de duques de la Toscana como la de los reyes de Francia están pensadas para ocupar un espacio público, normalmente centradas en una gran plaza, por lo que el mensaje de dominio y poder hacia los súbditos queda claro. Sin embargo, las esculturas encargadas a Florencia por los monarcas españoles se sitúan en ámbitos cortesanos privados: el Felipe III en los jardines de la Casa de Campo, y el Felipe IV en el Buen Retiro. Estos jardines estaban cerrados por muros a la vista de los ciudadanos, solo las personas vinculadas a la Corte o al mantenimiento y cuidado de esos espacios tenían acceso a su vista, por lo que no cumplirían la función de exaltación popular que tenían los otros ejemplos. Creo que podemos hablar de una excepción hispánica, porque si pensamos en las esculturas monumentales para espacios públicos en los reinos hispánicos en la Edad Moderna, no me vienen a la cabeza con facilidad ejemplos de figuras políticas, sino temas fundamentalmente religiosos y mitológicos. Estoy pensando en los *Triunfos* dedicados a la Inmaculada Concepción o en las fuentes con tema mitológico que había tanto en Madrid como en Valladolid. Pero las esculturas de bronce que hicieron los Leoni para la familia de Carlos V y de Felipe II no se ubicaron en espacios públicos. El *Carlos V y el furor,* ahora en el Museo del Prado, estaba en uno de los patios de acceso del Palacio del Buen Retiro, así como las esculturas en bronce de Felipe II, María de Hungría y la emperatriz Isabel de Portugal, estaban en el acceso a la ermita de San Pablo, también en el Buen Retiro. El primer ejemplo que se me ocurre de un monumento público en el entorno de la Corte dedicado a un monarca es el proyecto de la fuente de la plaza de San Antonio de Aranjuez, que iba a ser coronada por una talla de Fernando VI obra de Juan Domingo Olivieri, pero que su hermanastro Carlos III cambió por una Venus en 1760. En un baile paradójico de esculturas, el Fernando VI de Olivieri preside ahora la madrileña plaza de la Villa de París.

Volviendo a nuestro Felipe IV, se mantuvo en los jardines del Buen Retiro hasta 1675, año en que, rompiendo esa costumbre que acabamos de mencionar, se busca una localización pública, con un importante mensaje político. Ese año, la reina regente Mariana de Austria y su valido Fernando de Valenzuela, conocido como el «duende de palacio», deciden trasladar la escultura a la fachada del Alcázar de Madrid. En los lentos trabajos de transformación del aspecto de la residencia regia en la Corte, se habían hecho cambios importantes en la regularización de la fachada y en la plaza de acceso por el sur al edificio. De esta manera, el Felipe IV se va a colocar coronando el frontón central de la fachada diseñada por Giovanni Battista Crescenzi y realizada por Juan Gómez de Mora. Es significativo el uso de la escultura, porque en ese momento Carlos II era todavía joven, su madre ejercía la regencia y era por ser viuda de Felipe IV por lo que tenía dicha potestad; en ese sentido la escultura venía a reforzar la legitimidad de la regente para hacerse cargo de los negocios de Estado. Para completar el programa, se encarga al taller de Tacca, dirigido por su hijo Ferdinando, una escultura ecuestre de Carlos II para colocar en el centro de la plaza de la Armería. El proyecto no llegó a completarse, pero es probable que la estatua ecuestre de Carlos II de pequeño tamaño que conserva el Museo del Prado y que realizó Giovanni Battista Foggini sea el modelo reducido de ese monumento.

La escultura no permanecerá mucho tiempo sobre la fachada del Alcázar, los cambios políticos que suponen la llegada a la Corte de Juan José de Austria, hermanastro de Carlos II, para asistir a este como primer ministro y la caída en desgracia de Valenzuela, hacen que de manera también muy visible se quiera acabar con el programa de gobierno del antiguo valido, bajando el símbolo de su mandado, la escultura de Felipe IV. El enorme gasto que conllevaron los trabajos, así como el hecho de cambiar nuevamente la escultura de ubicación tan solo dos años después de su colocación en la fachada, con el riesgo que esto conllevaba para su integridad, no fue muy popular entre los madrileños que empezaron a hacer correr poemas satíricos por la Corte que decían: «¿A qué vino el señor Don Juan? A bajar el caballo y subir el pan». Antes de volver a su pedestal en el jardín del caballo del Buen Retiro, hubo de restaurarse el conjunto, pues se tuvieron que realizar algunos agujeros en el bronce para usar barras de hierro a la hora de descender la escultura con seguridad.

El caballo seguirá en el Buen Retiro con la llegada de los Borbones y también durante la Guerra de la Independencia. Acabada esta, Fernando VII arreglará una parte del jardín para uso privado, el llamado «jardín reservado» que tendrá las características de un jardín paisajista inglés. En este reservado se colocará el Felipe IV, zona donde actualmente hay otro retrato ecuestre, el del general Martínez Campos, obra de Mariano Benlliure.

Va a ser en tiempos del reinado de Isabel II cuando las esculturas ecuestres encuentren un nuevo acomodo en un lugar público, siguiendo esa tradición de monumentos ecuestres en el resto de Europa. En 1843 con motivo de la mayoría de edad de la reina, se decidió el traslado del caballo desde el Buen Retiro a la recién reformada Plaza de Oriente. Por orden del tutor de la reina, Agustín Argüelles, la escultura se instaló en un pedestal mucho mayor que el original y con una voluntad de dotar de mayor empaque al bronce barroco. En el contexto del nuevo régimen liberal y constitucional, encarnado en la monarca, el significado antiguo de exaltación del poder absoluto no tenía mucha cabida, por lo que se propicia con el nuevo pedestal una nueva lectura, en los relieves que va a ejecutar Francisco Elías se representará a *Felipe IV otorgando a Velázquez la Cruz de Santiago* y una *Alegoría de la protección que Felipe IV dispensó a las artes y las letras*. De este modo el valor político de la escultura se perdió ensalzando tan solo su valor artístico, dando la visión del Rey Planeta no como un gobernante, sino como un mecenas de las artes. En ese mismo sentido, tras la doble boda de Isabel II y su hermana Luisa Fernanda en 1846, propició la colocación del Felipe III de Giambologna en el centro de la plaza Mayor, a petición de Ramón de Mesonero Romanos, que quería así equiparar la plaza madrileña con ejemplos como la Place Vendôme parisina.

Pero no perdamos nuestro relato, tras el hito importante del retrato en corbeta de *Felipe IV a caballo,* el siguiente ejemplo nos lleva de nuevo a Italia, a autores del entorno florentino: Francesco Mochi, un importante escultor, formado primero como pintor, que además supone un avance hacia el barroquismo. La figura de Mochi es interesantísima para entender el tránsito del Manierismo al Barroco pleno en Toscana y Roma, pero su figura ha sido ensombrecida por la presencia imponente del siguiente eslabón en la cadena de nuestro relato: el gran Gian Lorenzo Bernini. Pero no nos adelantemos.

Desde 1612 a 1629 Mochi permaneció en Piacenza al servicio de Ranuccio Farnese. Para él realizará dos monumentales retratos ecuestres para la Piazza del Comune de la ciudad, que suponen el avance del modelo hacia el barroquismo en el concepto, alejándolo del modelo de Giambologna. El primero de los monumentos es el dedicado al propio Ranuccio Farnese, realizado entre 1612 y 1620, que, vestido a la antigua, consigue infundir dinamismo con el movimiento del manto y las crines del caballo, en un juego muy plástico de luces, sombras y volúmenes. El segundo, el dedicado al padre de Ranuccio, Alessandro Farnese, también vestido a la antigua y realizado entre 1620 y 1625, ahonda más en los efectos de dinamismo con un manto que genera unas diagonales que logran también un efecto dramático muy barroco a la escultura. En palabras de Wittkower:

> Aquí el viejo problema de unificar el jinete y el caballo está resuelto de una forma inaudita. Además, nunca antes se había logrado equiparar tan enfáticamente la figura del jinete a la mole del caballo[7].

Es una pena que Mochi, como tantos otros nombres, esté oscurecido por haber coexistido con un tótem de la Historia del arte como Bernini. Este, además, no se portó del todo bien con Francesco Mochi cuando les tocó trabajar juntos en la remodelación del crucero de la basílica de San Pedro. La historia es conocida, pero no me puedo abstener de contarla. Cuando Bernini remodela todo el espacio bajo la cúpula de Miguel Ángel y plantea cuatro grandes nichos con esculturas monumentales, hace una pequeña jugarreta. Le adjudica a Mochi un espacio para su Verónica, y este estudia la luz y cómo incide en esa hornacina en concreto para buscar los efectos dramáticos y barrocos que quiere para su escultura; cuando la tiene acabada, Bernini le cambia la hornacina, de tal manera que la luz le da desde el punto opuesto al que tenía previsto, una jugarreta muy en boga entre los artistas que trabajaban juntos, pero en competición. La pose violenta y las arremolinadas telas de la figura con las que Mochi quería impresionar a Roma le valieron para que hicieran bromas acerca del viento que entraba por la puerta de la basílica.

Gian Lorenzo es el siguiente paso en nuestro relato, pero en este caso, más que paso, es un traspiés. Los creyentes en el karma o en el destino y sus compensaciones han de estar de enhorabuena, porque a Bernini no le salió siempre todo bien y, después de haberse portado algo incorrectamente con varios compañeros –no solo con Mochi–, le llegó a él un fiasco de proporciones estratosféricas:

---

[7] Rudolf Wittkower, *Arte y arquitectura en Italia 1600-1750,* Madrid, Cátedra, 1995.

su viaje a Francia. Necesitamos un poco de contexto para entenderlo.

Bernini es uno de los principales artistas de Roma y trabaja para los papas, así que será, como todos los artistas, una baza en las complicadas relaciones entre las monarquías europeas y la Santa Sede. Durante todo el siglo XVII hay dos facciones políticas enfrentadas en Roma, los partidarios de la monarquía francesa y los de la hispánica, siendo los papas árbitros en esa disputa y en ocasiones tomando partido por uno u otro bando, como ya hemos comentado. Precisamente es en el contexto de enfriamiento de las relaciones entre el papa y Francia motivado por los conflictos diplomáticos entre Alejandro VII, papa de la familia Chigi, y Luis XIV que se habían enfriado los intercambios. Tras el pontificado de Urbano VIII, papa de la familia Barberini, descubridor y protector de Bernini y conocido filofrancés, de acercamiento entre la Santa Sede y París, los siguientes pontificados fueron menos proclives a Francia. Tanto Inocencio X, de la familia Pamphilj, claramente filohispánica, como el propio Alejandro VII habían tratado de contrarrestar el poder galo en Italia, beneficiando con ello al eterno rival: la monarquía hispánica.

Por lo que la marcha de Bernini a París servía en primer lugar de acercamiento diplomático importante entre los dos Estados. El primer contacto es por carta entre el plenipotenciario ministro de Luis XIV, Colbert, y el arquitecto y escultor italiano. El francés pide a Bernini consejo sobre cómo han de terminar las obras del palacio del Louvre en París, construcción de origen medieval que en su aspecto exterior respondía fundamentalmente a las obras realizadas durante el Renacimiento. Pero, aunque la marcha de Bernini a París tenía como protagonista la terminación del palacio parisino, también hay que tener en cuenta la labor escultórica. Bernini había hecho un espectacular monumento ecuestre en San Pedro del Vaticano, con un par de salvedades: no era de un personaje contemporáneo y, al estar junto a una pared, no tiene la consideración de otros monumentos ecuestres, pues su visión es solo frontal. Este modelo es el *Constantino el Grande* realizado en mármol para el rellano principal de la *Scala Regia,* la monumental escalera que conectaba la plaza de San Pedro con la Capilla Sixtina. El proyecto se había iniciado en 1654, con el encargo del papa Inocencio X, en principio para ir dentro de la basílica, pero con el cambio al papa

Alejandro VII, la obra se reubica en el rellano de la escalera y conectado con el nártex de la basílica. La escultura no estaba terminada todavía cuando Bernini partió para París en 1665, sino que siguió trabajando en ella a su vuelta y la terminará en 1668. El *Constantino* es realmente un caballo en corbeta, pero sin la necesidad de ocuparse del problema del contrapeso, porque al ir arrimado a un muro, se puede fijar al mismo. Bernini utiliza las telas del manto de Constantino y las crines del caballo como elementos de movimiento y juega con la iluminación cenital, acentuada gracias al gran cortinaje que hay en el fondo. La escultura recibió numerosas críticas, pero realmente cumplía con la labor escenográfica de conectar la basílica con la *Scala Regia.* El modelo estará en mente para el siguiente encargo importante que le viene después de su estancia parisina: el retrato ecuestre de Luis XIV.

La idea de una estatua ecuestre monumental del monarca francés aparece por primera vez en las conversaciones que Bernini tenía con Paul Fréart de Chantelou en agosto de 1665, como nos cuenta Wittkower[8], y a partir de 1667 el proyecto se hace tangible. Wittkower publicó todas las cartas que se intercambiaron para este proyecto, que el estudioso califica de «trágica historia del monumento», vamos a ver por qué. La realización material de la escultura, en mármol, se hizo en cinco años entre 1669 y 1673. Bernini dejó un boceto de barro, que se conserva en la Gallería Borghese de Roma que nos ofrece cómo sería la escultura original de Bernini. Lo primero que me gustaría señalar es que el material elegido en este caso, mármol, volvía a suponer un riesgo técnico, ya superado con el bronce, por la estabilidad y peso de la escultura. En este caso se precisaba de una gran masa de piedra en la zona inferior del caballo que sostenga todo el conjunto. Para el retrato se valió descaradamente del modelo del *Constantino,* tanto en la postura de las patas delanteras del caballo, como en las telas a la antigua del rey y las crines del caballo nos remiten al modelo del Vaticano. Pero la escultura se quedó en el taller de Bernini hasta 1684, llegando a París el año siguiente. Fue llevada directamente a Versalles donde la pudo ver Luis XIV que quedó extraordinariamente disgustado con ella y quiso que la rompieran. El fracaso de Bernini con Luis XIV se materializaba con esta reacción del rey de los fran-

---

[8] Rudolf Wittkower, *Bernini,* Madrid, Cátedra, 1990.

ceses y ponía de manifiesto el cambio de rumbo en el gusto cortesano francés, que no supo entender el barroquismo de la imagen
del rey como un emperador romano cabalgando sobre un caballo
encabritado, como ya hemos visto, la idea que ya había tenido Leonardo y que había desarrollado Tacca para Felipe IV, la metáfora
del buen gobierno.

En 1688 el escultor de Luis XIV, François Girardon, transformará la escultura cambiando el rostro del monarca y las rocas de la zona
inferior, en las que talla llamas de fuego, transformado así la escultura en un grupo que representa a *Marco Curcio saltando en la sima
de fuego.* Esta escultura, con esta transformación tenía más sentido
para el gusto francés, aun así, quedó arrinconada en los jardines de
Versalles, lejos de la mirada de Luis XIV.

El propio Girardon hará en 1685 la escultura en bronce de Luis
XIV para la Place Vendôme de París, de la que ya hemos hablado.
En esta escultura, destruida en 1792, Luis va vestido a la antigua y
remite a modelos más clásicos, como los de Giambologna, que está
más en el gusto clasicista de la Corte francesa.

El último escalón, en la historia de nuestro relato de la evolución del retrato ecuestre monumental, estaría en el Barroco final,
en el escultor francés Étienne-Maurice Falconet, representante del
gusto de la Corte de Madame Pompadour y director de las manu-
facturas de porcelana de Sèvres, que recibirá el ofrecimiento de ir
a la Corte de Catalina la Grande en San Petersburgo, gracias a su
amistad con Diderot que le recomendó. Allí se encargará de hacer
una escultura ecuestre monumental de Pedro el Grande. La invita-
ción le llega en 1766 y dos años más tarde hará un modelo de yeso
de las mismas dimensiones que iba tener la obra, modelo que acabó
en 1770. El vaciado de bronce se terminó en 1778. Para Wittkower el
resultado fue uno de los más grandes monumentos ecuestres de todos los tiempos y quizá la obra escultórica más sobresaliente de todo
el siglo XVIII[9]. Para el rostro de Pedro II, Falconet se valió de su
alumna Marie-Anne Collot, que era especialista en retratos. El grupo representa al zar cabalgando un caballo en corbeta, vestido a la
antigua, sobre un pedestal que en realidad es una enorme roca gra-
nítica, que aumenta todavía más la majestuosidad de la escultura.
Falconet, cambia el gesto militar tradicional por una mano abierta

---

[9] Rudolf Wittkower, *Escultura. Procesos y principios,* cit.

señalando el camino, para representar al monarca más como legislador y fundador que como monarca absoluto, dentro del espíritu de la Ilustración, aunque el gesto no es sino una adaptación del Marco Aurelio clásico, escultura que llegó a obsesionar al autor, y que estudió en numerosas ocasiones.

Llegados a este punto, la narración evolutiva del retrato ecuestre habría concluido, pero ¿y los demás retratos ecuestres? Evidentemente, nuestra historia no puede terminar aquí, pero sí que se va a producir un verdadero punto de inflexión con la llegada de la nueva mentalidad surgida al calor de la Ilustración. Esta nueva ideología promoverá un cambio importante en la manera de acceder a los estudios relacionados con las bellas artes. El modelo que acabará triunfando es el francés, que a su vez derivaba de la Academia de San Lucas de Roma. La Academia Real de pintura y escultura fue fundada en París por iniciativa de un grupo de artistas y con el beneplácito del monarca Luis XIV en 1648; en 1666 tomaba el control de esta el ministro Colbert, usándola como herramienta de glorificación del monarca a través de las artes, pero también como forma de promoción de un arte cortesano que siguiera los gustos del monarca y un sistema de educación formal, basado en el dibujo, que eliminaba el sistema gremial tradicional. Para fomentar la academia, se premiaba a los alumnos con la posibilidad de ir a Roma, a la sede de la Academia en la Ciudad Eterna, en la Villa Médici y eligiendo preferentemente trabajos de sus miembros, en concursos para proyectos públicos. Con este nuevo sistema, se rompía la vinculación de los aprendices con sus antiguos maestros, como el tándem Giambologna-Tacca, para primar los modelos de la escultura clásica grecorromana, que se copiaban en la Academia.

La fundación en 1752 de la Real Academia de Bellas Artes de San Fernando, en torno al taller de escultores que trabajaban en la construcción del Palacio Real Nuevo, supuso la trasposición de ese modelo de academia francesa al ámbito español. Como en el caso anterior, a los alumnos admitidos en los estudios de la Academia se les formaba, fundamentalmente, en el dibujo como herramienta común en las bellas artes y se les permitía la posibilidad de ir a Roma y copiar obras maestras del pasado.

Esta enseñanza reglada basada en la copia de los ejemplos antiguos creó un estilo bastante homogéneo en todos los centros artísticos europeos. La inspiración en obras ya consolidadas da un aire de cosa ya vista en los proyectos de esta época. En el caso que nos ocupa, los grandes proyectos de esculturas ecuestres en España no se llegaron a materializar. En los fondos de la Academia de San Fernando se guardan algunos de los bocetos que los escultores académicos presentaron para la realización de grandes esculturas ecuestres. Cabe destacar, por ejemplo, los proyectos para el retrato ecuestre de Felipe V. Por un lado, está el proyecto que responde al concurso que promovió Carlos III en 1778-1780 del escultor Roberto Michel y que está basado, tanto en la pose del caballo como en el gesto del monarca y su vestimenta a la antigua, en el Luis XIV de Girardon para la Place Vendôme que ya hemos mencionado. Existe otro proyecto de Manuel Francisco Álvarez de la Peña, que nos remite al modelo de Felipe IV de Pietro Tacca, pero que destacó mucho en su época, pues el caballo parece que es un retrato de un ejemplar concreto, como se puede leer en la base de la escultura. El propio Álvarez de la Peña dejó un proyecto de escultura, encargado por Carlos IV en 1790, en honor a Carlos III, que vuelve a remitirnos a modelos más clásicos. Esta escultura fue la base para que en 1995 el Ayuntamiento de Madrid realizara un vaciado a gran tamaño para colocar en algún lugar emblemático de la ciudad, mediante un referéndum popular. El lugar provisional donde se colocó la escultura fue, a la postre, el elegido por la ciudadanía: la Puerta del Sol, donde todavía podemos verlo, aunque algo desplazado en la última, no sabemos hasta cuando, remodelación de la plaza madrileña. Fueron los escultores Miguel Ángel Rodríguez, Eduardo Zancada y Tomás Bañuelos Ramón los encargados de hacer la reproducción del proyecto de Álvarez.

Otro ejemplo de academicismo lo tenemos en el monumental retrato de Carlos IV (Fig. 6) en la ciudad de México. Encargado por el marqués de Branciforte, virrey de Nueva España y vinculado al círculo de Godoy, fue realizado por el valenciano Manuel de Tolsá, que en esos momentos era el director de escultura de la Academia de San Carlos de México, formado en la Academia del mismo nombre en Valencia y posteriormente en la de San Fernando de Madrid, representaba el estilo neoclásico con elementos de gusto barroco y rococó que triunfaban en la Corte. El monumental retrato de Carlos IV se inició en 1796 y se concluyó en 1803. El rey aparece representado a la antigua, como un emperador romano y para el caballo parece que se utilizó un modelo vivo. La escultura

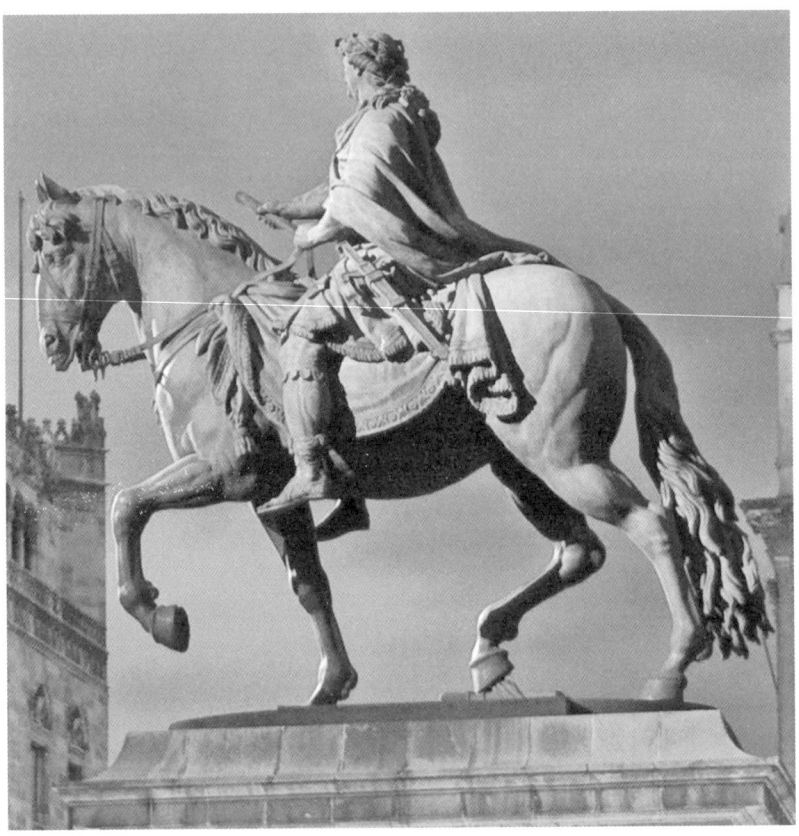

Figura 6. *Carlos IV a caballo,* «el Caballito», de Manuel de Tolsá. Ciudad de México.

de gran tamaño iba a presidir la plaza del Zócalo. El desarrollo político inmediatamente posterior a su inauguración, con las abdicaciones de Bayona, el inicio de la Guerra de la Independencia en la península y el surgimiento de la emancipación de las colonias en América, hacen que pronto sea un monumento obsoleto y que reciba el nombre popular de «el Caballito». Blanco fácil de las posibles revueltas y luchas populares en el convulso siglo XIX, se salvó de cualquier ataque gracias a su traslado al patio de la Universidad y al cambio de pedestal, en el que se aclara mediante una inscripción que su mantenimiento es por su valor artístico.

En el siglo XIX español, hay cierta reticencia al retrato ecuestre, por la connotación política que tiene el modelo, porque, como vimos, ejemplificaba a la perfección el buen gobierno de un monarca absolutista. En el siglo del desarrollo del liberalismo, equipararte a un rey absolutista, aunque seguramente tentador, sería visto como un modelo anticuado. Aun así, hay ejemplos sobresalientes y, además, las innovaciones en el campo de la fotografía permitían utilizar modelos equinos con poses más naturales, sin artificios, que confieren a estos monumentos cierto realismo naturalista, que se puede poner en conexión con sus equivalentes en otras artes, como la pintura.

Los ejemplos más paradigmáticos los vuelvo a encontrar en Madrid, porque durante el siglo XIX la atracción del poder central en la capital hará que, aunque el desarrollo de la escultura monumental conmemorativa se dé en todas las ciudades, los retratos ecuestres, se localicen en esta ciudad. Es normal, por la envergadura de los monumentos y por su coste, que sean obras vinculadas al poder central y es lógico que se ubiquen cerca de ese núcleo de poder.

Ya en el siglo XX, pero hecho con el espíritu del XIX, tendríamos el monumento a Alfonso XII en el Parque del Retiro de Madrid. Es interesante porque, en este caso, el retrato ecuestre del homenajeado pasa bastante desapercibido. El monumento se plateó con un pedestal a modo de columna, que desborda con sus grupos escultóricos y su estética, el propio concepto de pedestal y cobra más protagonismo que la cúspide de este, donde encontramos el retrato del rey. Para incidir más, se rodea de una columnata monumental y se conecta con el estanque grande mediante unas escaleras a modo de embarcadero y más grupos escultóricos. Es realmente una obra impresionante, en el sentido literal.

El proyecto surge de la regencia de María Cristina de Habsburgo. En 1887 la regente firmaba una ley que disponía la erección de una estatua de bronce a la memoria de Alfonso XII, con intención de que el monumento se pudiera inaugurar en 1902, fecha de la mayoría de edad del rey Alfonso XIII. Para la financiación se abrió una suscripción popular, pero no se alcanzó la cuantía necesaria. El desastre de 1898 resaltó la necesidad del monumento y en 1901 se publicó en *La Gaceta de Madrid* la convocatoria del concurso que, como comenta Socorro Salvador en *La escultura monumental en Madrid. Calles, Plazas y jardines públicos (1875-1936)*[10], era impreciso.

---

[10] Socorro Salvador Prieto, *La escultura monumental en Madrid. Calles, Plazas y jardines públicos (1875-1936)*, cit.

La indicación que sí que se dejaba clara era que el monumento debía tener un retrato ecuestre del homenajeado en bronce. El proyecto elegido fue el del arquitecto José Grases i Riera que no llevaba en el proyecto ningún nombre de escultor, pensando en la participación de los escultores más notables del momento. La parte arquitectónica del proyecto se realizó de forma rápida, estando prácticamente concluido en 1905, mientras que la parte escultórica se dilató más en el tiempo por cuestiones económicas, no dándose por finalizado hasta 1922. La nómina de escultores que trabajaron en el proyecto es muy sintomática de la importancia de este: Mariano Benlliure, Miquel Blay, Agapito Vallmitjana, Mateo Inurria, Aniceto Marinas, José Clará, Joaquín Bilbao, José Campeny, Pedro Carbonell, Antonio Coll, Francisco Escudero, Antonio Parera o Miguel Ángel Trilles, entre otros. Son los mejores escultores españoles del momento y los autores de la gran infinidad de esculturas que entre finales del siglo XIX y el primer tercio del XX poblaron los grandes espacios públicos de la práctica totalidad de las ciudades españolas, a excepción de Agustín Querol, que no quiso participar en el proyecto por haber quedado el que él presentó al concurso en segundo lugar.

El núcleo central del monumento es un hipertrofiado pedestal, que funciona más bien como una especie de gran columna o pilar, hueco en su interior, con una estructura metálica; se pude acceder al basamento de la escultura ecuestre, donde hay un mirador. En ese pedestal se agrupan en sus cuatro caras los grupos escultóricos y relieves que representan virtudes del monarca. En la cúspide el retrato ecuestre de Benlliure, de tamaño del doble que el natural, que renunció a reproducir los modelos tradicionales de esta tipología, esos que han jalonado nuestro relato, para tratar de representar al monarca y, sobre todo, al caballo de una forma nueva. La idea era que la apariencia del grupo fuera tranquila, sin recurrir ni a la corbeta, ni a fuertes diagonales que transmiten la idea de movimiento, porque lo que se quería era representar al rey como un pacificador y transmitir serenidad y tranquilidad. Como hemos comentado antes, el ingrediente principal en la escultura de Benlliure es el naturalismo, y este grupo lo tiene. Este escultor ya había hecho un retrato ecuestre anteriormente que, además, se encuentra a pocos metros de este. Se trata del soberbio *General Martínez Campos* que ocupa uno de los emplazamientos, en el jardín reservado de Fernando VII, en los que anteriormente había estado el *Felipe*

*IV* de Tacca. En la crónica de la época que realiza Rincón Lazcano, este recoge la siguiente y muy clarificadora frase: «Parodiando a Miguel Ángel, cuando exclamaba ante su estatua famosa: "¡Parla!", se podría decir a este caballo de Benlliure: "¡Anda!"; es un verdadero prodigio de ejecución»[11].

El monumento a Martínez Campos se creó por iniciativa de los profesores de la Academia General Militar en 1888 y se iba a financiar por suscripción popular, por lo que no se obtuvieron los fondos hasta 1907. Para su realización se utilizó bronce procedente de cañones inútiles de los Parques de Artillería de Madrid y Barcelona. Se realizó, como era habitual, concurso público y fueron elegidos finalistas los proyectos de Benlliure y Querol, optando finalmente el primero. El retrato se sustenta en una gran piedra caliza de Tamajón que, a su vez, lleva en los laterales relieves tallados. Los grandes ropajes del general, especialmente el gran capote, que se corresponden con ropas de campaña, y la pose con un movimiento del cuello del caballo, que parece casual y nada forzada, refuerzan la impresión de naturalismo de esta escultura.

Como hemos visto, la evolución del retrato ecuestre va en la vía de generar imágenes que parezcan más naturales, menos forzadas, por el fuerte influjo que la fotografía ha tenido en la captación de las instantáneas, momentos congelados, que se alejan de la repetición estereotipada de caballos andantes o en corbeta que nos remiten siempre a los ejemplos del pasado. Un capítulo aparte merece el conjunto de monumentos ecuestres realizados en Estados Unidos por la escultora Anne Hyatt Huntington. En sus caballos, la preocupación por la captación de la musculatura de los equinos se acentúa con una preocupación por la expresividad de estos tanto en sus poses, que resultan un tanto antinaturales pero cargadas de fuerza y dinamismo, como en su relación con los jinetes. Su primer monumento ecuestre fue una escultura dedicada a Juana de Arco, que presentó en el Salón de París de 1910, obteniendo la mención de honor y que la ciudad de Nueva York le encargó pasar a bronce, inaugurándose en 1915. La prensa de la época comentaba que tal escultura con ese tamaño y esa fuerza no parecía salida de las manos de una mujer. En 1927 realizó por comisión de la Hispanic Society una escultura ecuestre de *El Cid,* que además se instaló en

---

[11] José Rincón Lazcano, *Historia de los monumentos de la Villa de Madrid,* cit.

un pedestal en el que lo completaban cuatro figuras más que recuerdan estéticamente a los *moros* de Tacca para el pedestal del retrato de Fernando I de Médici en Livorno. La escultura del Cid fue ampliamente aplaudida por la prensa española y se hizo una réplica para la Exposición Iberoamericana de Sevilla en 1929. Tanto de la escultura de Juana de Arco como del Cid se hicieron varias copias que pueden verse en diferentes ciudades.

Más avanzado el siglo XX, se volverá a rescatar el modelo de retrato ecuestre con fines abiertamente políticos, en las varias representaciones que se harán del dictador Francisco Franco, sobre todo en los años cincuenta. El periodo de años de la dictadura hasta 1959, año del primer plan de estabilización, que supone un cambio de rumbo en el régimen, son los de afianzamiento en el poder de Franco y la creación de toda una serie de imágenes que legitimen su poder. Es normal que la mayor parte de los monumentos exaltando a su figura, como es un retrato ecuestre, se produzcan en ese momento. De todas las que se proyectaron, la que finalmente se llevó a cabo, aunque instalándose en un lugar distinto del previsto, es la escultura que hizo José Capuz en 1956, y que otra vez se inspiró en el *Gattamelata* de Donatello, cerrándose otra vez el círculo y demostrando que, aunque nuestro relato pretendía ser una línea recta ascendente, contando los diversos avances, acaba siendo un círculo, porque el relato de la Historia del arte suele ser más bien un arabesco que una gráfica de datos económicos.

# 5. Baile de estatuas
## «Al pasar por la Cibeles, quiso sacarla a bailar»

En 1700 fallecía el último de los reyes de la dinastía de los Austrias en Madrid, Carlos II, que a la postre ha resultado ser el peor tratado por la historiografía española. A su muerte, le sucederá en el trono el nieto de Luis XIV, Felipe V. El nuevo monarca, representante de la dinastía Borbón, traía los gustos y modas de la Corte de su abuelo, esa misma en la que vimos cómo fracasaba el bueno de Gian Lorenzo Bernini. El ceremonial hispano, basado en la etiqueta borgoñona, no encajaba bien con los modos del joven rey francés, pero Felipe hizo un esfuerzo por mantenerlo y también por aparecer retratado vestido de negro a la española, con un cuello con golilla y media valona almidonada, que para el monarca era una verdadera tortura llevar. Todo en aras de afianzar la continuidad y la legitimidad del francés ante los súbditos.

Felipe venía de Versalles y el Alcázar de Madrid nunca le gustó, no porque fuera un edificio oscuro y medieval, que ya no era, sino porque no se parecía a la Corte de su abuelo; representaba otro modelo y otra estética, pero, además, a otra dinastía. Por eso desde el principio trató de remozarlo y adecuarlo a sus gustos, para lo que se valió del arquitecto madrileño Teodoro Ardemans. Eso no quita para que el rey tuviera en mente desde el principio hacer su propio palacio, su versión de Versalles. Pero el escenario que él tenía en mente era el palacio del Buen Retiro, que por su situación suburbana y su concepto de estar a espaldas de la ciudad y centrado en los jardines, le recordaba mucho más a su lugar de nacimiento. Para hacer un nuevo palacio a la francesa en los terrenos del Buen Retiro, contactó con el arquitecto de su abuelo, Robert de Cotte. Este arquitecto presentó primero dos proyectos de reforma que consistían básicamente en enmascarar la arquitectura sobria del Buen Retiro con unas fachadas al gusto francés, para luego plantear no tocar el edificio antiguo y construir uno nuevo en los terrenos de los jardines, y así presentará otros dos proyectos diferentes a Felipe V. El contexto del momento, en plena Guerra de Sucesión, con los inconvenientes de gasto que esto conlleva, y la muerte de la primera mujer de Felipe V, María Luisa Gabriela de Saboya, hicieron que se abandonaran.

Por eso, cuando en la Nochebuena de 1734 y de manera fortuita se produjo un incendio en el antiguo Alcázar, Felipe V no debió sentir mucha pena por lo perdido. El desastroso incendio vino a proporcionarle la oportunidad de iniciar una empresa importante y generó la maledicencia de acusar al propio monarca de ser el inductor del desastre. Una vez que las llamas acabaron con el edificio, Felipe V se apresuró a buscar un arquitecto que diera forma a un palacio que se ajustara a la imagen que el monarca tenía de las residencias regias. No es baladí el asunto, ya que el edificio no solo es la residencia del monarca, sino que además es el símbolo de la monarquía.

La idea de Felipe V estaba clara, no pensaba ni por asomo en la reconstrucción del edificio perdido, sino que concibe construir uno nuevo, para lo que se llama a Filippo Juvarra (o Juvara, castellanizado como Felipe Juvara), posiblemente el mejor arquitecto italiano del momento. Juvarra representaba a la perfección el lenguaje barroco-clasicista romano; formado en el ámbito de su academia, había adquirido un lenguaje con resonancias de los grandes nombres del Barroco romano: Gian Lorenzo Bernini y Francesco Borromini. Además, estaba trabajando para la dinastía de los Saboya en el Piamonte, donde estaba dando increíbles muestras de su inventiva: la fachada del Palazzo Madama de Turín con su soberbia escalera, la basílica de La Superga y los palacios de Stupinigi y la Venaria Reale son claras muestras de su estilo. En el lenguaje de Juvarra, derivado a su vez de los proyectos de Bernini para el Louvre, tienen una importancia estética crucial las esculturas que remataban las balaustradas del edificio, dotándole de un perfil movido. Esta idea de rematar el edificio con una balaustrada que lleve esculturas es importante estéticamente y vamos a ver que tendrá su miga en un inusual baile de estatuas. Ese baile que ha dado pie a varias leyendas de las que cuentan los guías turísticos, pero que en realidad tiene un componente ideológico y de gusto, pero antes de meternos en las esculturas que rematarán el edificio, vamos a introducirnos en la historia de este.

Juvarra planeó un soberbio edificio para Felipe V, que además tenía que albergar no solo la residencia regia, sino las instituciones de gobierno y los consejos: era literalmente la sede del poder. Lo ideó con una gran extensión horizontal, por lo que no cabía en el difícil solar del Alcázar. Este tenía su origen en una fortaleza defensiva medieval, por lo que estaba construido junto a un desnivel fuerte, hacia el valle del río, para garantizar su defensa por ese flanco. El palacio que fue reformándose posteriormente, siempre tuvo un problema con ese lateral hacia el Manzanares. El nuevo palacio necesitaba un solar nuevo y se decidió que iría en las afueras de la zona noroeste de la ciudad, un paraje conocido como los altos de San Bernardino.

En Madrid, Juvarra no encontró las condiciones idóneas para desarrollar su trabajo. Pese a las promesas del monarca, no se le había pagado la cantidad estipulada para el viaje ni para sus gastos, que habían corrido en parte del propio bolsillo del arquitecto. Al llegar, no tenía acomodo en la Corte, ni se le dispuso un carruaje para visitar las posibles obras que estaban bajo su dirección. No quiso aceptar los medios que los nobles madrileños le intentaron proporcionar para paliar estas carencias y seguramente este hecho adelantó su muerte. Cuando ocurrió, el 31 de enero de 1736, apenas había dejado los diseños de su magnífico palacio y una fachada, la crujía norte del Palacio de la Granja de San Ildefonso, justo la que mira a la cascada de los jardines. Para realizar estos proyectos, que apenas había dejado esbozados, los monarcas harán venir a Madrid a su discípulo turinés Giovanni Battista Sacchetti. Antonio Ponz, ilustrado español que nos dejó sus impresiones en su *Viaje de España,* nos da la noticia de la llegada de Sacchetti:

> Murió á este tiempo Juvarra, y quedó en su lugar D. Juan Bautista Saqueti, su discípulo, natural de Turin, que sujetándose á la voluntad del Rey en quanto al sitio, y extensión, y en quanto á que toda la obra fuese de fábrica, sin más madera que las de ventanas, y puertas, para libertarse del temor de otro incendio, formó nuevos dibuxos, y modelo, imitando á su maestro en el estilo. La misma irregularidad del terreno concurrió á facilitarle arbitrios para cumplir la orden, que se le dio tambien, de que dentro del recinto prefixado depusiese aposentamientos, no solo para las Personas Reales, que entonces eran muchas, y para los Señores, Secretarías,

y familia, que deben alojarse en Palacio; sino también para todos los oficios de la Casa Real.

Parece que el empeño de Felipe V hizo desechar el proyecto de Juvarra para que el Palacio Real Nuevo, ahora trazado por el arquitecto de Turín, se construyera sobre el solar del Alcázar. El discípulo de Juvarra no adecuó el proyecto de su maestro, sino que tuvo que hacer uno nuevo para el solar disponible, por lo que solo conservará de la idea original de Juvarra el lenguaje arquitectónico general; es más, los cambios que le obligaron a realizar durante el proceso de construcción lo acabarán alejando cada vez más de ese modelo de su maestro.

El Palacio Real Nuevo se proyecta coronado de esculturas, siguiendo los modelos italianos, que había popularizado Bernini con su proyecto del Louvre, pero habrá varios programas iconográficos distintos: el que propone Sacchetti, como los propuestos por el escultor Olivieri, por el jesuita francés P. Feuvre y el que finalmente se llevó a cabo del benedictino P. Martín Sarmiento. Tanto el proyecto de Sacchetti como el de Olivieri eran más convencionales y para las esculturas de remate de las balaustradas pensaron en personificaciones de las virtudes de los monarcas, en la línea de la tradición berniniana. El padre Feuvre, que era el confesor de Felipe V, añadió la idea de personajes importantes para la historia de España, pero finalmente tampoco se siguió este programa.

El padre Sarmiento concretó su programa en 1747 y pensó en todo un conjunto con esculturas monumentales que representaran una suerte de línea sucesoria que conectara el trono hispánico con el mundo clásico. Así, se iniciaría con la escultura de Ataúlfo, rey visigodo que, al casarse con Gala Placidia hacía posible esa conexión. La línea seguía por el resto de los reyes godos, continuaba con los monarcas asturianos, leoneses y castellanos, hasta los Reyes Católicos y luego los Austrias. En la fachada se colocarían los retratos de los soberanos del momento y sus padres, en ese momento Fernando VI y Bárbara de Braganza acompañados de Felipe V y María Luisa Gabriela de Saboya. En el resto de la fachada sur, que da a la plaza de la Armería, se colocarían jarrones, que progresivamente debían ser sustituidos por los monarcas siguientes.

Sarmiento quería que la genealogía fuera clara y rigurosa, por lo que puntualizará el modo de representar a cada monarca y los símbolos que han de portar si hay alguna cuestión en la transmisión de la sucesión, por ejemplo, la transmisión femenina o los matrimonios.

Al ser una genealogía basada en la tradición leonesa-castellana y para dar cabida a todos los reinos periféricos, ideó en la planta principal del edificio la inclusión de otras esculturas con figuras como líderes americanos prehispánicos, condes de castilla, reyes suevos, de Navarra, Aragón y Portugal. De esta manera quedaban 94 esculturas de monarcas para la balaustrada y 14 en el piso principal.

La dirección de un proyecto como este, nada más y nada menos que 112 esculturas monumentales, se dejará en manos de los escultores Felipe de Castro y Juan Domingo Olivieri, que habían de montar todo un sistema de trabajo para que una amplia nómina de escultores venidos a la Corte desde diferentes puntos de la geografía ejecutara tal número de piezas. Este obrador de esculturas para el Palacio Real se va a convertir en el germen de la Real Academia de Bellas Artes de San Fernando. En el equipo de Olivieri estarán 13 escultores, entre los que podemos destacar a Juan de Villanueva, Antonio Dumandré o Domingo Martínez, mientras que en el de Felipe de Castro habrá 11, con nombres tan potentes como Alejandro Carnicero, Luis Salvador Carmona, Roberto Michel o Juan Pascual de Mena.

Las esculturas se harán con caliza blanca de Colmenar de Oreja y se comienzan los trabajos en 1749; en 1754 el conjunto estaría terminado y con las esculturas colocadas en su sitio. Para ello, en el basamento de la balaustrada iban marcadas las letras con el nombre del monarca y su fecha, algo que todavía se puede apreciar a simple vista.

Pero el destino quiere que Fernando VI muera sin descendencia en 1759 y que le suceda su hermano Carlos, que desde 1734 era rey de Nápoles. Cuando este llegue a Madrid procedente de la ciudad italiana, se encuentra con un palacio en obras que le resultaba pequeño y de mal gusto comparado con su Reggia de Caserta, obra de Luigi Vanvitelli que deja también a medias cuando tiene que hacerse con el trono de España. El palacio diseñado para la familia real de Nápoles era un enorme edificio, dentro del gusto académico más severo y con un planteamiento que remitía más al modelo de Versalles, que a los ejemplos berninianos que tenía el proyecto madrileño. El Barroco clasicista y racionalista de Luigi Vanvitelli encajaba plenamente con el gusto del rey Carlos.

El problema principal del proyecto de Sacchetti respecto del gusto de Carlos III era la concepción básica de cuáles son las funciones que representar de un Palacio. El turinés, al estar con el pie forzado del solar del antiguo Alcázar, dejaba el bloque cuadrado del palacio como residencia del rey y en los terrenos adyacentes planeó, mediante edificios secundarios, todas las estancias necesarias para los consejos y secretarías del Estado. Pero Carlos III quería un palacio-bloque que albergase todos los servicios necesarios para el gobierno, que fuese no solo residencia, sino sede del poder.

En un principio pensó en un palacio nuevo, pero lo que hizo es traer a un arquitecto de Nápoles, que se había formado con Vanvitelli: Francesco Sabatini. A él le encargó los cambios para el Palacio: lo primero, bajar las esculturas de remate de la balaustrada; después, se abandonó el proyecto de dobles escaleras de Sacchetti, realizándose las actuales por parte de Sabatini en 1775, siguiendo el modelo de las escaleras del Palacio de Caserta de Vanvitelli. Y planificó una enorme ampliación que finalmente no se llevó a cabo, salvo un ala en la plaza de la Armería para crear un *cour d'honneur* a la francesa.

Han corrido ríos de tinta acerca de si realmente se bajaron o no las esculturas, si simplemente no se llegaron nunca a subir, pero, como hemos mencionado, hay constancia documental de que sí que se colocaron, incluso hay constancia gráfica, pues se pueden observar en las vistas del Palacio Real que hace el pintor Antonio Joli. También surgió una leyenda que, como todas las historias de este tipo, no se basa en datos concretos y no puede ser tenida en consideración, que cuenta que la bajada vino motivada por una petición de la reina madre, Isabel de Farnesio, que soñaba que se le caían sobre la cabeza; he llegado a leer que en realidad era una suerte de venganza, porque ella, Isabel, no estaba incluida en la serie de estatuas al no ser la madre de Fernando VI. Seguramente la decisión es más estética que simbólica, pues el perfil del palacio con las esculturas era mucho más movido, más barroco, y se alejaba del clasicismo sobrio que estaba empezando a imperar en las arquitecturas áulicas. Solo las esculturas de los cuatro emperadores romanos a los que se asignaba orígenes hispánicos siguieron en el Palacio, aunque no en la fachada sur, sino en el patio: Trajano, Teodosio, Arcadio y Honorio. Las 108 esculturas monumentales restantes se guardaron en los bajos del Palacio Real, en las bóvedas del lado norte, que salvaban el desnivel por ese lado del palacio.

Como hemos comentado antes, las esculturas llevaban la identificación en la basa de la balaustrada, no en la propia escultura, por lo que se guardaron sin identificar. Tener más de cien esculturas monumentales de reyes antiguos sin identificar en las bóvedas del Palacio debió de ser un problema, por lo que pronto se vio la posibilidad de usarlas con fines ornamentales en otros lugares. Así comenzará un curioso baile de estatuas que las llevará a diferentes localizaciones y que además provocará que se identifiquen y renombren en algunos casos sin seguir un criterio certero; de hecho, actualmente hay varias que repiten el mismo nombre.

La danza comenzó muy pronto. Como nos cuenta José Ignacio Pozuelo[1], en 1787 se trasladaron ocho para ornar la ciudad de Toledo y un año más tarde otras cuatro a la ciudad de Burgos y una a las inmediaciones del monasterio de El Paular, en la sierra de Madrid. Ya en el siglo XIX, entre 1821 y 1841 se llevarán cuatro a Vitoria, cuatro a Aranjuez y doce para situar en diversos lugares de Madrid.

El número mayor, nada menos que cuarenta, fue para la remodelación de la Plaza de Oriente. Este espacio surge durante el periodo de José Bonaparte, que decidió demoler los edificios que había en los alrededores del Palacio Real, como la antigua Casa del Tesoro, el Pasadizo a la Encarnación y varios edificios religiosos. Su idea era abrir una gran avenida desde el Palacio hasta la Puerta del Sol, pero el contexto bélico y la marcha apresurada del rey francés en 1813 dejaron inacabado el proyecto, pero con gran parte de las demoliciones hechas. Hasta el reinado de Isabel II no se acometerán la reforma y urbanización de este espacio. Aconsejada por su tutor Agustín de Argüelles y por Martín de los Heros, proyecta la construcción de un teatro de la ópera, que divide el terreno en dos grandes plazas. La Plaza de Oriente se va a ajardinar con un proyecto del arquitecto Narciso Pascual y Colomer, que proyecta una zona elíptica central, limitada por una verja de hierro y rodeada por un amplio paseo. En el centro se colocó la estatua ecuestre de Felipe IV de Pietro Tacca, de la que ya hemos hablado, para lo

---

[1] José Ignacio Pozuelo, *Guía de las estatuas del Palacio Real de Madrid,* Madrid, Ergon, 2008.

cual se construyó un monumental pedestal, que también es fuente, obra de los escultores de cámara Francisco Elías Vallejo y José Tomás. En los lados largos hay dos relieves con temas alusivos a Felipe IV, como protector de las Artes y otorgando la cruz de Santiago a Velázquez; en los cortos, dos figuras clásicas de ríos de las que mana agua son las personificaciones de los ríos Manzanares y Jarama. En los ángulos del prisma que forma el pedestal, hay cuatro leones de bronce. El pedestal sobrepasa en gran medida la forma tradicional de elevar una escultura ecuestre de este tipo, y su altura, además, dificulta la visión de la obra de Tacca, pero hay que reconocer que todo se hizo para intentar dar más relumbre a una plaza de dimensiones descomunales. ¿Y las cuarenta esculturas de reyes? Pues se situaron en pedestales de granito alrededor del borde exterior del paseo, en parejas y con un banco entre medias.

Tras la Guerra Civil, entre 1941 y 1943, el Ayuntamiento de Madrid decidió remodelar la plaza y restaurar las esculturas. Aquí se dejaron solo veinte estatuas en la plaza y las restantes se repartieron entre los Jardines de Sabatini, el Campo del Moro y el Retiro.

Entre 1843 y 1912 habrá un nuevo éxodo: seis irán a Logroño, una a San Fernando de Henares, cuatro a Burgos, seis a Pamplona y dieciocho a otros lugares de Madrid, principalmente al parque del Retiro. Entre las esculturas que se mueven por Madrid, entre 1834 y 1886, en la llamada puerta de Velázquez del Museo Del Prado estuvieron subidas en altos pedestales las de Agila y Witerico, que luego se trasladaron al Museo del Ejército. Aún hoy se pueden ver entre las columnas dórico-toscanas de dicha puerta dos pedestales cuadrados en el lugar donde estuvieron estas esculturas.

Después de todo este trajín, el resultado de este baile es la destrucción de once esculturas: las seis enviadas a Logroño, que habían sido colocadas en el paseo del Espolón en 1858, fueron destruidas en los altercados por motivo de la proclamación de la Segunda República en 1931; dos de las enviadas a Toledo fueron destruidas durante el bombardeo del Alcázar en 1936; otras dos de la Plaza de Oriente por los daños durante la Guerra Civil, mientras que una del Retiro fue víctima del vandalismo en los años ochenta del siglo XX.

Entre 1971 y 1974, Patrimonio Nacional emprende trabajos de limpieza y restauración del Palacio, fundamentalmente de la piedra por la polución del tráfico. En esos trabajos se prueba a subir a sus pedestales las esculturas de basa circular, destinadas al piso principal. Ante el resultado positivo, se fueron subiendo algunas más, hasta cuatro sobre la Puerta del Príncipe, para que pudiera verse el efecto que debía causar el perfil del palacio de Sacchetti antes de la intervención afeitadora de Carlos III, y así podemos encontrarlo hoy día, con las esculturas del piso principal: Moctezuma y Atahualpa; Reciaro, Sancho III el Mayor y Sancho VII el Fuerte; Ramiro II el Monje, Santiago Apostol, Bermudo I el Diácono y Jaime I el Conquistador; Alfonso I y Juan V de Portugal, Teodomiro y un rey godo sin identificar. Mientras que en la balaustrada encontramos a Felipe V, Fernando VI, Bárbara de Braganza y María Luisa Gabriela de Saboya, sobre la puerta principal en la plaza de la Armería y Juan I, Alfonso XI, Alarico, Recaredo II, Ervigio, Teodoredo, Felipe III y Sancho Ramírez hacia la Plaza de Oriente.

Como epílogo de esta movida historia, en 2020, coincidiendo con el V centenario de la Revuelta de las Comunidades de Castilla, se promovió la idea de hacer una escultura en homenaje a la reina titular de Castilla Juana I, madre de Carlos V y durante la mayoría del reinado de este, correinante del mismo, pues nunca abdicó ni renunció a la corona, aunque de manera efectiva fuera su hijo el que detentara el poder. De tal manera que podemos entender este proyecto como una relectura del papel de una reina, que la historiografía no ha tratado como debiera y que ahora está contextualizando su labor. Para llevarlo a cabo se aprovechó que en el paseo de Estatuas del parque del Retiro, situado en el Paseo de Argentina, quedaba un pedestal libre causado por los movimientos de esculturas durante los años setenta para volver a subir a la balaustrada del Palacio. Así se encargó la nueva efigie de Juana a la escultora Iria Groba Martín, realizada en la misma piedra caliza blanca y por iniciativa del Área de Cultura, Turismo y Deporte del Ayuntamiento de Madrid y a cargo de los presupuestos de este. La escultura fue inaugurada en abril de 2022.

Madrid es una ciudad donde sus esculturas, sus monumentos, han tendido a moverse muy a menudo, a bailar, como venimos contando. Vamos a ver otros ejemplos significativos.

La Guerra de la Independencia es seguramente el acontecimiento que mete a España en la contemporaneidad. También es el que genera los nuevos héroes patrios y exalta a los héroes y mártires de la Libertad. Precisamente el periodo del Trienio Liberal del reinado de Fernando VII, entre 1820 y 1823, será el que genere muchos de los monumentos a estas figuras. De este modo, tenía sentido que un grupo escultórico fuera dedicado a los héroes madrileños del Dos de Mayo de 1808, Daoíz y Velarde, oficiales del cuartel de artillería de Monteleón que sacaron los cañones para luchar contra las tropas francesas en el alzamiento de Madrid que da origen a la Guerra de la Independencia. En Roma, el escultor Antonio Solá, que había estado encarcelado junto con Álvarez Cubero por no reconocer a José I como monarca, realizará un grupo escultórico dedicado a estos dos héroes y lo presentará como yeso en 1822. El grupo será muy alabado en Roma, donde se expuso, porque, aunque la inspiración era el grupo clásico de los tiranicidas y también podemos relacionarlo con figuras neoclásicas como el *Juramento de los Horacios* de Jacques-Louis David, Solá los vistió a la moda contemporánea y les colocó un cañón en la parte trasera, de tal manera que salvaba el tema del decoro y la representación histórica; con las capas del uniforme echadas sobre los hombros evoca las túnicas *alla antica* sin necesidad de no ser correcto con la época de los retratados (Fig. 7). Inmediatamente el escultor pidió permiso para pasar su obra a mármol de Carrara y Fernando VII hizo una petición al Ayuntamiento de Madrid para sufragar el coste, pero la falta de fondos dilató la realización definitiva de la obra que no se acabó hasta 1830 y fue costeada por el Cuerpo de Artillería del Ejército, al que pertenecían los dos héroes del Dos de Mayo. Realizada la obra y expuesta en Roma, se mandó a Madrid y se depositó en el Museo del Prado, del que ahora forma parte de su colección de escultura.

La escultura inicia así su baile de localizaciones. Inicialmente ubicada, en 1847, en el parterre del Real Sitio del Buen Retiro, regresó al Museo del Prado tres años después. En 1869, el alcalde solicitó su entrega al Ayuntamiento para conmemorar el aniversario del Dos de Mayo, colocándolo en la calle Ruiz esquina a la calle Carranza, en el llamado Parque del Norte. A pesar de estar en el Parque del Norte, el Museo del Prado buscó recuperarla debido a las condiciones de exposición. Se va a colocar en el vestíbulo del Museo del Prado y luego en su puerta principal, hasta que se decide instalar allí el monumento a Velázquez de Aniceto Marinas.

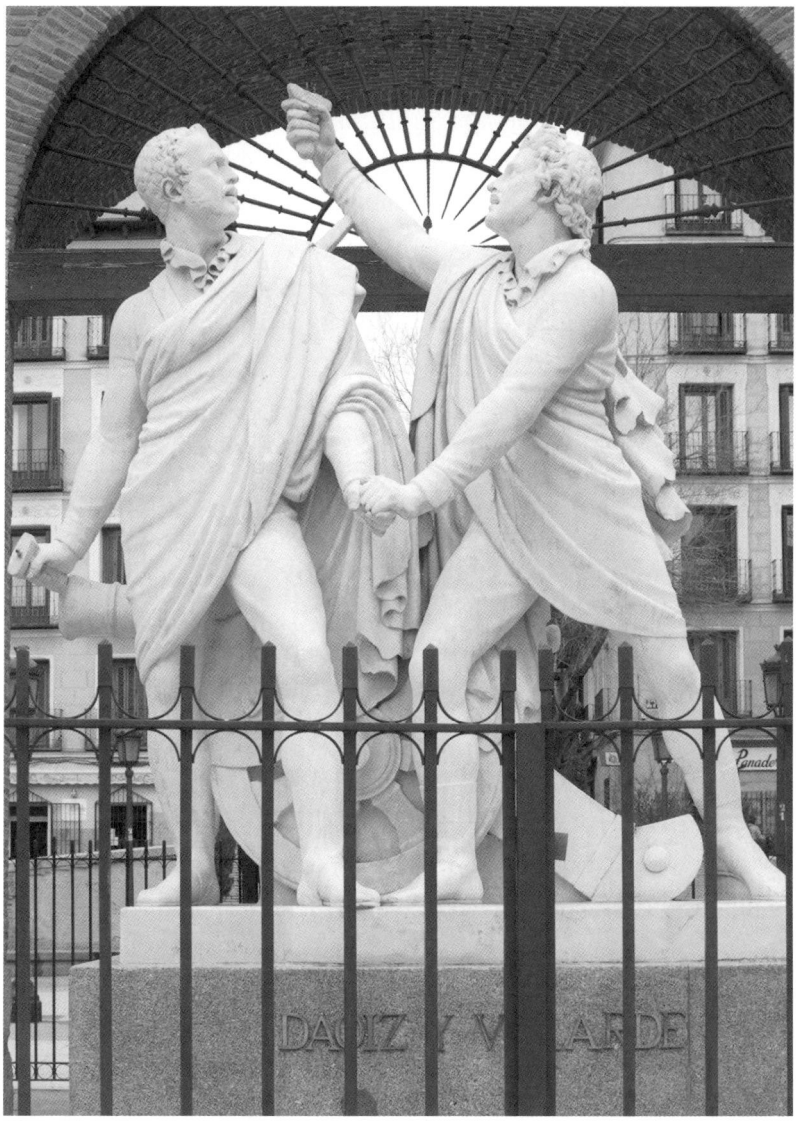

Figura 7. *Monumento a Daoíz y Velarde* de Antonio Solá. Plaza del Dos de Mayo (Madrid).

Tras varios cambios de emplazamiento, incluido un breve periodo en la plaza de la Moncloa, la escultura finalmente se estableció en la plaza de Monteleón en 1932, actualmente plaza del Dos de Mayo en el barrio de Malasaña, donde conmemora la resistencia madrileña frente a los franceses en 1808. Este lugar no puede ser más simbólico ya que está vinculado al antiguo parque de Artillería que ocupaba el edificio del que fuera palacio de los marqueses del Valle y duques de Monteleón del que, tras la guerra, solo quedó el arco de entrada que ahora enmarca el grupo escultórico.

La plaza del Dos de Mayo se convertirá en los años de la *Movida* en el epicentro de las reuniones de jóvenes y posteriormente esa plaza será el escenario de ese fenómeno que se llamó «botellón». Fruto de estas actividades, las espadas de los dos soldados acabaron perdiéndose y sobre el lugar de una de ellas sistemáticamente se instalaba por parte de anónimos jóvenes, una botella de litro de cerveza de vidrio marrón, convirtiéndose así en una suerte de resignificación del monumento, para ser los héroes del botellón del Dos de Mayo.

Cuando hablábamos de la creación de espacios públicos, traía el ejemplo del Salón del Prado de Carlos III en Madrid, donde también se produce un baile de estatuas, aunque menos ajetreado, más simbólico y trascendente. El modelo que se había utilizado para el diseño del salón, por parte de Ventura Rodríguez, había sido la Piazza Navona de Roma, que a su vez respondía a la urbanización del estadio de Domiciano, un edificio longitudinal que sigue actualmente el trazado de la plaza romana, y que en el Barroco se vio sometida a una reforma, durante el pontificado de Inocencio X, que proyectó tres fuentes, la central más grande para erigir un obelisco egipcio, será la *Fontana dei quattro fiumi* de Bernini y a este también se debe una de las otras dos fuentes, la llamada *Fontana del moro.* Cerraba el conjunto la *Fontana de Nettuno* obra ya existente, hecha durante el manierismo, por Giacomo della Porta. Ese esquema de tres fuentes es el que inspira al proyecto madrileño, con la construcción del Neptuno, Cibeles y Apolo en el centro, como ya comentamos. En 1895 se produjo un traslado de las fuentes de Cibeles y Neptuno, que pasaron de estar en los extremos del Salón del Prado y enfrentadas, para cerrar el conjunto, a ocupar el centro de las plazas donde se ubicaron, y se encararon hacia el centro de la ciudad, Cibeles mirando hacia la calle del Alcalá y Neptuno a la Carrera de San Jerónimo. Este hecho deshacía el conjunto del Salón de Prado y se hizo para dar más protagonismo a los ejes trasversales que al propio Prado. Un pequeño baile que distanció a Cibeles de la ciudadanía, pues fue elevada y se tuvo que añadir un grupo escultórico a su espalda, ya que la perspectiva cambiada hacía raro el vacío en esa parte.

En ocasiones tendemos a pensar que los monumentos públicos se hacen de una vez y su fecha coincide con la inauguración oficial, pero la realidad es mucho más compleja. Hemos mencionado ya obras que tienen una historia sobre su realización que bien podría dar para una buena novela o serie, si pensamos en términos más audiovisuales. Se viene a mi cabeza el engalanamiento del edificio del Museo del Prado, ya convertido en Museo Real de Pinturas y Esculturas al inicio del siglo XIX, para la jura de la infanta Isabel como heredera en 1833. Muchos quizá sabréis que el edificio diseñado por Juan de Villanueva estaba ideado para albergar el Museo de Ciencias Naturales, dentro del programa de Carlos III para urbanizar el entorno Del Prado. El museo estaría así vinculado a otros edificios para el desarrollo científico: el Real Jardín Botánico y un Observatorio Astronómico. En todos estos casos trabajó Villanueva como arquitecto. El edificio no llegó nunca a usarse con esa primera función de museo de ciencias, aunque ya estaba concluido al iniciarse la Guerra de la Independencia. El uso del plomo del tejado para municiones durante la Guerra, lo dejó con ciertos problemas, pero en general estaba bien al finalizar la contienda. Será la segunda esposa de Fernando VII, María Isabel de Braganza, la que inicie el proyecto de crear un museo real de pinturas y esculturas con parte de la colección de los monarcas, pero su prematura muerte en un parto no le permitirá ver inaugurado este espacio en 1819. Para su conversión en Museo de Pintura, se tuvo que retejar, esta vez con teja de cerámica, todo el edificio y se proyectó una decoración escultórica para sus tres puertas. En la puerta principal, orientada al oeste, conocida actualmente como puerta de Velázquez, se encargó un relieve exaltando a Fernando VII como protector de las Artes que debía hacer el escultor Ramón Barba en piedra caliza de Colmenar. Con motivo de la jura de Isabel, futura Isabel II, como princesa de Asturias en la iglesia de los Jerónimos, próxima al edificio Villanueva, el relieve de Barba no estaba todavía concluido y, por tanto, el hueco sobre la columnata dórica estaba vacío. Para que no desluciera en el acto oficial se encargó a Francisco Martínez Salamanca la realización de una grisalla, un lienzo de gran tamaño pintado al temple que simula una escultura en relieve, que representara el tema *España honrando a las Bellas*

*Artes* en el que aparece Minerva, como protectora de las Bellas Artes, repartiendo las coronas de Mérito a las personificaciones de las Artes. También se aprecian las figuras de las musas, mientras la Fama, a la derecha, anuncia la gloria del Mérito tocando las trompetas y la Historia escribe sobre la Alegoría del Tiempo. Esta grisalla se dejó en ese hueco para la escultura nada menos que nueve años, como se aprecia en el estado de conservación provocado por la intemperie y la acción de la lluvia en algunas partes. Algo parecido pasó con otra obra importante del siglo XIX, el palacio para Congreso de los Diputados, realizado por Narciso Pascual y Colomer e inaugurado por Isabel II en 1850. Cuando se hace la ceremonia, el grupo escultórico principal del tímpano de la portada, ganado en concurso por Ponciano Ponzano, se había hecho en yeso y en este material también se hicieron dos leones para los extremos de la escalinata sobre los altos plintos. Evidentemente, la fragilidad del material hizo que a los pocos años, sobre todo los leones, las piezas estuvieran deterioradas. Tras los sucesos revolucionarios de 1856, el conjunto escultórico de yeso quedó afectado por los disturbios y tuvieron que ser restaurados. En 1859 se encargaba a José Bellver que labrara dos leones de piedra caliza de Colmenar de Oreja con una altura de 2,20 metros. Bellver hizo los leones en piedra en menor tamaño que el que se le encargó. Los leones de Bellver se llegaron a instalar, pero al ser menor su tamaño, quedaban realmente desproporcionados con el conjunto. Actualmente podemos verlos en el acceso al Jardín de Monforte en Valencia. Ese mismo año, las autoridades encargaban a Ponzano la realización en mármol de Carrara del conjunto de relieves del frontón y seguramente que realizara unos leones en bronce. El frontón se terminó e instaló definitivamente en 1865 y los leones se fundieron con bronce procedente de los cañones incautados en la Guerra de África, en la batalla de Wad Ras de 1860, realizándose la fundición en la Fábrica de Artillería de Sevilla y siendo instalados en Madrid en 1872. Gracias a la existencia de la fotografía podemos ver la evolución de este conjunto desde lo efímero del primer conjunto de yeso, hasta el aspecto definitivo actual.

La primera pareja de Leones, de aspecto similar a los definitivos, con gran protagonismo de unas melenas abundantes y expresivas, no llevaba orbe en las patas. La segunda, la de Bellver, estaba directamente influida por los leones Médici, dos esculturas de leones de mármol con orbe en las patas, que se habían instalado en los jardines de la Villa Médici en Roma en el siglo XVI y que a finales del XVIII habían sido colocados en la Loggia dei lanzi de Florencia, sustituidos por copias en su emplazamiento original. Para un escultor español, no podía obviarse que estos leones son los que sirvieron de modelos para los doce leones de bronce que había encargado Velázquez en su segundo viaje a Italia para decorar el Salón de los Espejos del Alcázar de Madrid. Esos leones se habían salvado del fatídico incendio de 1734 y varios se habían utilizado para decorar el salón del trono del Palacio Real, donde todavía podemos verlos. La tercera pareja, la definitiva de Ponzano, comparte con la primera el protagonismo de las melenas abultadas y expresivas, pero con la segunda, la presencia de los orbes en las patas, una clara alusión a esos modelos que se relacionaban con la idea de poder y majestad. La potencia visual de la tercera pareja, acentuada por la presencia de los orbes, ha convertido a los leones en el icono de la institución y por ello han sufrido, como la propia fachada del edificio, ataques habituales por lo que para la ciudadanía representan. Al ser símbolos, acabaron recibiendo nombres o apodos populares, la pareja de Bellver, por su reducido tamaño comparado con el conjunto de la fachada, eran llamados los «gatos del congreso», mientras que la de Ponzano, han pasado a la posteridad como Daoíz y Velarde, el nombre de los dos héroes del Dos de Mayo que hemos comentado más arriba. Para algunos, en realidad serían una representación del mito de Hipómenes y Atalanta, los dos leones que tiran del carro de Cibeles, pero no tiene ningún sentido utilizar este tipo de iconografía mitológica, sin otra alusión al mito o la diosa, en un contexto político, donde tiene mucho más sentido la idea de representar el poder, como lo habían hecho sus modelos antiguos.

El baile en ocasiones no es tal cosa, sino supresión por lo que el monumento tiene de incómodo para el orden establecido en ese momento. Así sucedió con una obra que en principio nada tendría de incómoda dedicada a Juan Álvarez Mendizábal, uno de los políticos que encarnan el ideario liberal del siglo XIX que presidió el gobierno durante la regencia de María Cristina de Borbón en 1836, en el contexto del inicio de la Primera Guerra Carlista y el triunfo del liberalismo frente al absolutismo. Uno de los mayores logros de este periodo será la promulgación de una nueva constitución, la de 1837, que es la que marcará el modelo para todas las promulgadas en España hasta 1931. Las nuevas Cortes tratarán de liquidar las estructuras socioeconómicas del Antiguo Régimen, principalmente acabar con el sistema jurídico de la propiedad de la tierra. Así surgirán leyes para desmantelar señoríos y mayorazgos, quedando así la propiedad de la tierra adscrita a una persona física, y no a un cargo o figura jurídica. De esta forma la tierra pasaba a ser un bien individual que podía ser libremente enajenado, vendido o comprado. Será la base legal para el proceso denominado desamortización, que supondrá el triunfo de la ideología liberal burguesa decimonónica. Para entender la importancia de esta medida, hay que tener en cuenta cómo eran las estructuras económicas del Antiguo Régimen. La propiedad de la tierra, el medio de producción básico, estaba vinculada a manos muertas, es decir, a la aristocracia, a la Iglesia y a los municipios. La idea principal del gobierno progresista era poner en activo las tierras que dejaban como baldíos, porque eran poco productivas, los grandes terratenientes. Así se sucederán a lo largo del siglo XIX una serie de desamortizaciones siendo la más conocida la primera que emprende el gobierno de Mendizábal en 1836: la que afectaba a los bienes eclesiásticos. Con ella se pretendía crear una clase media de pequeños propietarios, que serían afectos al liberalismo a la vez que serviría para reducir la deuda pública con el dinero obtenido con las ventas. Pero los resultados finales, por culpa de la especulación, no fueron los previstos.

Uno de los efectos de la desamortización eclesiástica fue el cierre de monasterios y conventos que en algunos casos conllevaron la ruina y abandono de los edificios con sus obras de arte. En 1840 se decide derruir el convento de la Merced calzada de Madrid y en su solar crear una plaza pública. Esta plaza, que se denominará oficialmente del Progreso, querrá recordar el papel fundamental de Mendizábal en el progreso económico de España, dedicándole un monumento conmemorativo. El proyecto es de 1855, y se creará una comisión para este fin y para lograr la financiación mediante suscripción pública. La escultura de bronce era obra de José Grajera y tras ser finalizada en 1858 se paraliza su instalación por la tramitación de un proyecto de ley para regular la erección de monumentos a hombres célebres. El problema en realidad era político, pues el monumento ensalzaba la figura de un líder progresista y su emplazamiento había sido aprobado durante el bienio progresista (1854-1856), pero la realización material de las esculturas lleva su tiempo y cuando el bronce está acabado se ha producido un cambio sustancial de tendencia política en el gobierno. Tras los sucesos de 1856, que hemos mencionado antes, O'Donnell consigue ser nombrado jefe del gobierno y ahora será el partido moderado el que lidere la situación y ve con recelo un monumento a un líder progresista. La escultura de Mendizábal será depositada en el Casón del Retiro, que en esos años estaba ocupado por el Real Gabinete Topográfico y también como gimnasio para el príncipe Alfonso. No será hasta el siguiente cambio político, el ocasionado por el triunfo de la Revolución Gloriosa de 1868, cuando la escultura salga de su exilio en el Casón y pueda ocupar su pedestal pétreo en la plaza del Progreso, inaugurándose oficialmente el monumento el 6 de junio de 1869. Dado lo rocambolesco de este monumento, el pedestal se colocó sin ninguna inscripción por lo que el Ayuntamiento de Madrid decidió realizar una inscripción en 1903 que rezaba «El pueblo de Madrid, a D. Juan Álvarez Mendizábal, 1904». Rincón Lazcano sentencia en su libro de 1909:

> Teniendo ya su inscripción la estatua no sucederá como antes, que los forasteros no sabían por cuenta propia a quién se honraba allí. Pero con todas sus ventajas, pensamos con el periódico citado, que la lápida descubierta tiene el inconveniente de inducir a error, pues el viajero que vea la estatua sin estar en antecedentes, puede creer que ha sido erigida en 1904[2].

Lo que me resulta más sorprendente es que tengamos que hablar en pasado del monumento a Mendizábal de José Grajera que, además, era considerado como uno de sus mejores trabajos. Después de sobrevivir al convulso siglo XIX y sus nada pacíficos cambios de gobierno, la plaza del Progreso y el monumento a Álvarez Mendizábal molestaban al régimen franquista. En 1939 asentado ya el gobierno de Franco en Madrid, se decidió cambiar el nombre de la plaza por Tirso de Molina, en referencia a Fray Gabriel Téllez Girón, importante dramaturgo del Barroco que firmaba con ese

---

[2] José Rincón Lazcano, *Historia de los monumentos de la Villa de Madrid,* cit.

seudónimo sus obras y que, como fraile mercedario calzado, habitó el convento que había antes de la creación de la plaza.

¿Por qué molestaba Mendizábal? Seguramente por ser la encarnación del sistema liberal decimonónico, contra el que habían reaccionado todas las ideologías totalitarias tras la crisis económica del Crack del 29. Además, la desamortización había supuesto un verdadero varapalo para las instituciones religiosas católicas en España, y el catolicismo era uno de los pilares fundamentales del nuevo régimen. Así que en 1939 la escultura se desmonta del pedestal y en principio se guarda en un almacén municipal de la calle García Morato, actualmente Santa Engracia. Y ahí se le pierde la pista. Según un artículo de *El País* de 2001, firmado por Rafael Fraguas, la escultura se troceó y sus fragmentos se refundieron para ser usados en otro monumento:

> El escritor Enrique Pardo Canalís, del Instituto de Estudios Madrileños, insinuó ya en una publicación suya de 1954 que la efigie de Mendizábal fue fundida; algunos sugirieron que su bronce sirvió para hacer otra estatua de significación ideológica bien distinta. Hubo precedentes en el Madrid de la posguerra: los sillares de un monumento levantado antes de la contienda en el Parque del Oeste al líder socialista Pablo Iglesias fueron empleados al concluir la guerra para vallar el parque del Retiro, a lo largo de la Avenida de Menéndez Pelayo[3].

En su lugar se colocó, aprovechando el mismo pedestal pétreo, una estatua dedicada a Tirso de Molina obra de Rafael Vela del Castillo. La nueva estatua en piedra es de 1943. Un fraile dramaturgo de vida disoluta, pero barroco, era más aceptable que un político liberal que había protagonizado uno de los decretos liberalizadores de la tierra. Hay que tener en cuenta el contexto del siglo XIX para entender la Guerra Civil y el ideario del franquismo, porque a nuestros ojos estas estatuas del pasado ya no son molestas como lo eran para el régimen dictatorial en 1939.

Es interesante el problema que se ha planteado cuando el espacio público ha sido ocupado por símbolos políticos de una dicta-

---

[3] Rafael Fraguas, «En busca de la estatua de Juan Álvarez Mendizábal», en *El País,* 13 de marzo de 2001.

dura reciente, como ocurrió en España entre 1939 y 1975, ya que estos pasan a ser memoria histórica viva de ese régimen y, por consiguiente, generarán discordia y desacuerdo sobre qué hacer con ellos y como tratarlos. En concreto, Jesús de Andrés[4] ha tratado el tema de los monumentos dedicados a Franco, especialmente los retratos ecuestres. En este artículo analiza su carga simbólica y los tres periodos en que se crearon, que coinciden con las tres etapas de la dictadura franquista. Lo normal es que cuando un régimen de estas características acaba, sus símbolos son retirados. Todos tenemos en la retina la caída de estatuas de líderes comunistas tras el fin del bloque soviético en 1989 o las esculturas de Sadam tras la guerra del Golfo, como ya hemos mencionado. Pero, cuando las dictaduras no caen estrepitosamente, como las esculturas de sus pedestales, sino que desaparecen fruto de un proceso de transición democrática, como sucedió en España tras la muerte de Franco, la cuestión de la pervivencia de los símbolos anteriores no es tratada, o no con urgencia, pues hay otras prioridades. Los problemas aplazados siguen sin estar resueltos, y una vez que no hay peligros, hay que tratar estos asuntos o el problema puede enquistarse, pues los monumentos a una dictadura, si siguen en el espacio público, pasan a ser un lugar de referencia para nostálgicos que pueden así reafirmar su ideología, mientras que para otra parte de la población son un agravio intolerable.

Durante la dictadura franquista se levantaron nada más y nada menos que dos retratos ecuestres en Madrid, uno de Fructuoso Orduna, para colocar en la puerta del Instituto Ramiro de Maeztu, y otro de José Capuz, que se instaló en Nuevos Ministerios. Otro se hizo en Zaragoza, obra de Moisés Huerta. Uno más, en Barcelona para instalar en el Castillo de Montjuïc, obra de Josep Viladomat. En Valencia y Santander se instalan dos copias de la obra de Capuz de Madrid, y también se hizo otra escultura ecuestre en 1967 en El Ferrol. Todas ellas están hoy día retiradas de sus espacios originales; la última en hacerlo fue la de Santander en 2008, pero ha sido una patata caliente durante mucho tiempo.

---

[4] Jesús de Andrés, «Las estatuas de Franco, la memoria del franquismo y la transición política española», en Javier Moreno Luzón (coord.), *Nacionalismo español: las políticas de la memoria,* Madrid, Universidad Complutense, 2004.

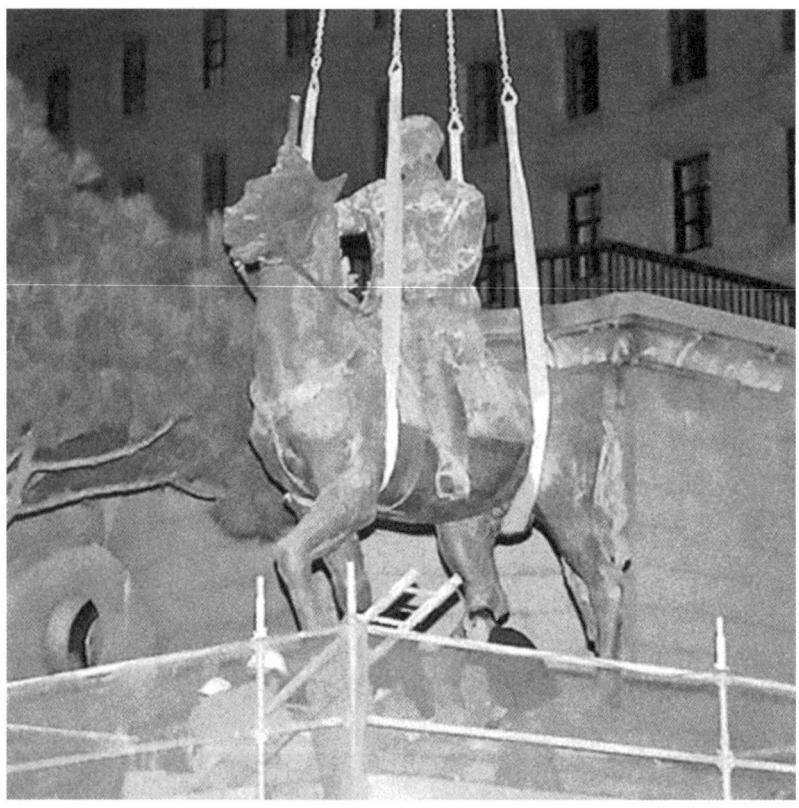

Figura 8. Retirada de la estatua de *Francisco Franco* de José Capuz en Nuevos Ministerios (Madrid).

De todas estas estatuas el caso más sonado, para mí, fue la retirada del monumento en Nuevos Ministerios de Madrid en marzo de 2005 (Fig. 8). Para llevarla a cabo, los operarios mandados por el consistorio madrileño tuvieron que trabajar de madrugada y evitar así posibles altercados, mostrando que este tipo de acciones todavía generan problemas. Pero, aunque esa retirada es la que tengo más presente por una cuestión lógica de espacio y tiempo, la más curiosa fue la del monumento de Valencia. En septiembre de 1976 le colocaron un artefacto explosivo, que no ocasionó daños, y fue pintado con los colores de la bandera republicana. Dos años después trataron de derribarlo atando unos cables metálicos a la escultura, con la ayuda de un camión, pero fueron detenidos por viandantes. Una vez celebradas las primeras elecciones municipales democráticas, el primer alcalde, miembro del Partido Socialista, quiso eliminar el monumento y avisó a las autoridades militares de Valencia. En ese momento la región militar estaba comandada por el teniente general Jaime Milans del Bosch, abiertamente inmovilista, que amenazó con sacar al ejército para defender el monumento. Finalmente, la escultura pudo retirarse el 9 de septiembre de 1983. Durante la retirada se produjeron numerosos enfrentamientos entre los operarios, policía y fuerzas de extrema derecha que se congregaron para protestar. La estatua, debido a su peso, se partió en dos y, como respuesta, los más exaltados atacaron y destrozaron el monumento a Simón Bolívar, al que arrancaron y robaron la cabeza.

La retirada del retrato ecuestre de José Capuz en Madrid, en 2005, provocó que las iras de los grupos nostálgicos de la dictadura franquista se cebaran con dos esculturas que estaban colocadas en Nuevos Ministerios próximas al retrato ecuestre de Franco. La escultura de Largo Caballero, obra de José Noja de 1985, y la dedicada a Indalecio Prieto, obra de Pablo Serrano de 1984. Periódicamente aparecen manchadas con pintura o con mensajes escritos en los pedestales y sobre las esculturas.

La democracia española tiene pendiente todavía resolver el mayor y más incómodo símbolo del franquismo, un monumento que es mucho más que una escultura o una arquitectura, y que, aunque se haya tratado de solucionar en parte, su importante carga simbólica y de referencia, no se ha terminado de lograr del todo. Me estoy refiriendo a la *Cruz de los caídos* en el Valle de Cuelgamuros, en la Sierra de Guadarrama, un monumento en el que el propio Franco se implicó tanto en la búsqueda de la ubicación como en el diseño. El proyecto final fue una cruz de 150 metros de alto con una basílica excavada en la roca y unas esculturas de la mano de Juan de Ávalos. En la basílica se enterraron soldados de ambos bandos, pero el lenguaje de la arquitectura, que recuerda a modelos fascistas italianos, y el propio proceso de construcción, usando como mano de obra presos políticos, hacen de este lugar algo verdaderamente incómodo para una democracia. El hecho de que José Antonio Primo de Rivera, fundador de Falange, y el propio Franco estuvieran enterrados ahí no ayuda a su resignificación, por eso los restos del dictador fueron trasladados en 2019 y los de José Antonio, en 2023.

Como hemos podido comprobar el baile de estatuas puede venir determinado por un cambio de gusto, pero lo más usual es que sea por un cambio de régimen o por lo incómodo que puede resultar parte del pasado si no se sabe resignificar.

# 6. Ellas también están
## «Siempre musa, nunca Apeles»

El 8 de marzo de 2016, mi compañera Gloria Martínez Leiva publicó en el blog *InvestigArt* un artículo que llevaba el título de «Siempre musa, nunca Apeles». Con ello se aludía al papel secundario y normalmente pasivo, como musas, que habían tenido las mujeres en la historiografía artística tradicional, de ahí la mención a Apeles, el pintor de la Antigüedad más nombrado con el que se comparaban todos los grandes maestros desde el Renacimiento. En el texto, además de reflexionar sobre este hecho, acababa contándonos la trayectoria de una de esas mujeres importantes en la Historia del arte que, sin embargo, ha sido silenciada en parte: Elisabeth Louise Vigée Le Brun. Desde ese momento, en el blog intentamos dar a conocer muchos más nombres de mujeres artistas o vinculadas con la producción artística en su papel de comitentes o coleccionistas.

En el prólogo del volumen uno de *PintorAs,* de Sara Rubayo y Ana Gállego, podemos leer:

> Debemos desechar la idea de que la historia es algo inamovible y estancado para pensar que está viva y que con cada acontecimiento, nuevo descubrimiento e investigación es posible que haya que añadir, cambiar, mover o rectificar determinados hechos que se consideraban seguros […]. Entendamos que el mundo artístico es una red social en la que el arte se trabaja, se crea y se desarrolla en familias y comunidades mixtas exactamente igual que nuestra vida de hoy día[1].

---

[1] Sara Rubayo y Ana Gállego, *PintorAs,* vol. 1, Barcelona, Paidós, 2024.

Siempre he contado que, durante mis estudios de licenciatura en Historia del arte, vi a pocas mujeres artistas –muchos de mis colegas suelen afirmar que no vieron a ninguna, con lo que he de considerarme un afortunado–. Es verdad que no fuero muchas: Artemisia Gentileschi y Luisa Roldán dentro de mi época favorita, el Barroco. Tuve la inmensa suerte de tener de profesora a Estrella de Diego y que ella nos recomendara la lectura de un libro que personalmente me cambió mucho la mirada: *Mujer, Arte y Sociedad,* de Whitney Chadwick[2], en el que descubrí que desde la Antigüedad tenemos constancia de la presencia de mujeres artistas.

Hasta el siglo XVII había fundamentalmente tres sistemas de acceso a la práctica de la pintura para las mujeres: ser monja, ser familiar de artista o pertenecer a una familia acaudalada. En el primer grupo se encuentran mujeres que entran en religión y adquieren una educación artística como parte de la *labor de manos,* el ejercicio práctico de alguna habilidad manual para llenar las horas de trabajo dentro del rígido horario de la vida conventual. Dentro del segundo grupo, que es el más numerosos y habitual, están las hijas, esposas, hermanas, etc., de artistas varones que se forman dentro del taller familiar y ejercen labores en el mismo; en unos pocos casos, estas mujeres podían alcanzar la maestría y abrir su propio taller o continuar, cuando quedaban viudas o huérfanas, con el de sus cónyuges o padres. En el tercer grupo estarían las jóvenes, fundamentalmente de la nobleza, que reciben una formación artística como complemento a una educación humanística.

Pero el siglo XVIII es el Siglo de las Luces. En este periodo se impulsan los saberes y conocimientos, fundamentalmente las ciencias aplicadas, y se inicia la regulación del aprendizaje. En el campo artístico esto se verá reflejado en la aparición de las Academias de Bellas Artes, que impulsan un modelo de enseñanza fuera de la tradición gremial anterior y sustentada en la jerarquía de los géneros pictóricos. Las academias basarán su enseñanza en el aprendizaje del dibujo, primero copiando objetos y esculturas, para en los últimos años tomar apuntes de modelos del natural. Con ello se creaba una jerarquía en la que los temas se ordenan por importancia, desde los bodegones y floreros hasta la pintura de Historia. En esta nueva institución las mujeres van a tener acceso, pero no a

---

[2] Whitney Chadwick, *Mujer, Arte y Sociedad,* Barcelona, Destino, 1992.

todos los estadios. Generalmente se les vetaban las clases de dibujo del natural, por evitar la observación de cuerpos desnudos, por lo que se les limitan los géneros que pueden desarrollar. Las teorías del momento creían abiertamente en que el sexo determinaba diferencias en la manera de realizar las obras, así se creará toda una concepción preestablecida de lo *femenino* como opuesto al *genio creador masculino*. A las mujeres se les abrirá la posibilidad de dedicarse a géneros que dieran cabida a su disposición *natural* y que pudieran desarrollar en espacios privados: bodegones, floreros y, sobre todo, retratos. Durante el siglo XVIII vamos a ver el desarrollo del género del retrato en miniatura, género que, al necesitar de precisión y paciencia, va a ser considerado como más propio del *genio femenino*.

En la introducción del libro de Estrella de Diego, *La mujer y la pintura del XIX español*[3], la autora nos hace un exhaustivo recorrido histórico por algunas de las más importantes mujeres artistas de la Historia del arte y, sobre todo, nos cuenta cómo evolucionaron los métodos de enseñanza de las mujeres y de qué forma van a ir entrando poco a poco algunas de ellas a los sistemas reglados de enseñanzas artísticas. Claro que la óptica principal del libro es la Pintura.

Pero ¿qué pasa con la escultura? Durante el Renacimiento, tiene lugar uno de los más interesantes ejercicios teóricos: el *paragone* o disquisición sobre cuál de entre las bellas artes (Pintura, Escultura y Arquitectura) ha de ser considerada como superior en jerarquía. En todos los tratadistas del momento está implícito esa comparación entre las artes, y cada cual defiende la supremacía de una, aunque reconozcan que todas son hermanas, hijas del dibujo o del diseño. En la defensa que unos u otros hacen de las virtudes de las bellas artes, suele usarse como argumento contra el ejercicio de la escultura el hecho de que esta disciplina es trabajosa y requiere cierta fuerza y destreza, por lo que, con la mentalidad de la época, quedaría alejada de las cualidades femeninas.

Evidentemente, coger un cincel y liarte a golpes contra un duro bloque de piedra requiere no solo de técnica, sino también de maña y fuerza. El error seguramente viene de pensar que una mujer no iba a poder realizar un trabajo de este tipo, además del des-

---

[3] Estrella de Diego, *La mujer y la pintura del XIX español,* Madrid, Cátedra, 2009.

conocimiento sobre cómo se trabajaba en un taller escultórico, pues un maestro escultor no tenía por qué tocar siquiera el mármol o dominar el vaciado en bronce, idea esta que, como todo, viene contaminada por la historiografía decimonónica y la idea del genio creador, solitario y siempre masculino. Seguramente el artista que todos tenemos en mente al pensar en la escultura sea Miguel Ángel y su concepción, a medio camino entre el neoplatonismo y el aristotelismo, de que el artista tiene la escultura en su cabeza como idea, la proyecta en el bloque y solo tiene que ir quitando el material sobrante, de modo que la escultura aparecerá al eliminar esa piedra en la que está encerrada. Esta visión, romantizada por la historiografía del siglo XIX, pareció olvidar que su caso es una verdadera excepción y que en los talleres escultóricos había muchos operarios que pasaban la composición que había hecho el maestro, normalmente utilizando materiales dúctiles como yeso, barro o cera, a los definitivos como piedra o metal, además de, por lo general, cambiar la escala. La lectura del ya mencionado libro de Wittkower *Escultura. Procesos y principios* me abrió la mente a esa idea del taller de escultura, lejos del concepto de creador aislado, y la de Chadwick me llenó de nombres que contradicen esa supuesta ausencia de mujeres en la escultura.

La existencia de Anne Seymour Damer, que para Chadwick es la única escultora notable de Inglaterra antes del siglo XX, autora de obras en mármol de claro lenguaje neoclásico, me resulta reveladora del gran desconocimiento que existe sobre este tipo de artistas. Damer era una acaudalada dama de alta posición, por lo que su actividad artística no era parte de su profesión, sino una distracción excéntrica a ojos de sus contemporáneos. Estaría dentro de esos ejemplos de formación artística como complemento a una educación en las clases privilegiadas. Por lo demás, fue objeto de las burlas satíricas de la prensa británica por salirse de los géneros que se entendían como propios del genio femenino.

Más sorprendente fue conocer lo que Henry James definió como peregrina hermandad de escultoras norteamericanas instaladas en las siete colinas de Roma como un blanco y marmóreo rebaño. A la cabeza del grupo estaba Harriet Hosmer, que había acudido a Roma después de 1825 siguiendo los pasos de Horatio Greenough en busca de un entorno más proclive para el desarrollo de su actividad artística, y lo completan nombres como Louisa Lander, Emma Stebbins, Margaret Foley, Florence Freeman, Anne Whitney, Edmonia Lewis o Vinnie Ream Hoxie, activas en la Ciudad Eterna entre 1850 y 1870.

Estados Unidos aporta a la Historia del arte una nueva visión más libre, sobre todo para las mujeres, como ha señalado De Diego[4], pero el problema fundamental que tenían allí era la falta de modelos a disposición de los estudiantes. Pero en las escuelas fundadas en los inicios del siglo XIX en Estados Unidos participaron mujeres, normalmente en las disciplinas pictóricas, desde muy pronto. Los estudios académicos, basados fundamentalmente en el dibujo, eran igual para todas las disciplinas y los y las artistas que quisieran progresar debían seguir los pasos del más reputado de los escultores neoclásicos estadounidenses, Horatio Greenough, y marchar a Italia para completar así su aprendizaje.

Greenough desarrolló un lenguaje muy centrado en los modelos clásicos. Entre sus obras cabe destacar un monumento encargado por el Congreso de Estados Unidos para conmemorar el primer centenario del nacimiento de George Washington. El resultado chirría, y bastante: la cabeza de Washington, con su peluca dieciochesca, y ese torso musculado de inspiración tan clásica… La obra se colocó en la rotonda del Capitolio y posteriormente se trasladó a los jardines; en la actualidad se encuentra en el Museo de Historia Americana.

Pero volvamos a ellas. La estancia en Roma les permitía no solo acceder a modelos clásicos en las colecciones italianas, sino también al ambiente artístico y a operarios con experiencia, así como a la facilidad de obtener mármoles. Este hecho no es baladí, porque las canteras de Carrara seguían abasteciendo de piedra que era más asequible en Italia que en sus lugares de origen. Chadwick usa a este grupo de «romanas» para plantear cómo la sociedad liberal de Estados Unidos permitía a algunas mujeres concebir la posibilidad de ejercer oficios artísticos, como si de un renacimiento de la cultura de la Grecia de Pericles se tratara. También plantea el componente feminista en el modo de vida de estas mujeres, que han de renunciar a formar familias –o directamente optan por una vida de soltería– para centrarse en sus carreras profesionales. En este sentido, es interesante cómo Hosmer, quizá para tranquilizar la fuerte presión

---

[4] Estrella de Diego, *La mujer y la pintura del XIX español,* cit.

que ejercía la sociedad victoriana en las mujeres que no seguían los códigos establecidos de conducta femeninos, llamaba a sus esculturas «hijos» y decía que su trabajo era su «familia»; así no terminaba de romper con esos códigos de la feminidad respetable.

Hosmer se había educado en una escuela liberal en Massachusetts. Pronto se decidió a ser escultora, pero no la permitieron asistir a clases de anatomía en Boston, por lo que, por mediación de Wayman Crow, consiguió tomar clases con el doctor McDowell en el Medical College de St. Louis, uno de los pocos sitios donde se permitía a las mujeres estudiar el cuerpo humano. Tras realizar algunas obras con éxito de crítica, decidió viajar a Roma en 1852. Seguramente sus obras más logradas son representaciones de mujeres que responden, en palabras de Chadwick, con fortaleza o coraje moral a las vicisitudes del destino, como son la *Beatrice Cenci* de 1857 o la *Zenobia encadenada* de 1859. La primera recoge la historia del asesinato del padre de Beatrice a manos de esta para escapar de sus abusos. Para la escultura, se basó en el famosísimo retrato de la joven hecho por Guido Reni en el siglo XVII, así como en la *Santa Cecilia* de Stefano Maderno. A su vez, la historia de Zenobia había sido muy popular durante todo el siglo XIX, por lo que Hosmer se esmera en la representación arqueológica de los elementos, como el vestido drapeado o el modelo clásico del rostro de la reina. Cuando se expuso la escultura en Inglaterra en 1862, se la acusó de no ser realmente la autora; debía de ser obra de John Gibson, que había sido su maestro en Roma. Ella se tuvo que defender apelando a la realidad de los talleres escultóricos, en los que el diseño general era del maestro y la realización material la llevaban a cabo meros operarios.

Muy interesante nos parece también la figura de Emma Stebbins. Formada en principio como pintora, se empezó a interesar por la escultura a raíz de conocer a la actriz Charlotte Cushman en Roma en 1856. Allí entró en contacto con Hosmer y con John Gibson. Entre las obras que ha dejado, podemos destacar el monumento dedicado al pedagogo Horace Mann para la State House de Boston de 1863, que le representa de pie, con un libro en la mano y un gran manto que evoca una toga romana antigua alrededor de su cuerpo. También son obra suya la figura de *El Ángel de la fuente de las Aguas,* de 1862, instalada en Central Park (Nueva York), o el monumento dedicado a *Cristóbal Colón,* de 1867 y hoy ubicado en Brooklyn (Fig. 9).

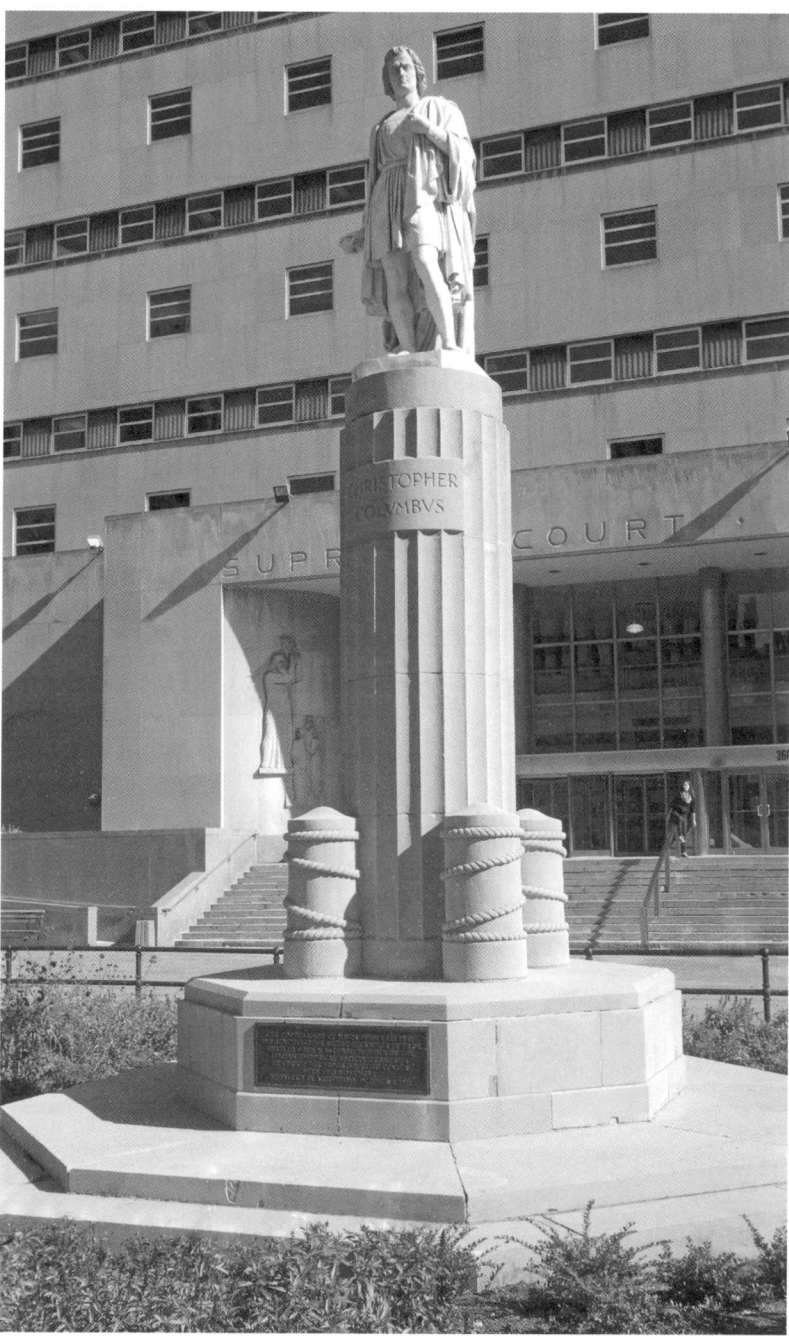

Figura 9. *Monumento a Cristóbal Colón* de Emma Stebbins. Brooklyn (Nueva York).

Otra de estas escultoras norteamericanas es Anne Whitney, que además va a tener un perfil político de defensa de los derechos de la mujer muy destacado. En 1861 presentará su primera escultura a tamaño natural, una *Lady Godiva* que ya nos pone en la pista de sus inquietudes sociales, al igual que su *África,* de 1863, en la que una madre de rasgos africanos se alza contra la esclavitud. En 1871 regresó a Boston y poco después recibió el encargo por parte del Gobierno de Estados Unidos de una estatua de mármol de Samuel Adams para el Capitolio de Washington. No mucho más tarde hizo una estatua de Charles Sumner para un concurso a ciegas para un monumento destinado a un jardín de la ciudad de Boston. Whitney lo ganó, pero, al saberse que era mujer, los jueces le retiraron el premio. Finalmente presentó la escultura sedente del senador a varias exposiciones, como la del centenario de Filadelfia en 1876, y, tras el éxito de crítica, se acabó erigiendo un bronce de esta en Cambridge (Massachusetts) en 1902.

Edmonia Lewis, hija de un liberto de ascendencia afrohaitiana y de una nativa americana, es un caso peculiar por el hecho de que, además de ser mujer, pertenece a una minoría étnica, una condición que va a marcar mucho su carrera y también su trabajo en Estados Unidos. Es la única artista norteamericana racializada en el siglo XIX, en palabras de Chadwick. Por sus venas corría sangre africana, chippewa y blanca, y fue educada en uno de los pocos colegios donde admitían alumnado negro antes de la Guerra Civil. Ya instalada en Boston, entró en los círculos de abolicionistas y sufragistas, pero tuvo dificultades para acceder a la enseñanza de la escultura en el taller de alguno de los escultores afincados en esa ciudad. Trabajó para esa clientela formada por abolicionistas hasta su marcha a Roma en 1866. Ya en la Ciudad Eterna hizo sus esculturas de tema abolicionista como *La mujer liberada y su hijo,* desgraciadamente perdida, y *Libre para siempre.*

En 1866, el Gobierno federal encargó a una joven de 18 años, Vinnie Ream Hoxie, la escultura a tamaño natural del presidente Abraham Lincoln para la rotonda del Capitolio de Washington. Dicho encargo fue fruto de haber presentado al concurso un busto que había hecho del presidente, para el que Lincoln había posado durante un tiempo. La imagen es icónica y está colocada en uno de los lugares más emblemáticos del poder estadounidense. Aunque recibió críticas en su época y se dudó de que realmente fuera obra de Hoxie, provocó un debate importante en el que Hosmer salió en defensa de la autora. Resulta muy relevante, y conviene subrayarlo, cómo, en un ambiente adecuado –la educación liberal de la costa este de Estado Unidos–, se pudo consolidar un grupo tan interesante e importante de mujeres escultoras que, además, han dejado unos fantásticos ejemplos de monumentos públicos.

Esa excepcionalidad norteamericana en el estudio de las Bellas Artes llevó, por ejemplo, a la fundación en Nueva York en 1875 de la Art Students League, que permitió el acceso a la formación artística a precios asequibles y con flexibilidad horaria a un mayor número de personas que las tradicionales escuelas de Bellas Artes. Esta institución, aún en activo, formará a artistas, en especial a mujeres, precisamente por estas características que permitían mayor acceso a las enseñanzas con horarios menos rígidos y a menor coste. Coincidiendo con la fecha de su creación, nacerán dos interesantísimas y desgraciadamente poco conocidas escultoras estadounidenses: Gertrude Vanderbilt Whitney y Anne Hyatt Huntington, que, además de coincidir en país y casi en año de nacimiento, también tienen en común el hecho de contar con monumentos muy significativos en España.

Gertrude Vanderbilt nació en el seno de una de las familias más acaudaladas de Estados Unidos. Este hecho, ser una rica heredera estadounidense, ha provocado que su figura no haya sido reconocida por su calidad artística o por su creatividad, para considerarla simplemente como una aficionada. Sin embargo, se formó en la mencionada Art Students League y algunos de sus profesores fueron Hendrik Christian Andersen y James Earle Fraser; además, en París conoció a toda la vanguardia del momento y recibió clases de Auguste Rodin. En 1914, estableció el Whitney Studio Club en una de sus propiedades neoyorquinas, proporcionando un espacio para que los artistas emergentes pudieran exhibir sus obras. Este acto sentó las bases para crear el Museo Whitney, fundado en 1931.

Entre sus obras podemos destacar el memorial a las víctimas del naufragio del *Titanic,* que se encuentra en Washington. La iniciativa para el mismo partió de una asociación de mujeres que inició una suscripción pública, con donaciones de no más de un dólar por persona. Se hizo concurso público en 1914 y salió vencedor el diseño de Vanderbilt: una figura masculina semidesnuda con los brazos en cruz, un recuerdo a los hombres que murieron en la catástrofe para que las mujeres se salvaran. La obra definitiva no se instaló e inauguró hasta 1931, junto al río Potomac.

Otra de sus creaciones más singulares es la que realizó en 1929 para conmemorar el viaje de Colón a América y que se instaló en Huelva, el llamado *Monumento a la Fe Descubridora* (Fig. 10), que hay que relacionar, por un lado, con la Exposición Iberoamericana de Sevilla de 1929 y, por otro, con los monumentos que ensalzan la figura de Colón y que vienen todos de los fastos del IV Centenario del Descubrimiento. Pero vayamos por partes[5].

La construcción de un monumento de estas características en un lugar tan emblemático en el relato sobre la gesta colombina parte de una casualidad, el viaje de un norteamericano por tierras andaluzas en 1917. Willian Hussey Page debía coger un barco en Cádiz rumbo a Nueva York, pero, al perderlo, debía esperar diez días hasta la salida del siguiente. Para aprovechar el tiempo, decidió visitar los lugares de los que partió Colón: el convento de la Rábida y el puerto de Palos. Allí descubrió que la columna conmemorativa del IV Centenario estaba ya en un estado deplorable por el abandono. Surgió así la idea de que Estados Unidos regalase un monumento conmemorativo del papel desempeñado por Colón en el descubrimiento. Finalmente se creó una comisión para la ejecución de este proyecto en la que figuraban el propio presidente y el embajador español en Estados Unidos, el duque de Alba, bajo el nombre de la Columbus Memorial Foundation.

La elección de Vanderbilt parece que viene del propio Page, quien, en paralelo a este proyecto, también realizará el *Monumento al desembarco de las tropas estadounidenses de Saint Nazaire* en la localidad francesa de ese nombre y que conmemoraba la entrada en la Primera Guerra Mundial de Estados Unidos en 1917. El monumento francés se inaugurará en 1929 y fue víctima de los bombarderos de la Segunda Guerra Mundial.

---

[5] Todo el proceso de creación del monumento ha sido estudiado por Rosario Márquez («Gertrude Vanderbilt Whitney. Su controvertido viaje a Huelva en 1927», en Eduardo García Cruzado [coord.], *Actas de las Jornadas de Historia sobre el Descubrimiento de América. Tomo V: Jornadas XV, XVI, XVII y XVIII, 2019, 2020, 2021 y 2022*, Huelva, Universidad Internacional de Andalucía y Ayuntamiento de Palos de la Frontera, 2023) y de su texto extraigo la información que indico a continuación.

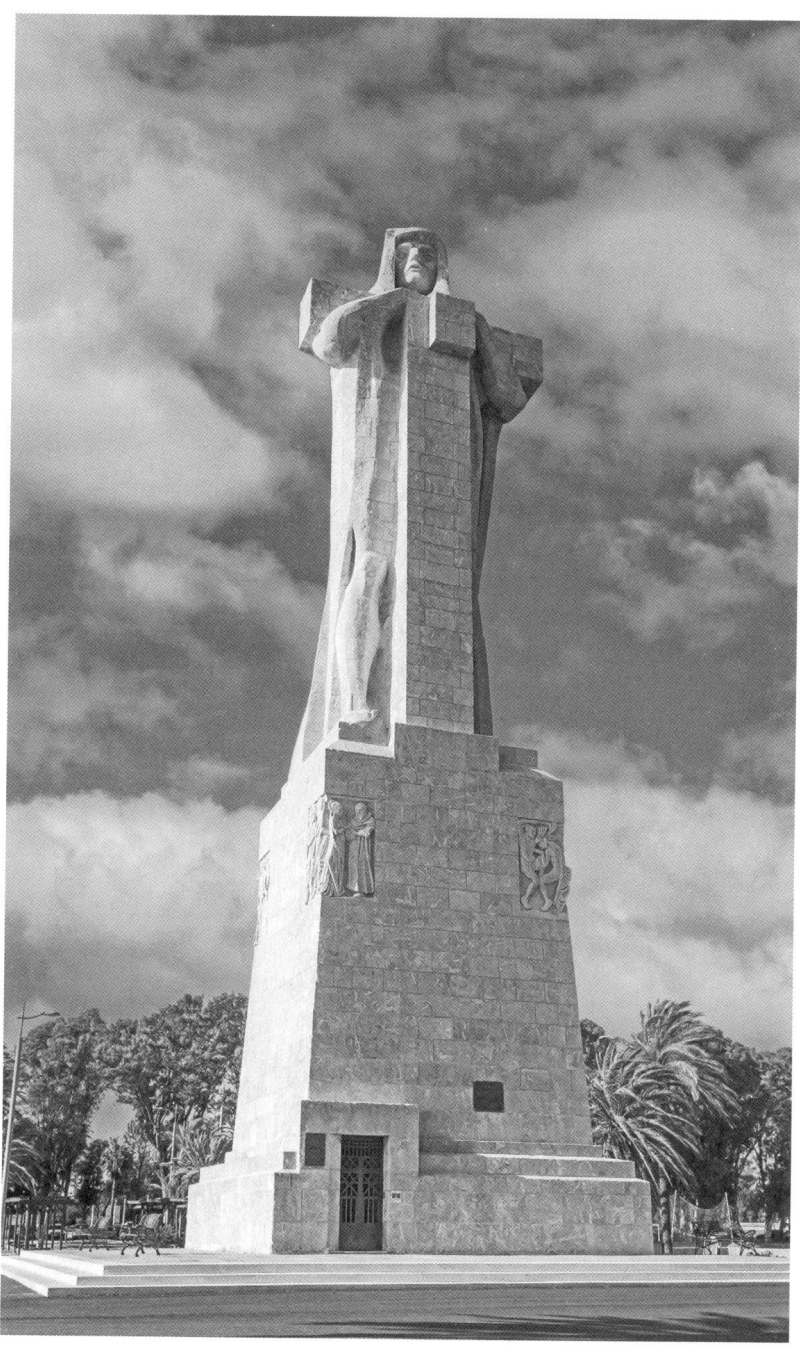

Figura 10. *Monumento a la Fe Descubridora* de Gertrude Vanderbilt. Huelva.

Pero volviendo al proyecto para España, las obras se inician ya en la década de los veinte. La monumental escultura mide unos 37 metros de altura y se compone de una figura humana apoyada en una cruz con forma de tau (τ). En su pedestal, se encuentran bajorrelieves que representan las culturas azteca, inca, maya y cristiana, así como los cuatro continentes: Asia, África, Europa y América. El interior del pedestal es hueco y presenta motivos relacionados con el descubrimiento, incluidos los nombres de los descubridores que viajaron en las carabelas y los miembros de la Columbus Memorial Foundation. También incluye un grupo escultórico que representa a los Reyes Católicos. Para esta colosal figura, que para la autora representa a un navegante que mira hacia esas nuevas tierras a las que Europa va a llevar su civilización, cultura y fe, Vanderbilt elige un lenguaje artístico que nos puede remitir, por un lado, a la escultura egipcia, por su monumentalidad y hieratismo, y, por otro, a elementos de vanguardia como la facetación de planos que recuerdan al cubismo. El resultado final es una obra verdaderamente monumental y sorprendente. Su ubicación, alejada de los tradicionales focos artísticos y culturales, ha hecho que pase demasiado desapercibida. Al ser su autora extranjera, también se ha obviado en muchas de las historias de la escultura en España.

La otra escultora norteamericana que citábamos, Anne Hyatt Huntington, proviene de Cambridge (Massachusetts) y creció en un entorno familiar culto. Su padre, Alpheus Hyatt, era un destacado paleontólogo y zoólogo, profesor en la Universidad de Harvard y en el Instituto de Tecnología de Massachusetts (MIT). Además, se dedicaba a disecar animales para el Museo de Historia Natural de Boston. Por otro lado, su madre, Aduella Beebe Hyatt, era una experta en arte que pintaba paisajes al óleo y colaboraba con su esposo en ilustraciones paleontológicas para sus libros.

Desde su infancia, Anna mostró un gran interés por la música y los animales, especialmente los caballos, una fascinación que se reflejaría más tarde en su obra escultórica. Para continuar su formación, ingresó en el estudio del escultor Henry Hudson Kitson (1865-1947) en Boston. En esta ciudad, llevó a cabo su primera exposición individual en el Boston Arts Club, donde exhibió más de cuarenta esculturas de animales en formato reducido. Tras el fallecimiento de su padre, se trasladó a Nueva York para estudiar en la Art Students League, donde recibió clases del escultor Hermon Atkins MacNeil y también contó con el respaldo de Gutzon Borglum, conocido por crear los imponentes bustos presidenciales en el Monte Rushmore, en Keystone (Dakota del Sur). Se integró en un entorno cultural y artístico en el que se rodeó de colaboradoras y amigas con intereses y oportunidades comunes. Participó en exposiciones colectivas de mujeres artistas y se involucró en eventos sociales junto a otras mujeres influyentes y benefactoras del arte. A su alrededor, pintoras, escultoras, críticas, fotógrafas o actrices establecieron redes de sociabilidad y solidaridad femenina, reafirmando el poder creativo y la profesionalidad de las mujeres de principios del siglo XX. Para completar su formación, visitaba el zoo del Bronx con objeto de tomar apuntes de los animales. Realizó también un viaje formativo a Europa, donde coincidió con artistas como Auguste Rodin, aunque le resultó más interesante la obra de Rosa Bonheur.

En 1910 presentó al Salón de París una escultura ecuestre de *Juana de Arco,* con la que obtuvo una Mención de Honor. Ese mismo año, la ciudad de Nueva York le encargó la creación de una monumental reproducción en bronce de la escultura, con motivo del quinto centenario del nacimiento de la heroína francesa. La estatua se colocó en Manhattan, en el cruce de Riverside Drive y la calle 93. Su inauguración, que tuvo lugar el 6 de diciembre de 1915 en una ceremonia pública, atrajo a una gran multitud, como se evidencia en las imágenes de la época. Es la primera obra monumental dedicada a una mujer en la ciudad de Nueva York. Su éxito motivó que el propio gobierno francés pidiera una reproducción en 1915, para colocar en la ciudad de Blois, y concedió a la escultora la Legión de Honor. Ese mismo año, su conjunto de diez esculturas de animales fue galardonado con una medalla de plata en la Exposición Panama-Pacific en San Francisco. Al año siguiente, recibió la prestigiosa Medalla de Oro Rodin del Plastics Club of Philadelphia, y también fue aceptada como miembro asociado en la National Academy of Design de Nueva York, que, en 1922, le otorgó la Medalla de Oro Saltus por su destacada contribución artística en el ámbito de la escultura mitológica, concretamente por su obra *Diana Cazadora,* de la que tenemos una reproducción en bronce en los jardines de la Facultad de Filosofía y Letras de la Universidad Complutense de Madrid.

En 1927 recibió el encargo de la Hispanic Society para un monumento ecuestre dedicado a la figura del Cid, que debía instalarse

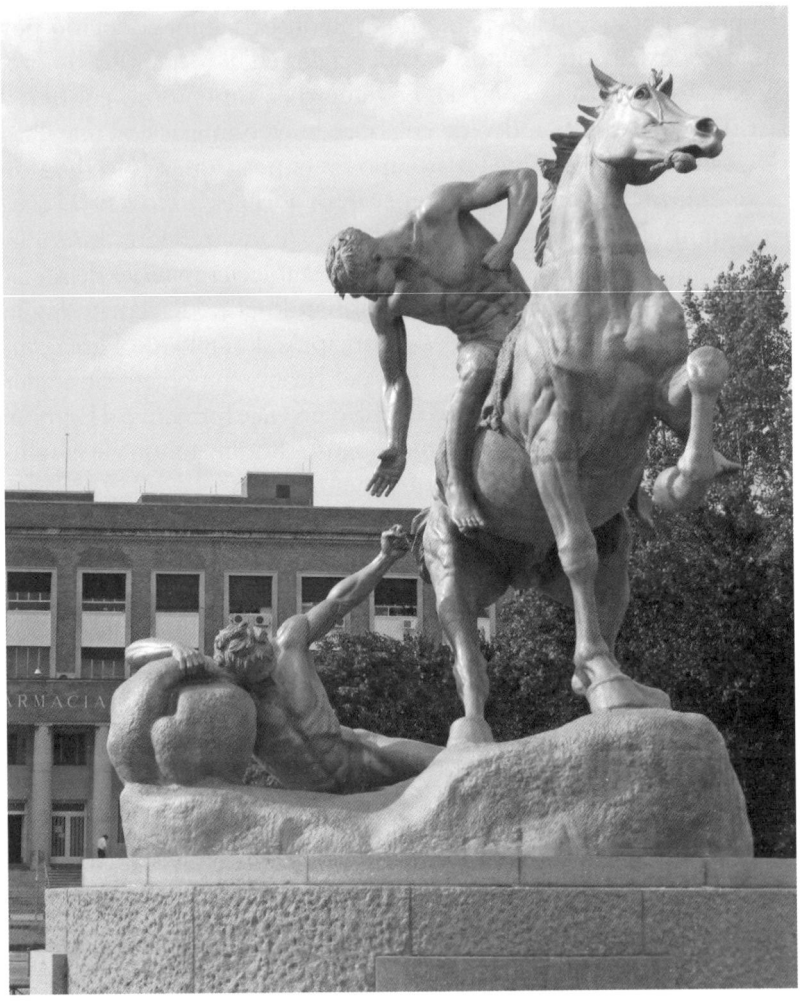

Figura 11. *Los portadores de la antorcha* de Anne Hyatt Huntington. Madrid.

junto a la sede de la institución neoyorquina. La escultura volvió a tener mucho éxito y se hizo una réplica para la ciudad de Sevilla, coincidiendo con la Exposición Iberoamericana.

Para mí, una de sus obras más sobresalientes y emblemáticas es *Los portadores de la antorcha* (Fig. 11). La composición de este grupo escultórico es un notable tributo a la transmisión de la cultura. Capta el instante en que un joven, montado sobre un corcel, detiene su avance para recoger la antorcha de la «civilización» de un atleta exhausto. Realizada entre 1950 y 1953, la obra tuvo que afrontar considerables desafíos durante el proceso de fundición del aluminio en Long Island, al ser una de las mayores esculturas del mundo realizadas en este material. La artista generosamente donó la obra a la Universidad Complutense de Madrid, donde se exhibe en la plaza de Ciudad Universitaria, frente a la Facultad de Medicina. No obstante, existen diversos ejemplares de esta escultura: dos de ellos llegaron a España –uno a Madrid y otro a Valencia–, tres se encuentran en Estados Unidos y otro en La Habana.

Está claro que el ambiente artístico estadounidense estaba preparado para permitir el acceso de mujeres a este tipo de trabajos artísticos. También hemos visto cómo esos trabajos se valoraban y apreciaban en Europa. Pero ¿qué ocurre con el ambiente artístico español? ¿Hay mujeres que se dedicasen a la escultura monumental?

En el catálogo de la exposición «Invitadas» en el Museo del Prado, comisariada por Carlos G. Navarro en 2020, hay un capítulo dedicado a la escultura, escrito por Leticia Azcue, que se titula «Catorce escultoras españolas entre 1833 y 1931, casi una ficción», con un más que interesante subtítulo: «El caso extraño de una señorita, exponiendo en 1887 en la sección de escultura». La frase no puede ser más elocuente: una señorita exponiendo en la sección de escultura era algo verdaderamente poco usual, tanto como para suscitar ese titular.

Es cierto que, entre los profesionales de las Bellas Artes, el número de quienes se dedicaban a la escultura siempre fue menor que el de los pintores, por lo menos desde el establecimiento de los estudios académicos. En otros periodos en los que la enseñanza era gremial, era más fácil que un maestro acabara enseñando el oficio a su descendencia, independientemente de que fueran hombres o mujeres. Así, conocemos la actividad artística de Andrea y Claudia de Mena, hijas de Pedro de Mena y Medrano, que acabaron profesando como monjas en el convento de Santa Ana de Bernardas de Málaga. También tenemos perfectísimamente documentada la obra de Luisa Roldán, hija de Pedro Roldán, que llegó a ostentar el cargo de escultora de Cámara de Carlos II. Para la obtención de este cargo realizó el monumental *San Miguel Arcángel* de tamaño natural hecho para el monasterio de El Escorial y que hoy se exhibe en la Galería de las Colecciones Reales de Patrimonio Nacional en Madrid como una de sus obras estrella.

Azcue comienza su texto con la siguiente reflexión: ¿sabría el lector dar el nombre de alguna escultora española del siglo XIX? Seguramente la mayoría de nosotros respondería que ninguna. Si la pregunta se abre a alguna escultora española antes del XIX, contestaríamos con la mencionada Luisa Roldán y poco más. Pero es que, si preguntamos por escultoras internacionales anteriores al XX, nos podría salir el nombre de Camille Claudel y, si estamos más metidos en el mundo artístico, tal vez alguna de las escultoras norteamericanas con las que he iniciado este capítulo.

Ya comentábamos que uno de los motivos fundamentales que alejaban a las mujeres del ejercicio de la escultura era evidentemente práctico, puesto que la formación tanto para esta como para la pintura estaba fundamentada en el dibujo, pero la realización material requería mucho más espacio y generaba mucha más suciedad en la escultura. Por otro lado, los materiales para hacer los bocetos tridimensionales, basados en la técnica del modelado, eran habitualmente barro y escayola, y, cuando se pasaba a un material más sólido como piedra o madera, se debía tener dominio de las técnicas de talla con herramientas como bujardas, cinceles, martillos, gubias, escofinas, lijas o trépanos. Además, para proceder a pasar el modelo a la escultura final, normalmente más grande, se necesitaba una máquina como la del sacado de puntos, que era bastante aparatosa. De primeras, todas estas características de un taller de escultura harían que las mujeres que se acercaran a los oficios artísticos se acabaran decantando por la pintura, donde se podía trabajar en un espacio más reducido y con materiales menos complejos. Evidentemente, el trabajo físico asociado a la talla de piedra se consideraba algo masculino, por lo que la práctica de la escultura para mujeres se volvía doblemente en contra. Si ya era peliagudo para la mentalidad decimonónica que una mujer ejerciera un oficio asociado a la creatividad, lo era más si este requería de fuerza física. Todo este párrafo es la justificación tradicional de por qué hay pocas mujeres dedicadas a la escultura, pero en realidad estamos centrándonos en una concepción errónea de la creación, la que se queda en la realización material. Esta idea está mucho más clara en otras artes, como en la arquitectura, donde se suele asumir sin problemas que el autor de un edificio suele ser el arquitecto que lo proyecta, independientemente de su implicación en la construcción técnica. Pero en la escultura ha pesado mucho la idea del genio creador que modela y cincela con sus propias manos, cuando la realidad de los talleres escultóricos es que hay un maestro y muchos oficiales, colaboradores y operarios que hacen ese trabajo más duro.

En el transcurso del siglo XIX el foco de atención artística viró de Roma hacia París. Francia se había convertido en el centro fundamental del arte. Si miramos hacia el país vecino, tenemos algún ejemplo temprano de mujer escultora, como Clémence-Sophie de Sermézy, artista que se especializó en retratos en busto de yeso o terracota, y en pequeños grupos donde conjugaba una estética amable con el Neoclasicismo; tuvo una gran influencia en la localidad de Lyon, donde tenía un salón que reunía a la intelectualidad de la zona. También podemos destacar el caso de Félice de Fauveau, que pudo dedicarse profesionalmente a la escultura. Se formó primero en pintura con Hersent y Delaroche, y aprendió escultura junto a su hermano pequeño Hippolyte. Sus obras desprenden un gusto por la estética medieval, fundamentalmente del Gótico tardío, y suelen reflejar los mismos temas que las obras literarias que recrean ese periodo con los ojos y la mentalidad del XIX.

Pero Francia también discriminaba a las mujeres artistas, que tenían vetado el acceso de la Escuela de Bellas Artes de París, de tal manera que, si querían recibir formación, debían acudir a academias privadas como la Académie Julian, que cobraba más del doble a las mujeres que a los hombres. Con todo, en la Francia decimonónica podemos encontrar algunos nombres de mujeres dedicadas a la escultura: Berthe Morisot –como otros impresionistas, también hizo obras escultóricas–, María de Orleans, Marie-Louise Lefèvre-Deumier o Adèle d'Affry –quien firmaba con el seudónimo de *Marcello*–. Aunque, indiscutiblemente, el caso más conocido es el de Camille Claudel.

Si manejamos un manual de Historia de la escultura, tras el capítulo dedicado al Neoclasicismo suele venir otro para las corrientes que surgen a mediados del siglo XIX: Realismo e Impresionismo. Lo normal es que se cite una suerte de genealogía que, tomando como base las obras de Manuel Frémiet y Carpeaux, culmina en el escultor más célebre e influyente de la segunda mitad del XIX y el primer tercio del XX: Auguste Rodin. Por ejemplo, Juan José Martín González[6] le dedica este elogioso comentario: «Con su proa acerada consiguió romper el sólido baluarte del academismo. Si la primera victoria sobre el neoclasicismo la obtuvieron los pinceles románticos de Delacroix, fueron sus nerviosas manos las que abrieron la fosa de las frías imitaciones académicas».

En esta terna de los más influyentes e importantes escultores suele omitirse a e Camille Claudel, básicamente porque se la suele considerar una alumna aventajada de Auguste Rodin, y en su biografía se suele incidir en la relación sentimental entre ambos. Pero Claudel era una escultora interesante antes de conocer a Rodin. En la localidad de Nogent-sur-Seine, donde estaba instalada la familia Claudel, tuvo un primer contacto con los escultores Paul Dubois y su discípulo Alfred Bucher, de quienes recibió las primeras clases de modelado y la recomendarán su formación en París. En la ciudad del Sena, acudirá primero a la Academia Colarossi, una de las mencionadas instituciones privadas que no ponían tantos reparos a la hora de aceptar alumnas y que, además, les permitían acudir a las sesiones de desnudo, pero también en la Escuela de Bellas Artes, donde había sido admitida por su director Paul Dubois. Claudel es una excelente modeladora de barro, técnica con la que también trabajaba Rodin, y Camille pasó a ser una ayudante más en el taller del famoso escultor, interviniendo en algunas de las obras más emblemáticas del francés, como sus *Puertas del Infierno.* Claudel tuvo cierta fama en vida y expuso sus obras con asiduidad. Excluida del discurso oficial, hasta hace unos años no se ha hecho un esfuerzo por separar su obra de la de Rodin y darle el puesto que merece en la historia de la escultura. En 2017 se inauguró en Nogent-sur-Seine un museo dedicado a Camille en la que fue la casa familiar en esa localidad de la región de Champagne.

El acceso de las mujeres a una carrera artística venía marcado por el triunfo con alguna obra en los Salones o Exposiciones nacionales. En realidad, era la forma de acceso habitual para cualquier persona que quisiera triunfar en los ámbitos artísticos oficiales, más si cabe si se trataba de artistas femeninas. Estas iniciativas, las Exposiciones nacionales, solían estar asociadas a los sistemas de aprendizaje de las Academias de cada país o región, que para ver la evolución de los estudiantes y para otorgar las becas que permitieran

---

[6] Juan José Martín González, *Historia de la escultura,* cit.

ir a completar sus estudios al extranjero, normalmente Italia, se celebraban con periodicidad. Además, solía ser el lugar donde se presentaban proyectos para las instituciones públicas, como por ejemplo monumentos escultóricos. Así pues, si queremos saber cuántas españolas podemos contabilizar como escultoras en el siglo XIX, debemos ir a los índices de participantes en esos eventos. Eso sí, estamos lejos de encontrar obras monumentales que puedan compararse con, por ejemplo, las que hacían las escultoras neoclásicas norteamericanas.

Podemos destacar algunos nombres, vinculados en la mayoría de los casos a entornos familiares artísticos, como Eva Aggerholm, casada con Daniel Vázquez Díaz. También María Pérez-Peix, que estudió con José Clará y frecuentó el taller de Rodin, pero que firmaba con el seudónimo de *Telur,* porque en su entorno social no estaba bien vista su dedicación a la escultura.

Por sus circunstancias sociales y económicas, Helena Sorolla García, hija del famosísimo pintor valenciano, lo tuvo más fácil. Formada con José Capuz y seguramente con Mariano Benlliure, se centró en el estudio del desnudo femenino y en los retratos. Participó en diversas exposiciones y retrató a todos los miembros de su familia, ella incluida, pero abandonó su carrera para dedicarse a su familia, como ocurría con muchas de las mujeres que se acercaban a la creación artística. Podemos ver alguna de sus obras en el Museo Sorolla de Madrid, como su fabuloso *Desnudo de mujer* de 1919.

La conclusión a la que llega Leticia Azcue sobre la presencia de mujeres en la escultura en España es algo desoladora. Las interesadas lo fueron en función de las contingencias familiares; lo tenían más fácil si estaban educadas en un entorno familiar artístico o si las condiciones económicas eran lo suficientemente desahogadas como para permitirse el lujo de intentarlo. Las que iniciaron una carrera presentaron esculturas en Exposiciones Nacionales, pero pronto se pierde la pista sobre ellas, lo que hace pensar que dejaron de lado sus intereses artísticos por seguir el destino que la sociedad decimonónica otorgaba a las mujeres, esto es, matrimonio y familia. Las pocas que lograron ser escultoras no podían escapar en sus obras de los temas y formatos relacionados con su condición femenina.

Pero ¿y cómo musas? Al inicio de este capítulo hablábamos del papel pasivo de las mujeres en la Historia del arte, siempre como modelos, nunca como protagonistas activas de la creación. ¿Se puede mantener esta afirmación en la escultura monumental? Como venimos viendo a lo largo del libro, el momento de mayor eclosión de este tipo de obras es precisamente el de la constitución del Estado liberal en el siglo XIX, con las que se trataba de construir un relato en el que se exaltaban a figuras de relevancia histórica o momentos del pasado que se querían reivindicar. Como ha estudiado Silvia Gas[7], las mujeres quedaban excluidas del relato, como grupo marginal. En su libro, Gas, compara los monumentos de dos ciudades europeas, Madrid y Estocolmo, con unos resultados muy interesantes: de las 212 esculturas analizadas en la capital sueca, el 32% representaban a mujeres, frente al 50% que lo hacía a hombres. En Madrid, de 330 esculturas analizadas, poco más del 22% representaba a mujeres, frente a un 77% dedicadas a hombres. Más interesante aún es que, en ambos casos, la mayoría de esas figuras femeninas en monumentos públicos son representaciones de alegorías o virtudes. También pueden aparecer como personajes secundarios en obras dedicadas a un hombre, por lo general figuras que se acercan en gesto de agradecimiento por los logros o gestas del homenajeado. En sus conclusiones, plantea una cuestión que considero pertinente y necesaria para este ensayo: ¿qué sentido tienen las esculturas conmemorativas en el espacio urbano actual si ya no responden al contexto social, económico y político que las creó? ¿Deben permanecer en el espacio público si ya no representan a la sociedad que las creó? Es importante hacer esa reflexión, porque es la manera de entender por qué, en un momento dado, un monumento público deja de representar los valores de una comunidad y llega incluso a molestar.

Por todo ello, cuando una mujer con nombres y apellidos, con un peso en el pasado, acaba, de manera bastante excepcional, por formar parte de una escultura monumental, cabe preguntarse los motivos. En algunos casos, no se debe al reconocimiento de sus actos o a su heroicidad, sino al hecho de ocupar un cargo: reinas y reinas consortes. Solo la figura de Isabel la Católica puede esquivar este grupo, por su peso específico en el relato del pasado. Si hacemos un rápido recuento de los principales monumentos públicos

---

[7] Silvia Gas Barrachina, «La historia fragmentada de los monumentos públicos: el proceso de identificación y su significado en la actualidad», cit.

erigidos a mujeres, con nombre y apellidos, en el siglo XIX español, el panorama sería el siguiente: el monumento a Mariana Pineda de Granada, de 1866, obra en mármol de Francisco Morales; el de Isabel la Católica en la misma ciudad, de 1892, obra en bronce de Mariano Benlliure; el de esta misma reina en Medina del Campo, de 1904, salido de las manos de Aurelio Rodríguez y Vicente Carretero; otro más en Madrid, de 1883, obra en bronce de Manuel Oms; los dedicados a Isabel II, en Madrid, Oviedo y Palma de Mallorca; el de Agustina de Aragón en Zaragoza, obra de Benlliure de 1908; el de Concepción Arenal en Ourense, obra de Aniceto Marinas de 1898; el de la reina Bárbara de Braganza, obra en piedra de Mariano Benlliure de 1887; el de María Cristina de Borbón, también por Benlliure en 1891; el dedicado a Casilda Iturrizar, obra de Agustín Querol de 1906; el dedicado a María Cristina de Habsburgo en Donostia, de 1913, obra realizada en piedra por Piqué. La verdad es que no son muchos y, como acabamos de decir, pocos les están dedicados por sus hechos o actos.

Está en nuestra mano resignificar los monumentos y, en ocasiones, llamar la atención sobre sus presencias y ausencias, pues las esculturas monumentales pueden ayudar a visibilizar un problema como el de la igualdad real de hombres y mujeres. A modo de ejemplo y, para concluir el capítulo, vamos a mencionar una acción que tuvo lugar en octubre de 2018. Aprovechando la celebración del Día Internacional de la Niña, la ONG Plan Internacional colocó una leona de cartón de color azul en la escalinata del Congreso de los Diputados, junto a la pareja de Leones de Ponciano Ponzano de la que ya hemos hablado. Con ello se pretendía poner de relieve la exclusión sistemática que el sistema ha ejercido tradicionalmente sobre las mujeres. No tardaron en salir defensores y detractores de la medida; entre los últimos, muchas voces refrescaron la historia de que los leones del Congreso, Daoíz y Velarde, en realidad serían Hipómenes y Atalanta, los personajes del mito asociado al ciclo de Cibeles, por lo que, aunque con melena, uno de los leones siempre fue leona.

El problema que yo veo es que no está nada claro que los leones de Ponzano sean una referencia a la iconografía clásica, al mito de Cibeles; no tiene sentido en el programa iconográfico del Congreso. Sin embargo, sí que lo tiene el que sean representaciones del poder, sin más, tal como hemos comentado antes. No obstante, y para que el lector tenga toda la información, hay que señalar que quienes se acogen a la historia del mito, se basan en un dato curioso, pero no fácil de ver si no te lo comentan y te fijas: uno de los leones tiene testículos y el otro no. Para ello hay dos posibles explicaciones –tres si seguimos la tradición oral–. La primera es que, durante el transporte a Sevilla de los modelos para hacer los moldes y sacar las esculturas en bronce, esa parte de la anatomía del león se perdió o se golpeó. La segunda, que la postura de las patas y la cola del león hacía innecesario esculpir esa parte, pues no se iba a ver. La tercera –la tradición oral–, que en ese segundo león se quedaron sin bronce de los cañones y esa parte de su anatomía quedó inacabada. En cualquier caso, cualquiera de estas explicaciones resulta más lógica que buscar en la mitología una historia que no tiene mucho que ver con el programa iconográfico del conjunto, solo para afirmar que sí que hay una presencia femenina encubierta en los leones del Congreso.

# 7. El largo siglo XIX
## «Metálico en el jardín botánico»

En Historia hemos creado un sistema de cronología que nos ha hecho la vida más fácil, no cabe duda, pero en ocasiones nos ha esclavizado en exceso. Todos mis profesores, y yo mismo lo hago, decimos esa frase de «las etapas históricas no son cajones estancos, un día no te acuestas en la Edad Media y te levantas al siguiente en el Renacimiento», y, aunque esta afirmación es verdad y todos la entendemos, en ocasiones nos ha creado más de un problema. En las páginas que llevas leídas hasta ahora, y también en las venideras, mi intención es, además de la obvia –hablar sobre monumentos conmemorativos–, explicar cómo funciona el relato de los hechos del pasado. Pues bien, muchos de los prejuicios y de los problemas que hoy día nos encontramos al hablar de las esculturas, de los pedestales, de a quién subimos y a quién bajamos, de si hay que dejarlos o quitarlos, vienen del siglo XIX, un siglo que históricamente duró mucho más de cien años. Leyendo el fantástico libro de Daniel Aquillué *España con honra*[1] me encuentro con una cronología que se ajusta bastante a la que tenía yo en mente: 1793-1923. Es difícil consensuar una cronología del siglo XIX en general, porque esta de Daniel vale para España, pero en Historia Universal suele usarse 1789-1914, y en España, en ocasiones, se prolonga hasta 1936. En el fondo da un poco igual, las raíces de los cambios profundos que se producen en las formas de gobierno, en la economía, en la propiedad, en la sociedad, en las mentalidades, en definitiva, en todos los aspectos de la vida y las relaciones del género humano, en la cultura occidental en el siglo XIX, hunde sus raíces en el final del XVIII, en el desarrollo de las ideas de la Ilustra-

---

[1] Daniel Aquillué, *España con honra,* Madrid, La Esfera de los Libros, 2023.

ción, y podemos ver sus huellas hasta bien entrado el siglo siguiente, el XX. En el ámbito general, mal llamado Universal, se suele usar la fecha del inicio de la Gran Guerra, pero para el ámbito hispánico, neutral en ese conflicto, se puede usar la fecha del inicio de la dictadura de Primo de Rivera o directamente el inicio de la Guerra Civil. No quiero adelantarme mucho, pero lo mismo el siglo XIX no sale del todo bien parado en este capítulo... o sí, quién sabe.

Aquillué, para hacer balance o conclusión de su ensayo, usa un guiño a los Monty Python y su famosísima escena de *La vida de Brian* (*Life of Brian,* 1979) en la que se preguntan qué han hecho los romanos por Palestina. A la cuestión «¿qué nos ha dado el siglo XIX?», responde que el parlamentarismo, el Estado de derecho, la red de ferrocarriles, la mayor parte de nuestras fiestas y, por supuesto, las croquetas. Llegados a este punto, a mí ya me ha ganado, algo bueno tendrá el XIX si nos ha dado las croquetas y la tortilla de patatas, dos símbolos de la cultura española. Pero si lo pensamos, además, nos ha dado la inmensa mayoría de los nombres de nuestras calles, los señores de bronce que nos miran encaramados a pedestales de piedra o los símbolos que entendemos como propios, todos proceden prácticamente del XIX o de la utilización que se hizo en ese momento de los hechos del pasado. Por eso merece una atención especial, porque entendiendo cómo se construyeron los relatos del pasado en esos años, cómo se intentó justificar el modelo de sociedad decimonónica en ciertos personajes o hitos, y cómo se intentó adoctrinar a la población que, a lo largo de dicho siglo, dejó de estar compuesta por súbditos para ser ahora ciudadanos, comprenderemos por qué algunos de esos símbolos ya no funcionan o por qué sí. Y es que, al final, lo importante es conocer el contexto.

El siglo XIX supone un cambio importante en el paradigma de las sociedades occidentales. Frente al llamado Antiguo Régimen, surge uno nuevo que ha de buscar referentes y justificar sus posiciones. Por ello, todo lo relativo al conocimiento, a la cultura, a las manifestaciones artísticas de toda índole, va a sufrir un proceso de identificación con los ideales que están apareciendo en estos momentos. Además, se buscará de manera consciente involucrar a la población apelando al sentimiento, lo que en ocasiones llevará a una reacción visceral, pues esos cambios no se producen sin cierta violencia. El siglo XIX es conocido como el siglo de las Revoluciones burguesas, y dos ideologías nuevas van a imbricarse en todas las manifestaciones culturales: nacionalismo y liberalismo.

Cuando nos hablan de estos cambios, normalmente se nos mencionan dos hechos históricos importantes: por un lado, la Revolución industrial, que se inicia en Reino Unido a mediados del siglo XVIII, y, por otro, las Revoluciones liberales, que comienzan con la Revolución francesa a finales del mismo siglo. Ambos son cruciales porque acaban con dos de los elementos en los que se sustentaba el Antiguo Régimen: el sistema económico mercantilista, basado en la propiedad de la tierra, y el sistema político, basado en la monarquía absolutista. Por el camino, iban dinamitando el orden social anterior, basado en grupos bastante cerrados, llamados estamentos, en los que la pertenencia venía determinada por el nacimiento. Frente a este modelo, surge la sociedad de clases, basada en las posesiones económicas. Una nueva clase social, la burguesía, que detenta el poder económico, va a aspirar a conseguir el acceso al poder político, siendo así la protagonista de todos los movimientos revolucionarios hasta mediados de siglo. Consecuentemente, su modelo de vida, de conducta y de pensamiento también van a protagonizar todas las esferas de las relaciones humanas. Sus códigos sociales, políticos, morales van a llenar novelas, óperas, discursos y, por supuesto, obras de arte. Además, durante el siglo XIX las ciudades europeas van a conocer una profunda transformación, al pasar del modelo preindustrial al de ciudad industrial: se van a derribar las antiguas murallas y surgen los ensanches burgueses, los nuevos espacios públicos de relación social y, claro, la oportunidad de llenar estos espacios públicos con esculturas conmemorativas de hechos, logros, ideales o convenciones que legitimen a la nueva sociedad y sus valores. Es la edad de oro del monumento público en Occidente.

No hay que perder de vista el importante influjo de las ideas de la Ilustración en la conformación de todo el pensamiento del siglo XIX hasta hoy. En ese sentido, el fenómeno de los espacios públicos como lugares de recreo, pero también de enseñanza, hunde sus raíces en ese pensamiento ilustrado, valga recordar cuando hablamos del programa de Carlos III para el Paseo del Prado: Museo de Ciencias Naturales, Jardín Botánico, Observatorio astronómico como edificios dedicados a la cultura y al aprendizaje, amenizado por toda una serie de esculturas: *Cibeles, Apolo y Neptuno*. El *Apolo* de Alfonso Bergaz tiene la misma pose que el escultor usó para el propio rey Carlos III en la escultura que el cónsul de la ciudad de Burgos, Antonio Tomé, erigió en esta ciudad en honor al monarca en 1784. Una copia de esta misma escultura de bronce preside hoy día, desde 1983, el paseo central del Jardín Botánico de Madrid.

Cuando el estallido revolucionario iniciado en Francia visibiliza que es posible un orden nuevo, que las ideas y postulados que teóricamente desarrollaron los pensadores ilustrados podían llevarse a cabo, se va a prender una mecha que generará intentos de cambio por toda Europa, pero también en América. La paradoja más profunda es que la Revolución francesa, que empieza siendo una revuelta de nobles y que es aprovechada por los burgueses para acabar con los privilegios de los estamentos del Antiguo Régimen, se transformará en un Imperio, con la figura de Napoleón. Y esto, que parece una contradicción, responde al contexto: cuando la Revolución peligra, la disidencia y la tibieza interna son peligrosas y los líderes revolucionarios optan por una vía más extrema, impidiendo cualquier discrepancia interna; pero, una vez que el peligro ha cesado y la Revolución ha triunfado, se produce una reacción de los grupos más conservadores, que tiene como momento culmen el acceso al poder de Napoleón. La susodicha paradoja es que el Imperio napoleónico es fruto de la Revolución y sus integrantes son fieles al espíritu de esta, por lo que, en su expansión por Europa, no hará sino exportar las ideas revolucionarias. De aquí derivan las dos constantes más importantes del XIX: el liberalismo, que pretende acabar con el Antiguo Régimen, y el nacionalismo, la concepción de que los pueblos se constituyen en naciones y que las naciones han de aspirar a tener su propio Estado. Para exaltar estas ideas y justificarlas, se hará una relectura del pasado, buscando esos momentos en los que se puede hablar de un pueblo en lucha, por sus libertades o por obtener o mantener, dependiendo de los casos, su independencia.

No está de más profundizar algo en estas ideas, porque la implicación que tenía la adopción de las nuevas ideas en el siglo XIX generó en todo el ámbito occidental el periodo de las Revoluciones liberales. Las transformaciones radicales en los modos de relación social, económica e incluso religiosa entre los diferentes grupos, así como el encumbramiento la burguesía necesitaban de referentes que apoyaran toda la construcción de este nuevo entramado. Si observamos la nómina de monumentos públicos erigidos en el ámbito europeo en este periodo, podremos constatar cómo se ensalzan valores que tienen que ver con esta nueva concepción de la sociedad y, sobre todo, de la economía. Muchos de los protagonistas van a ser empresarios, constructores y políticos.

Entre los cambios que propiciaba la nueva sociedad y mentalidad, está el abandono de los sistemas tradicionales de enseñanza artística, basados en la concepción gremial del taller. Frente a esa manera, la Ilustración y el nuevo sistema opta por la creación de las academias de Bellas Artes. El sistema de aprendizaje de la academia se basaba en potenciar los conocimientos más intelectuales, basando la enseñanza en el dibujo. Para ello, se van a crear cartillas de dibujo que los alumnos han de copiar, pero también se van a copiar réplicas en yeso de las esculturas de los clásicos. Las instituciones y los poderes públicos van a acudir a las academias en busca de los artistas para que realicen los encargos de monumentos. Solo los más aventajados, según el criterio de la academia, son los que van a recibir encargos públicos, que, en la nueva sociedad burguesa, son un sustituto importante de los antiguos mecenas. Al adoptarse los sistemas de enseñanza académica en prácticamente todos los lugares del ámbito cultural occidental, el lenguaje de sus estudiantes va a ser bastante similar en todas partes. Eso tiene como ventaja, que, aunque uno no sepa quién es el homenajeado –lo digo en masculino con toda la intención, no porque sea la acepción del genérico–, siempre va a entender los códigos de lectura de estos artefactos: tanto el gesto como el tamaño y la forma del pedestal nos ayudarán a comprender que el monumento está consagrado a un prohombre, un padre de la patria, un militar esforzado o un genio de las letras o de las artes. Por otra parte, el control de las academias suponía también la creación del concepto de buen gusto, que evidentemente era el que venía avalado por la institución, y la necesidad de hacer accesible a cada vez una mayor parte de público esos criterios de autoridad estética con la aparición de la crítica de arte.

Si repasamos la trayectoria de la escultura del siglo XIX y la comparamos con los avances y preocupaciones de los sistemas liberales y los nacionalismos, veremos una perfecta conexión. A esto hay que sumarle el papel que van a desempeñar los Estados, una vez constituidos en sistemas liberales, en la promoción del arte mediante el sistema de concursos nacionales, salones o cualquier alternativa parecida. En ellos, los alumnos de las academias, normalmente también bajo control de las instituciones políticas, presentaban sus trabajos en las diferentes artes en una exposición que tenía una periodicidad fija y en la que, además de conseguir premios de diferentes clases, podían optar a una beca de estancia de estudios en el extranjero o a la compra de la obra por parte del Estado, lo que suponía su exhibición en un espacio público (por ejemplo, un museo). En el caso de la escultura, lo habitual era presentar a los concursos obras en materiales como barro o yeso, más económicos y con los que se solía trabajar en los primeros estadios de composición de relieves o bultos redondos. La posible adquisición de una pieza por parte del Estado u otra institución, o la obtención de una medalla, podía generar que la obra se pasara a un material más duradero, piedra o bronce, y terminase siendo colocada como monumento público.

El arte que tiene que reflejar esta nueva sociedad va a tener que aliarse además con la preponderancia que la Ilustración da a la razón. Por eso se propugna un cambio importante en el paradigma artístico. Si el arte del Barroco y el Rococó apelaba al sentimiento, al exceso, a la extravagancia, y se asociaba a la representación del Antiguo Régimen, el nuevo arte que represente a la nueva sociedad debe apelar a lo racional, a la sencillez y la claridad formal y conceptual. A ese espíritu racional se une una búsqueda arqueológica del pasado, y ambos darán pie a la estética neoclásica. Es decir, la reproducción, lo más fiel posible, de objetos, vestimentas, etc., de la época que se trata de representar, fundamentalmente la Antigüedad clásica. La implicación política de los principales artistas neoclásicos franceses dotará, además, de modelos artísticos a todos estos cambios. La vinculación política de artistas de primer orden, como el francés Jacques-Louis David, hace que sus figuras se vean no solo como modelos en cuanto a la estética, sino también modelos de conducta ética y política, como puede ser el gesto de los hombres en su famosísimo *El juramento de los Horacios*.

El Neoclasicismo, como corriente artística, pretende acabar con el espíritu exaltado del Barroco, buscando serenar las formas. Para ello propugna una vuelta hacia los modelos clásicos, pero a diferencia del Renacimiento, cuya mirada al pasado era más una inspiración, ahora se buscará una sujeción mayor a estos. El problema es que los modelos que se entienden en ese momento del pasado clásico son básicamente copias romanas en mármol de originales griegos. En muchos casos, esas esculturas habían perdido la policromía original y se entendía que en la Antigüedad se dejaba el mármol en su color blanco. Además, al tomarlos como un ideal insuperable, solo cabe copiarlos al pie de la letra, por lo que a los artistas les va a interesar la belleza puramente formal. De esta forma, el ideal que se establece es la escultura en mármol, siguiendo esos modelos griegos o romanos, con una preocupación por la anatomía, el canon y las proporciones.

Antonio Canova, el gran ejemplo de escultor neoclásico, creará el prototipo de monumento de personaje contemporáneo, pero siguiendo los modelos antiguos, en una simbiosis interesante que imitarán el resto de escultores europeos y americanos. Su *Retrato de Napoleón* en la Galería Brera de Milán, del que existe la versión en bronce en el patio y en mármol en el interior del museo, sería el paradigma: con un desnudo heroico, que remite a los modelos clásicos de la estatuaria griega y romana, en una mano una victoria alada –que a su vez es cita arqueológica de la *Atenea Partenos* y el *Zeus de Olimpia,* las grandes esculturas de Fidias– y una lanza en la otra, en la que sostiene también una túnica. También de Canova es el retrato de *Leticia Bonaparte* en una *chaise longue* como si fuera una matrona romana.

Si miramos a España, uno de los mejores escultores neoclásicos, Álvarez Cubero, ofrece en *La defensa de Zaragoza* paralelismos con el concepto de Canova. Cubero representa un hecho contemporáneo, la resistencia de la ciudad aragonesa en la Guerra de la Independencia, como si de un hecho mitológico antiguo se tratara, los dos personajes, un anciano y su joven hijo que le defiende, remiten a modelos clásicos, como el *Gálata moribundo,* copia romana de un original griego, o el *Hércules y Licas* de Antonio Canova. Este grupo escultórico, que se pasó a mármol por voluntad de Fernando VII, se expuso en el interior del Museo del Prado, pero también en el parque del Retiro, en los Jardines del Museo de Arte Moderno, sede actual del Arqueológico Nacional y la Biblioteca Nacional, y también en el exterior del Casón del Buen Retiro, donde sufrió varios actos de violencia. También de Álvarez Cubero es el retrato sedente en piedra de la reina *Isabel de Braganza,* siguiendo el modelo de la *Leticia Bonaparte* de Canova, y ejemplos de matronas romanas que eran conocidos en los ambientes académicos de Roma. El retrato de la reina de Cubero ejemplifica a la perfección ese estilo internacional del Neoclasicismo: una obra serena y delicada en los detalles. La reina, vestida a la moda imperio y tocada con diadema con perlas, muestra en su mano una corona de laurel. El escultor muestra una preocupación por la belleza atemporal, que hace que la retratada en realidad no se asemeje mucho. La escultura se presentó con gran éxito en el salón de París de 1827 y actualmente se conserva en el Museo del Prado y se exhibe en el vestíbulo de entrada por la puerta de Velázquez, para recordar que fue esta reina la principal promotora de la creación del museo.

Según se avanza por el siglo XIX, aunque se siga manteniendo el neoclasicismo, se va introduciendo en la escultura el gusto por el realismo en la técnica. Se abandonan las vestimentas clásicas y la alusión evidente a los modelos del pasado, para centrarse en tratar de ser lo más cercano posible a la realidad de lo que se quiere representar, dando origen a la corriente que podemos llamar realismo historicista. De este modo, toman gran relevancia la coherencia entre el personaje y su representación, la correcta indumentaria y la cita arqueológica si se trata de un personaje del pasado. A la vez, el gusto por las nuevas temáticas del Romanticismo y el Realismo, que triunfan en otras artes, se verán reflejadas en la escultura. Como novedad, frente a la idealización del periodo anterior, se va a preferir una representación más cercana a los modelos, sobre todo en el retrato, tratando de captar la expresión del personaje, su hondura espiritual.

En Francia podemos destacar la obra de François Rude, autor del grupo escultórico *La Marsellesa* en el Arco de Triunfo de París. En España podemos incluir en esta categoría la obra de José Gragera, autor de la desaparecida estatua de *Mendizábal,* así como a los hermanos Valmitjana, del que destaco a Agapito, que es el autor de un *Cristo yacente* que ahora se exhibe en el Museo del Prado, que reproduce en la cara de Cristo el rostro de su amigo el pintor Eduardo Rosales. Frente a las representaciones ideales, Valmitjana usa un modelo real para su cristo yacente, un rostro con una belleza que no pretende ser atemporal e ideal. También es suyo el *Monumento ecuestre a Jaume I* en Valencia, que conjuga el ejemplo clásico del retrato ecuestre con la erudición arqueológica en el atuendo y armas del rey aragonés.

La evolución estilística de la escultura decimonónica pasará a tratar de romper la fuerte dependencia de los modelos clásicos, del academicismo. Para ello se buscará resaltar en la escultura los detalles que podemos llamar «pictóricos», todo aquello que rompa la lisa superficie del mármol o del bronce. Con ese objetivo, se recurrirá a recursos técnicos que vienen del modelado del barro, como usar pegotes de arcilla con los dedos, que producen superficies rugosas en las que la luz incide generando grandes luces y sombras, rompiendo, en definitiva, la suave superficie de la tradición academicista. Estos recursos expresivos tienen su referencia en el último Barroco, que ahora se toma como inspiración. En paralelo a esta evolución técnica, se produce también un cambio en los temas a tratar: además de lo histórico, aparece el tema social, la Revolución industrial y sus nuevas formas de trabajo. También, como parte de la exaltación de la libertad, se mirará a Oriente como ideal que representa la no sujeción a los cánones y rígidas normas académicas, como un ideal de libertad creativa, pero sin un conocimiento profundo ni específico de esos ejemplos orientales que simplemente inspiran y ambientan.

A finales del XIX, el maestro indiscutible de la escultura en toda Europa y parte del extranjero es Auguste Rodin, autor francés que ya ha aparecido varias veces en nuestro relato. Es normal, porque seguramente sea el escultor más influyente de la Historia del arte, así en general. Rodin y Camille Claudel cambiaron el concepto de la escultura academicista. Por un lado, buscaron la expresividad de la materia y, con ello, aumentar la intensidad espiritual y dramática de las figuras; pero, por otro, también dieron importancia a los espacios vacíos de las esculturas, abriendo un camino que luego desarrollará al máximo el siglo XX. Además, Rodin jugará con un concepto que hasta ese momento era tan importante como la escultura, el pedestal. Ese elemento que eleva la estatua y la coloca literal y conceptualmente por encima de nosotros. En algunos casos, Rodin convertirá a la escultura y su pedestal en una única pieza, en otros empezará a prescindir de este elemento.

Los ecos en España de esta corriente los tenemos en nombres tan importantes como Agustín Querol, Miquel Blay o Mariano Benlliure. No me resisto a transcribir el comentario que Martín

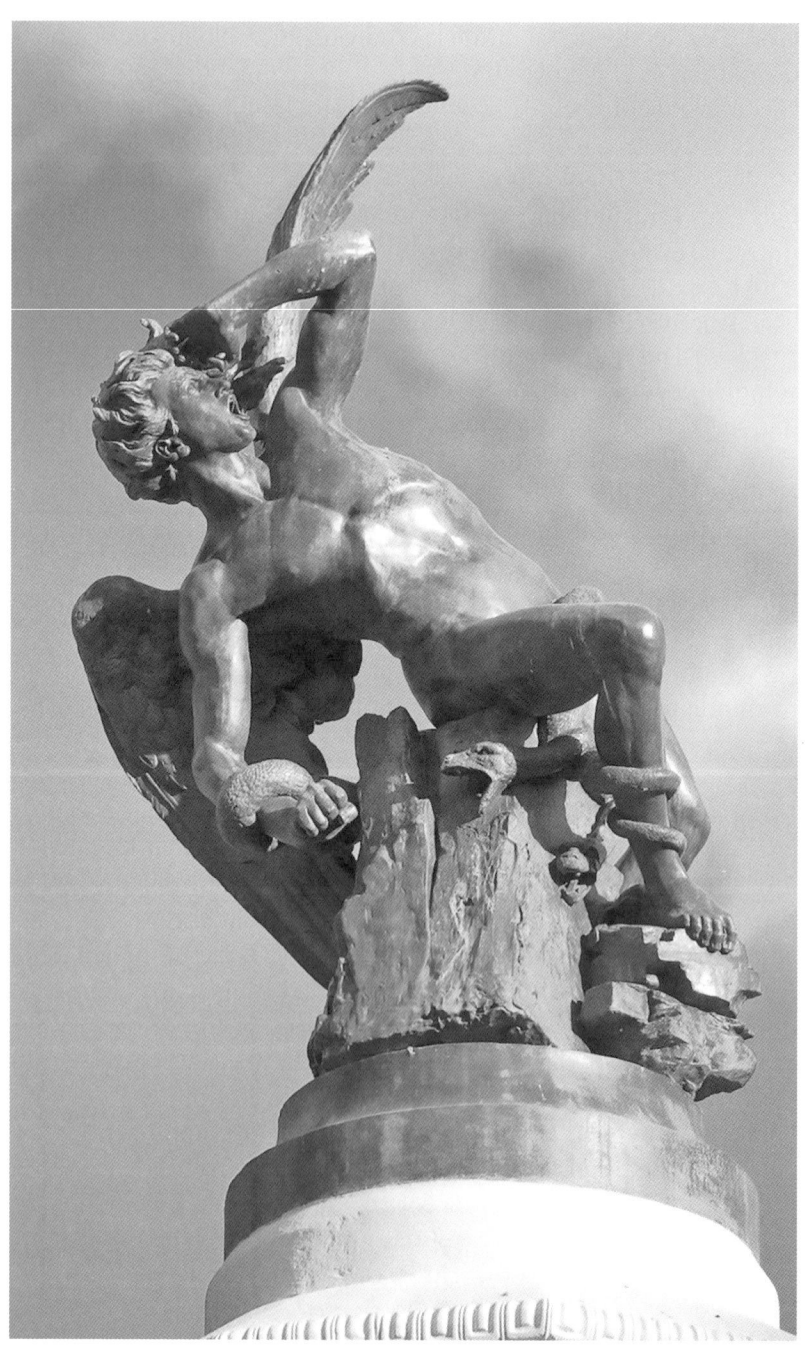

Figura 12. *El Ángel caído* de Ricardo Bellver i Ramón. Madrid.

González le dedica al primero, porque es muy sintomático de cómo veía la historiografía tradicional el concepto de genio y sobre todo el problema de la autoría y los talleres:

> En este escultor se nos ofrece el caso del artista que dilapida sus dotes por entregarse al ansia de las riquezas. Hombre influyente, gozó del favor de Cánovas del Castillo, y tomó parte en toda clase de jurados de arte. Le llovieron encargos, que aceptó sin parar mientes en la posibilidad de cumplimentarlos, cosa que hacía valiéndose de colaboradores. Llegó incluso a montar una verdadera *fábrica* de escultura en su domicilio, industrializando su producción. Su crédito llegó hasta América, para donde hizo numerosos monumentos. Su forma denuncia la costumbre de proyectar en barro[2].

En realidad, la manera de entender la escultura de Querol, que tanto critica Martín González, está en la órbita de cómo la entendía también Rodin y muchos otros artistas, como ya hemos mencionado varias veces.

Si tuviera que ejemplificar en un único monumento público todas estas características que estamos exponiendo sobre el siglo XIX y la manera de acceder a la exposición pública, lo haría con un monumento muy peculiar, *El Ángel caído* de 1878 por Ricardo Bellver i Ramón (Fig. 12). Esta escultura de 2,65 metros de alto, la realizó durante su tercer año de pensionado en Roma. Su exposición en la Ciudad Eterna le granjeó numerosas alabanzas. Presentada a la Exposición Nacional de Bellas Artes de Madrid, se le concedió la Medalla de Primera Clase. Ante este triunfo, la Academia Española en Roma solicitó que el Estado costeara el vaciado en bronce de la obra, ya que para ellos merecía ser llevada a la Exposición Universal de París. Ambas cosas, el vaciado y el envío a París, se llevaron a cabo, y luego la escultura se instaló en el madrileño parque del Retiro. Para su ubicación en el lugar que había ocupado anteriormente la fábrica de porcelana del Buen Retiro, se encargó un pedestal al arquitecto Francisco Jareño, que ideará uno que a la vez fuese una fuente pública. El conjunto se inauguró en 1885. Esta escultura monumental, una de las pocas dedicadas al Diablo

---

[2] Juan José Martín González, *Historia de la escultura,* cit.

como monumento público, es un prodigio de anatomía, expresividad y citas clásicas, todo lo que se busca en una escultura académica. La serpiente enrollada en el cuerpo desnudo nos remite al grupo del *Laocoonte* y la expresividad del rostro está en relación con las esculturas francesas de Carpeaux o el mismo Rodin. Es lógico, pues, que gustara en los ambientes académicos y que, una vez fundida en metal, se aprovechara como ornato público. La pieza, adquirida por el Estado, pasó a formar parte de las colecciones del entonces Museo de Arte Moderno, que acabó fusionándose con el Museo del Prado, institución a la que pertenece actualmente, como ocurre también con el grupo de Daoíz y Velarde de Antonio Solá. Es decir, son eso que antes se llamaba «Prado disperso» y que ahora se ha cambiado muy inteligentemente por «Prado extendido».

Hemos recorrido los estilos artísticos en escultura decimonónica, pero igual de interesante es hacer referencia a la evolución en los temas más populares en este siglo, lo que determinará su recepción en exposiciones o salones, con el importante papel de la crítica de arte y la prensa. En parte, ya nos hemos referido de soslayo a los mismos, porque la evolución estilística va de la mano de la propia evolución histórica y eso se refleja en el cambio de gustos y de temáticas. Durante gran parte del siglo XIX la escultura va a la zaga de la que es seguramente la protagonista de la Historia del arte en ese periodo, la pintura.

En la pintura del siglo XIX, y a raíz del sistema de exposiciones nacionales, se empezó a utilizar los acontecimientos históricos del pasado para reivindicar en ellos elementos que conectaran con el relato de la construcción del Estado liberal o con la exaltación nacionalista, dependiendo del caso. Entre los artistas españoles, los acontecimientos que más significativamente se representan tienen que ver con el reinado de los Reyes Católicos, pues el matrimonio de Isabel y Fernando, y su consabida unión dinástica, se tomaban como el momento de la creación del Estado español. También se valorarán positivamente las historias relacionadas con los reinados de los primeros Austrias. La evolución de esta corriente interesada en los grandes acontecimientos del pasado, en especial de esos hitos fundacionales de la nación, pasará a fijarse en anécdotas secundarias de la vida de estos y sus familiares, más preocupados en la captación de atmósferas, ropajes, y recreación de espacios, sin importar tanto la trascendencia histórica del hecho representado. Esta revisitación del pasado se va a ver también reflejada en la escultura monumental.

Esta exaltación de las gestas de antaño, con los Reyes Católicos como eje fundamental, irá en aumento según se vaya acercando la fecha de celebración del IV Centenario del Descubrimiento de América. Para esta efeméride se organizaron una serie de eventos diseñados para celebrar el primer viaje de Colón a América en 1492 y destacar la trascendencia de este acontecimiento en la historia mundial. La conmemoración abarcó tanto a Europa como a América, centrándose cada país en aspectos específicos, como la figura de Cristóbal Colón, la evangelización de América y aspectos culturales americanistas. Se subrayó también la importancia de los marineros andaluces en este viaje inaugural. Durante este periodo, se acuñaron medallas conmemorativas, se llevaron a cabo congresos humanistas y literarios relacionados con el mundo hispanoamericano, y se erigieron diversos monumentos. Se recuperó y reivindicó la figura de Colón, que hasta ese momento no había tenido mucho peso en el relato tradicional del descubrimiento y conquista del territorio americano. Colón es un personaje oscuro en la historia, seguramente porque él mismo quiso que así fuera. Sabemos que tenía un hijo y un hermano, pero no sabemos nada más de su familia, ni quién era su mujer, ni quiénes sus padres. Tampoco está claro su origen, se supone que podía ser italiano, de Génova, pero su procedencia ha dado para más de un congreso y evento intentando justificar la posible vinculación de Colón con Portugal, con Cataluña, con Galicia o con Castilla. Si en el siglo XV alguien oculta tan bien su origen, posiblemente es porque tiene algo que esconder, por lo que Colón hizo bien su trabajo, pero ha generado a los historiadores posteriores algunos quebraderos de cabeza. También es interesante ver cómo se ha ido viendo que Colón no decía la verdad, ni a los Reyes Católicos, ni a sus hombres, ni al comité de científicos que estudiaron su propuesta. Colón ha suscitado siempre más preguntas que respuestas. El mismo Carlos V acabó por quitar a los descendientes de Colón todos los beneficios que le habían otorgado sus abuelos. En realidad, la exaltación de Colón y las imágenes de este como héroe se corresponden a este momento.

En 1888, la Exposición Universal de Barcelona incluyó un monumento a Colón. Este consistía en una gran columna –que sobre-

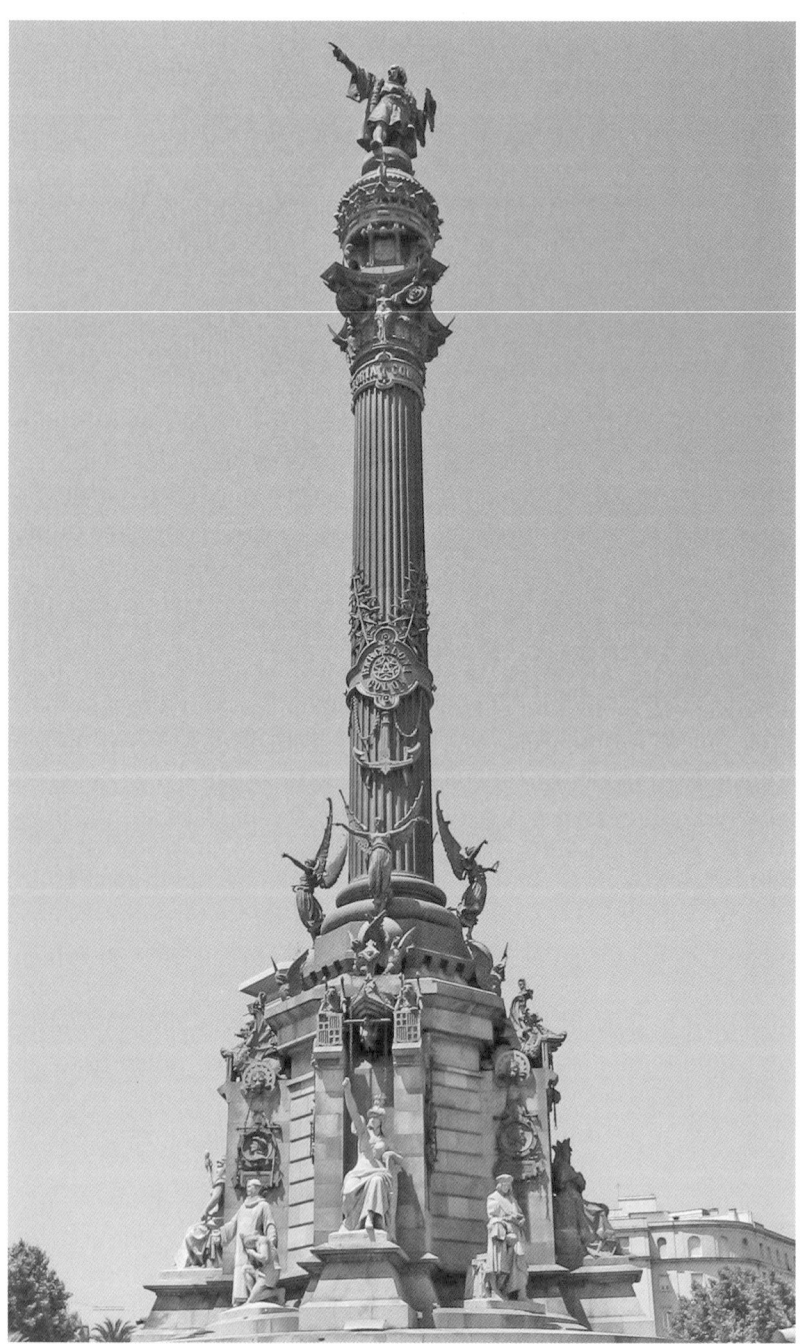

Figura 13. *Monumento a Colón*. Barcelona.

158

pasa el concepto de pedestal– y, en su parte superior, una estatua de Colón de siete metros de altura (Fig. 13). La estatua muestra al almirante con cabello largo y viste la indumentaria característica de la época, con un abrigo de cuello de piel y calzas, reflejando una imagen típica de otras representaciones del navegante. El escultor, Rafael Atché, empleó un estilo realista, destacando su posición como uno de los principales exponentes de la escultura anecdótica de la época. En el capitel corintio de la columna hay cuatro alegorías de los continentes, obra de Leoncio Serra. En el pedestal de la columna se encuentran cuatro conjuntos de carabelas, cada uno escoltado por dos grifos que sostienen el escudo de Barcelona. También hay cuatro semiesferas adornadas con gaviotas, sobre las cuales se elevan cuatro Famas aladas, ofreciendo coronas de inmortalidad al personaje honrado, Cristóbal Colón. En la base de la columna, hay unas figuras femeninas sedentes que representan los diferentes reinos medievales que forman la corona española, realizados por Pere Carbonell (Cataluña), Josep Carcassó (Aragón), Josep Gamot (Castilla) y Rafael Atché (León). Entre estas figuras, están cuatro personajes vinculados con la historia de Colón: Luis de Santangel, por Josep Gamot; Fray Bernardo Boyl, por Manuel de Fuxá; Jaume Ferrer de Blanes, por Francesc Pagès; y Pedro de Margarit, por Eduard B. Alentorn. En la base del monumento se encuentran ocho relieves rectangulares de bronce que narran escenas clave de la historia de Colón. Estas representaciones incluyen momentos como: la solicitud de alojamiento de Colón en el monasterio de La Rábida; la explicación del proyecto de Colón a fray Juan Pérez de Marchena, prior del monasterio de La Rábida; la presentación de Colón en la Corte de los Reyes Católicos en Córdoba; la comparecencia de Colón ante el Consejo reunido en el convento de San Esteban de Salamanca; la promesa de ayuda por parte de los Reyes Católicos a Colón en Santa Fe; la partida de Colón desde Palos de la Frontera; el desembarco en la isla de Huanahaní el 12 de octubre de 1492; y la recepción de Colón por parte de los Reyes Católicos en Barcelona después de su primer viaje. Aunque los relieves originales fueron creados por Josep Llimona y Antoni Vilanova, fueron reconstruidos en 1929. El monumento de Barcelona abrirá el modelo a otros posteriores y durante mucho tiempo se convirtió en icono de la propia Ciudad Condal.

En Madrid se hizo coincidir el movimiento de reafirmación nacionalista de Colón con las circunstancias del momento, de tal manera que se aprovechó para conmemorar el matrimonio real entre Alfonso XII y María de las Mercedes de Orleans en 1878. Se convocó un concurso público en 1877 para crear un monumento a Cristóbal Colón, con ese doble objetivo. El proyecto ganador de Arturo Mélida, en lo arquitectónico, fue ejecutado por Jerónimo Suñol. Las obras, iniciadas en 1881, finalizaron en 1885, pero la inauguración prevista para enero de 1886 se suspendió debido a la muerte del monarca en noviembre de 1885. La entrega oficial tuvo lugar el 12 de octubre de 1892, coincidiendo con el IV Centenario del Descubrimiento de América. Originalmente ubicado en el centro de la plaza, en 1973 fue trasladado a los Jardines del Descubrimiento y regresó a su ubicación original en la rotonda del paseo de la Castellana en 2009 durante las obras de remodelación del eje Prado-Recoletos. La estatua descansa sobre un largo pedestal neogótico isabelino de diecisiete metros de altura. Este pedestal se compone de cuatro cuerpos: el primero, de planta cuadrada; sobre este, uno troncopiramidal; el tercero, de forma ochavada; y, finalmente, un pilar también ochavado. El conjunto, esculpido en piedra, presenta elementos distintivos del siglo XV, como arcos conopiales y apuntados, pináculos, tracerías, cardinas, entre otros, junto con varios símbolos heráldicos. En la base cuadrada, hay cuatro relieves con *Isabel la Católica empeñando sus joyas, La protección de la Virgen del Pilar a los viajes de Colón, Colón explicando su proyecto a Diego de Deza* y *Una carabela y un globo terráqueo*. La ciudad de Nueva York pidió que se hiciera un vaciado de bronce del Colón de Suñol que corona este monumento y se exhibe actualmente en Central Park.

En otros lugares importantes para el relato del descubrimiento, como por ejemplo la ciudad de Granada, una junta Directiva, presidida por Cánovas del Castillo, encargó a Mariano Benlliure la creación de un monumento para la Ciudad Nazarí, el cual fue elaborado en Roma. Este impresionante monumento cuenta con un pedestal que alberga las estatuas de Isabel la Católica y Cristóbal Colón. En los laterales de este, se aprecian dos relieves representativos de la Toma de Vélez-Málaga y la firma de las Capitulaciones de Santa Fe, momentos históricos en la conquista de Granada, que era el objetivo político que había supeditado el proyecto colombino. La ceremonia de colocación de la primera piedra tuvo lugar a finales de junio de 1892, mientras que las esculturas enviadas por Mariano Benlliure llegaron a su destino a finales de agosto del mismo año. El monumento se completó en octubre de 1892, pudiéndose inaugurar en la emblemática fecha del 12 de dicho mes.

En 1892, España organizó diversos eventos conmemorativos, destacando la inauguración de un monumento a Colón y exposiciones históricas en Madrid, la restauración del Monasterio de Santa María de La Rábida, la inauguración del monumento al IV Centenario del Descubrimiento de América en Palos de la Frontera, consistente en una columna conmemorativa, la misma que vio en 1917, totalmente deteriorada, Willian Hussey Page y que motivó la iniciativa de crear un monumento a Colón en 1927 –como hemos visto anteriormente–, y el IX Congreso Internacional de Americanistas y la presencia de barcos de varios países en Sevilla y Cádiz, que luego se dirigieron a Huelva. En estas exhibiciones navales, se presentaron réplicas de *La Niña* y *La Pinta,* construidas en Barcelona por Estados Unidos, y *La Santa María,* construida en San Fernando por el gobierno español. En Génova, Italia, se llevó a cabo la Exposición Italoamericana, con la participación de Estados Unidos. En Nueva York, un desfile histórico organizado por españoles e italianos tuvo lugar el 12 de octubre. Las tres carabelas, junto con barcos de otras naciones, participaron en una Revista Naval en Nueva York en 1893. Después, estas tres embarcaciones fueron a la Exposición Mundial Colombina de Chicago. Con motivo del centenario, el papa León XIII redactó la encíclica *Quarto abeunte saeculo,* exaltando la figura de Cristóbal Colón y la importancia del descubrimiento de América.

También se pensó en 1891, desde la metrópoli, construir un mausoleo para los restos de Colón en la catedral de La Habana. Para eso se abrió concurso público y se eligió el proyecto de Arturo Mélida, arquitecto y escultor del monumento a Colón en Madrid, para que estuviera listo para la conmemoración. Mélida rescató la idea de los sepulcros borgoñones de finales del gótico, que representan el propio cortejo fúnebre. En este caso, cuatro pajes, vestidos con dalmáticas que contienen los escudos heráldicos de los Reyes Católicos, portan en andas un catafalco que hipotéticamente llevaría los restos del almirante. El boceto se conserva en el Museo del Prado y el original, hecho en mármoles y bronce, se instaló en la capital de Cuba, hasta que los acontecimientos de 1898, con la pérdida de las colonias por parte de España, hizo que el monumento, junto con los restos de Colón, fueran trasladados a la península, instalándose en la catedral de Sevilla un año después.

Fruto de toda la fiebre de exaltación de la gesta colombina, asociada a la celebración de ese IV Centenario, surgirá la idea por parte de Cánovas del Castillo de consagrar la fecha del 12 de octubre como fiesta nacional.

Como nota, creo que es interesante ver cómo en los monumentos a Colón, tanto en Madrid como en Barcelona, el pedestal, transformado en una columna o pilar alto, acaba sobredimensionado, con un protagonismo mayor que la propia escultura que lo corona, que, por la perspectiva, acaba siendo poco visible.

Como hemos mencionado el tema de la celebración llenó no solo España, sino también parte de América, especialmente Estados Unidos, de esculturas monumentales dedicadas al descubrimiento. También se realizaron estudios sobre el tema y toda una revisión de la historia con los ojos de finales del siglo XIX, en la que se justificaba el pasado con ideas y argumentos contemporáneos. Uno de los errores de bulto más grandes, era que se juzgaba la llegada de europeos a América, como los porteadores de la civilización, en una idea que asumía que fuera de la cultura europea occidental no había rasgos de civilización, como estaba pasando en ese mismo momento con el proceso de colonialismo con África y Asia. También se minusvaloraban las culturas autóctonas de América y su grado de desarrollo. Durante el siglo XIX el espejo en el que se miraban muchas de las naciones americanas es Europa e importaron de allí tanto las formas políticas como la representación de estas.

Durante la segunda mitad del siglo, pero fundamentalmente en los primeros años del XX, en las antiguas colonias americanas, ya independientes, van a surgir una serie de monumentos a los héroes de la independencia que dependen formalmente de la tradición europea. Tanto el retrato ecuestre de *Simón Bolívar,* por Adamo Tadolini en 1859, como el de *San Martín,* hecho por Mariano Benlliure en 1921, ambas en Lima (Perú), estarían dentro de la tradición europea del retrato ecuestre del que hablamos antes. También estarían dentro de la tradición, básicamente porque son obras de artistas europeos, el *Monumento a la Independencia* hecho en São Paulo en 1922 por Ettore Ximenez, que recuerda en su concepción y en la estética al *Monumento a Vittorio Emanuele II* de Roma, obra Giuseppe Sacconi; o la *Columna a los próceres del 9 de octubre* (Fig. 14), obra de Agustín Querol de 1918 en Guayaquil (Ecuador).

También es interesante mencionar cuando el problema del monumento no es su tema, sino la elección de materiales. Mientras escribía este texto me saltaba una noticia en el buscador del teléfono móvil, alertando de que el *Monumento a la Batalla de Vitoria,* obra de principios del XX de Gabriel Borrás y que se encuentra en la ciudad de Vitoria-Gasteiz, entraba en la lista roja de patrimonio de la fundación Hispania Nostra por su delicado estado de conservación. El monumento se hizo para una conmemoración, muy del espíritu de su época, en este caso el primer centenario de la batalla de Vitoria, importante hito en la Guerra de la Independencia, ya que el ejército angloespañol al mando del duque de Wellington derrotaba y obligaba a salir con prisas al hasta entonces rey José I Bonaparte, el rey intruso. Para tan magno acontecimiento se abrió, cómo no, un concurso para que presentaran sus proyectos los diferentes artistas, ganándolo, no sin ciertas críticas, Gabriel Borrás, que presentó un monumento demasiado anticuado para el gusto de la época. En la parte baja, hecha con piedra arenisca, se representa al general Álava a caballo entrando en la ciudad y siendo acogido por los habitantes de esta. En el segundo piso, hecho en bronce, se representa a Wellington a caballo y una amalgama de personajes y elementos bélicos que quiere representar al ejército aliado vencedor de la contienda. En la parte superior un león, símbolo de los vencedores, atrapando al águila napoleónica con sus garras y una representación alegórica del pueblo, como un hombre que rompe sus cadenas, acompañado de las personificaciones de la Victoria y la Patria. El monumento se inauguró en 1917. El principal problema de conservación es la composición de la piedra utilizada, arenisca, porque con la acción de agentes contaminantes y de la humedad, acaba perdiendo su consistencia y se deshace, por lo que se agrieta y se desprenden trozos. A esto hay que añadirle los problemas de limpieza, que, si se usan métodos agresivos, empeoran todavía más la conservación de esta. Hay que recordar que en 2013 el Ayuntamiento ya le dio un lavado de cara, no sin polémica. Su mayor problema es que los materiales se han ido degradando con el tiempo, fruto del vandalismo y del paso de los años. Tiene difícil solución, pese a que el monumento en uno

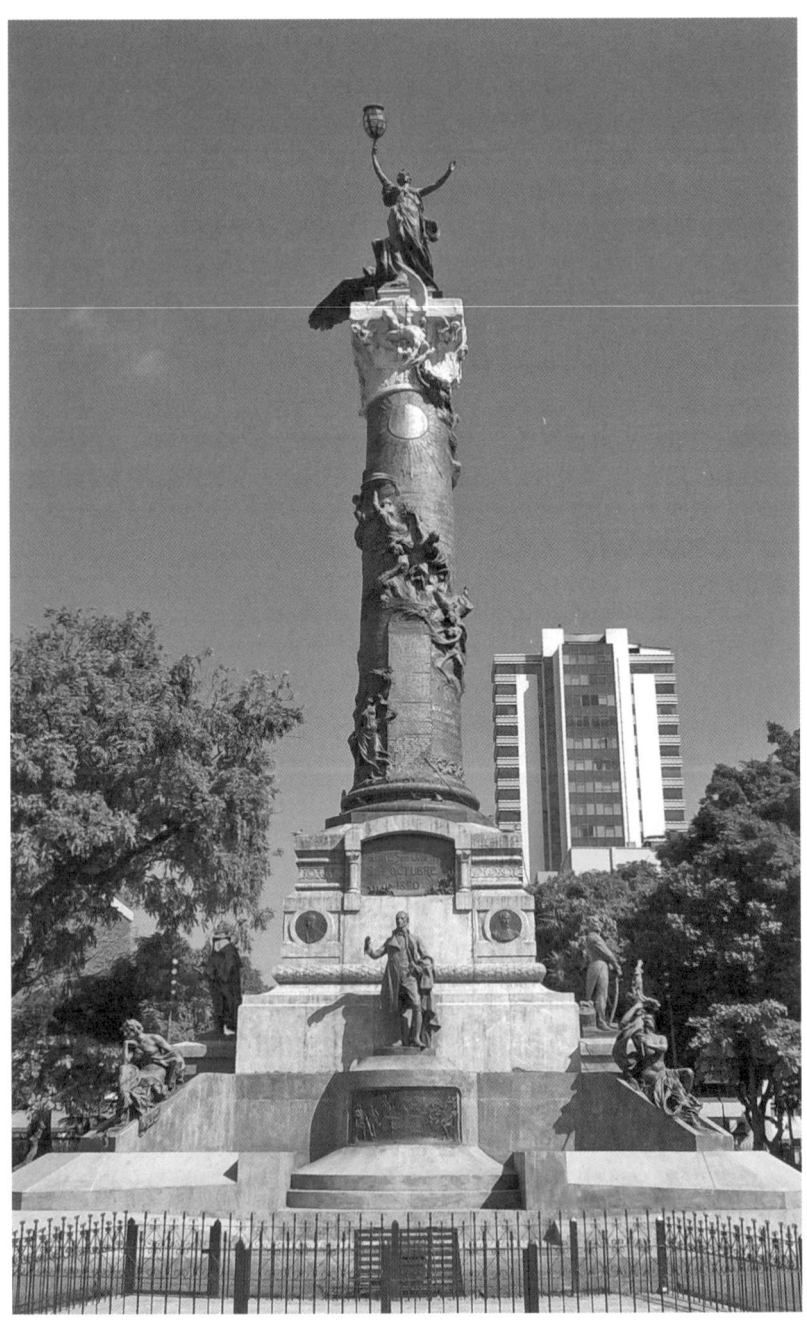

Figura 14. *Columna a los próceres del 9 de octubre* de Agustín Querol de 1918. Guayaquil (Ecuador).

de los espacios públicos más emblemáticos de la ciudad es ya un símbolo de esta.

No quiero cerrar este capítulo sin comentar un caso que llamó mi atención durante mis vacaciones en la ciudad de Viena en el verano de 2023. Paseando por el anillo central de la ciudad, el famoso *Ringstrasse,* nos encontramos con una escultura abiertamente vandalizada. Sobre la efigie de bronce de un hombre vestido con traje que denotaba cierta posición social, habían vertido pintura y, en el pedestal que combinaba figuras de piedra con relieves, había manchas de pintura e inscripciones en alemán que parecían no decir nada bueno del señor. El efecto era el mismo que los monumentos atacados en la oleada de 2017 en Estados Unidos y algunos otros lugares de Europa y América. El sujeto pasivo de esos ataques resultaba ser Karl Lueger, político austriaco que fue alcalde de Viena entre 1897 y 1910. Durante su mandato se concluyeron parte de las obras del anillo de Viena y él mismo dejó preparado el lugar en el que quería que le erigiesen una estatua. El problema es que en su trayectoria política fue abiertamente antisemita y su figura fue exaltada durante el periodo nazi de Austria. De tal manera que la vandalización de la escultura parece que está admitida por las autoridades vienesas actualmente. Tan impactado me tenía ver un monumento de esa prestancia en ese estado que apunté esta historia ya pensando en poder contarla aquí.

Por otro lado, el monumento a Karl Lueger, obra de Josef Müllner e inaugurado en 1926, es notable en diversos aspectos. No solo representa el primer homenaje a un político moderno en la *Ringstrasse,* sino que también destaca como la mayor estructura conmemorativa personal erigida en Viena desde el ocaso de la monarquía. Además, se posiciona como uno de los monumentos a un líder urbano de mayor envergadura en todo el mundo. En este caso el tamaño importa, claro que importa.

El caso es que la ciudad de Viena, consciente del problema de mantener un monumento público a una figura controvertida por sus ideas políticas, creó en 2010 un concurso para intervenir en la escultura y poder así resignificarla. El proyecto ganador fue el de Klemens Wihlidal, que propuso inclinar la escultura hacia la derecha 3,5 grados, de tal manera que la viéramos en una posición inestable. De momento no se ha llevado a cabo esta intervención que, de seguir adelante, sería una interesante alternativa a los monumentos públicos contradictorios, lo que sí que había ese verano en la plaza –que, por cierto, tiene el nombre del antiguo alcalde de Viena– era una instalación de Nicole Six y Paul Petritsch que consistía en perfiles de monumentos y recuerdos que había en Viena a la figura de Karl Lueger, recortados en colores brillantes y arrumbados en una estructura de madera que incluía además las explicaciones de la figura de Lueger y por qué es tan controvertida hoy día.

# 8. Realismo frente a abstracción
«Eso lo hace mi niño de cuatro años»

Llegados al punto en el que nos encontramos, en el tránsito entre el siglo XIX y el siglo XX, se produce en la Historia del arte un fenómeno curioso. Por un lado, tenemos el relato de la historiografía, al que ya nos hemos referido, que crea una especie de carrera hacia delante, en la que impera la idea de progreso. En esa línea, las vanguardias se van contraponiendo en una especie de espiral en la que cada nuevo movimiento logra una vuelta más de rosca en la crítica a las formas, ideas y valores del arte clásico, del academicismo que había dominado todo el siglo XIX. Mientras que, por otro, tenemos a los artistas que, siendo aclamados en su momento y produciendo obras interesantes y técnicamente bien ejecutadas, se salen del relato porque no encajan en esa espiral de innovación constante.

En ese sentido, durante el siglo XX vamos a tener dos corrientes escultóricas que van a trabajar en paralelo, a veces mirándose de reojo y otras dándose la espalda: una que representa la continuación de la escultura figurativa clásica y otra que supone la aceptación del lenguaje vanguardista y dinamita todos los presupuestos del academicismo.

Volvemos al problema del contexto. El rápido desarrollo de la Revolución industrial, en el siglo XIX, generó un cambio en la economía, la política y las relaciones sociales. Como ya hemos mencionado, es el triunfo de la sociedad burguesa y sus principios. Pero el nuevo sistema, como todos los sistemas, genera también sus sombras. Los nuevos medios de producción generan tensiones entre los dueños de las fábricas y los trabajadores, disensiones que acabarán estallando en movimientos revolucionarios y en la aparición de nuevas ideologías. En ese sentido, el arte no puede ser ajeno a la realidad. Si a mediados del siglo XIX los artistas reflejaban en sus obras el influjo de los ideales del nacionalismo y el liberalismo, y daban pie a la exaltación de la Historia, al influjo de Oriente o a lo exótico, a finales del XIX empiezan a abundar cada vez más temas sociales, en los que se cuestiona el papel de la burguesía y sus ideales. Estos temas son independientes del lenguaje artístico que utilicen los creadores; es más, se puede dar la paradoja, que se da, de que los que emplean un lenguaje más moderno, como los pintores impresionistas, utilicen una temática totalmente acorde con el espíritu burgués, sin atisbo de crítica social, mientras que artistas más academicistas en su técnica, como Courbet en Francia o Sorolla en España, tratan temas de crítica social abiertamente.

En la escultura van a entrar en crisis los modelos tradicionales y se van a cuestionar elementos como la realidad, la forma, el lleno y el vacío. De esta manera, la escultura enriquecerá su lenguaje y sus posibilidades expresivas, dando lugar a un nuevo modelo de representación que evidentemente se verá reflejado en los monumentos conmemorativos públicos. De la misma forma, la corriente apegada a la figuración se dejará seducir en ocasiones por elementos tomados de la vanguardia, pero sin renunciar a la representación formal. Así que el siglo XX deparará todo un abanico de posibilidades difíciles de abarcar para sistematizar, por lo que tendremos que fijarnos en hitos importantes de una u otra corriente para trazar un panorama general.

El impulso innovador de las vanguardias históricas, que transformaron el ámbito artístico en las primeras décadas del siglo XX, revitalizó el enfoque hacia la escultura, relegada a un segundo plano en épocas anteriores. En este contexto, es relevante resaltar como la primera corriente en esa evolución la encabezada por los escultores cubistas, futuristas y constructivistas.

Hacia el final de la primera década del siglo, Pablo Picasso y Georges Braque dieron origen al cubismo. Picasso, por su parte, fusionó pintura y escultura mediante la técnica del *collage* y posteriormente se adentró en la escultura, especialmente en hierro. Otros artistas, como Oleksandr Arjípenko, Jacques Lipchitz y Pablo Gargallo, aplicaron los principios cubistas a la escultura desde diversas perspectivas. En la obra de todos ellos se evidencia la articulación de planos y la síntesis de formas características del cubismo. Es fundamental en ese sentido el avance técnico que supuso la tecnología de la soldadura, usada por artistas como Pablo Serrano. La escultura del futurismo italiano contribuyó al dinamismo y a la percepción de movimiento, complementando los principios cubistas de descomposición de perspectivas. Umberto Boccioni fue el escultor futurista más destacado en este contexto. Los escultores del constructivismo ruso asumieron principios similares, pero dirigidos hacia el maquinismo y la utilización de materiales industriales. Destacaron en esta corriente figuras como Antoine Pevsner y Naum Gabo. Todos estos lenguajes artísticos van a combinar el carácter sintético de las formas, recurriendo con cierta asiduidad a la geometría, con el uso del vacío, el hueco, las siluetas e incluso la línea como generadora de las formas escultóricas; comparado con la corriente más figurativa, el salto era abismal.

También y relacionado con el constructivismo, podemos destacar que, en 1919, durante un periodo de intensa agitación revolucionaria, Vladímir Tatlin, considerado el iniciador del constructivismo, elaboró una maqueta para erigir un Monumento a la III Internacional (Fig. 15) que estaba destinado a alcanzar los trescientos metros de altura, igualando así la altura de la Torre Eiffel. El proyecto no se materializó y actualmente solo conocemos una reproducción de la maqueta original colocada en un pedestal, como si fuera una escultura móvil. En este monumento desaparece toda referencia a la figura humana, pero a su vez está lleno de otras citas que la cultura visual reconocería perfectamente, como que el conjunto se conforme por una espiral ascendente que es una clara alusión a la Torre de Babel bíblica y que, de manera muy evidente, se quiere aquí evocar. Como mencionamos en otro momento, este lenguaje asociado a las vanguardias no va a ser del gusto del régimen comunista cuando la Revolución se asiente y, tras la muerte de Lenin, ascienda Stalin al poder; entonces se utilizará una estética realista, con un claro objetivo de propaganda clara que el lenguaje de vanguardia, sobre todo la abstracción, no puede transmitir y no puede ser controlado desde el poder.

El otro gran hito de la escultura contemporánea de vanguardia es la figura de Henry Moore, el escultor británico más reconocido en la escultura moderna, cuyas obras destacan en espacios públicos y museos de todo el mundo. Su habilidad para fusionar formas abstractas con la esencia humana ha dejado una marca duradera en la Historia del arte. En su carrera, Moore desarrolló un estilo único

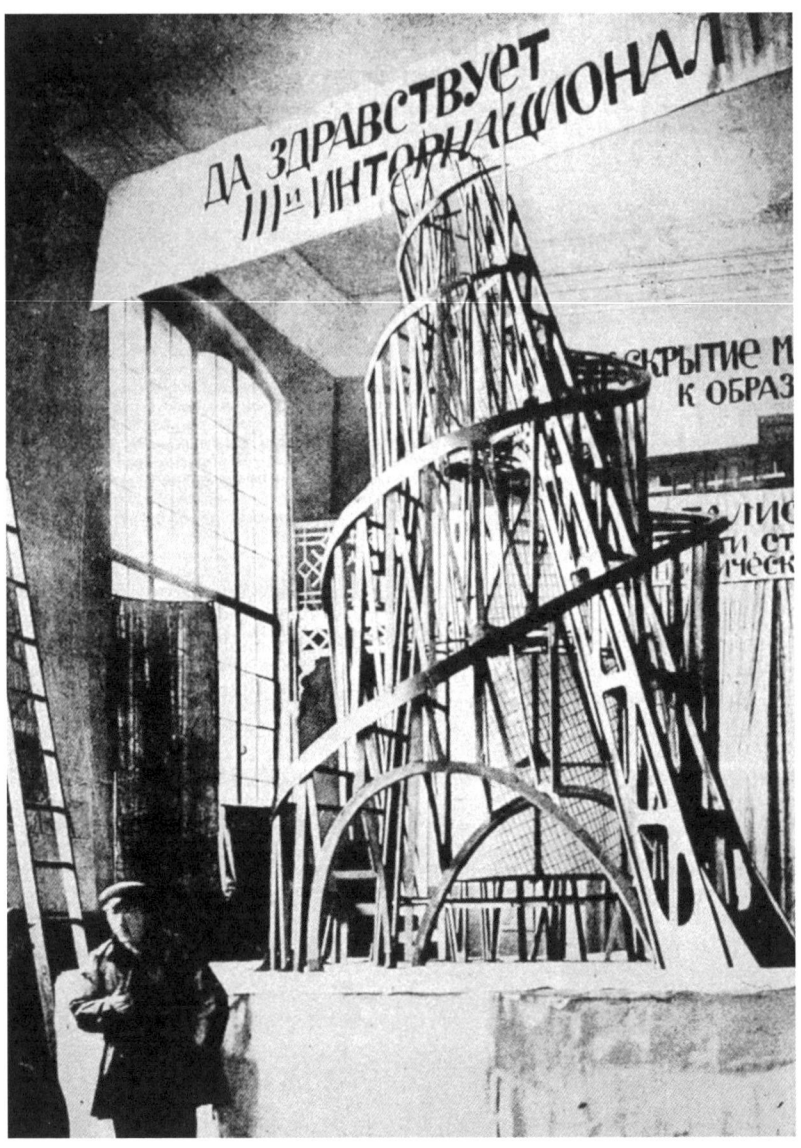

Figura 15. *Monumento a la III Internacional* de Tatlin.

caracterizado por abstracciones de la figura humana, usando espacios vacíos y formas onduladas, posiblemente influidos por estatuas toltecas y mayas que lo introdujeron en la abstracción. Sentía verdadera devoción por la obra de Miguel Ángel y también por los artistas que se consideraban en aquel momento como *primitivos,* con figuras como Giotto. En su obra se perciben las figuras humanas y cómo ha generado un proceso de redondeo de las formas y creación muy significativa y expresiva de vacíos y llenos. Le gustaba jugar con los nombres de sus piezas, sin dar mucha información para que el espectador pueda meditar sobre el mensaje de sus esculturas. Su lenguaje ha influido a muchísimos artistas de todo el siglo XX.

Gracias a esa combinación de elementos vanguardistas, referencias al pasado y juego de masas y vacíos, pero sin perder del todo la figuración, hace que su estilo sea plenamente aceptado.

Otro de los problemas que ha preocupado a la escultura contemporánea, como bien señaló en su día Javier Maderuelo[1], es el del pedestal, esa plataforma que no solo eleva las esculturas, sino que las carga del simbolismo y del peso de la tradición; por ello, es uno de los elementos a derribar o, al menos, cuestionar por el lenguaje de las vanguardias.

Auguste Rodin, en su *Monumento a Balzac,* fusionó escultura y pedestal en un bloque único, marcando así el inicio del complejo camino que la escultura contemporánea tendría que recorrer. Constantin Brâncuşi también abordó este problema en varias de sus obras, donde la relación entre la escultura y el pedestal es igualmente ambigua.

Si resumimos mucho, muchísimo, podríamos decir que los problemas a los que va a intentar dar respuesta la vanguardia cuando se enfrente a un monumento público son dilucidar el contorno, el juego de masas y vacíos como constructor de las formas; la materialidad de la escultura; y, por último, pero no menos importante, el pedestal.

Si ahondamos en la cuestión del pedestal, la obra que quizá mejor ilustra este problema es *El carro,* una escultura de Alberto Giacometti creada en 1950 con la idea de convertirse en un monumento público. En esta pieza, se presenta un carro estilizado con dos grandes ruedas unidas por un eje, sobre el cual descansa una pequeña peana que sostiene una de sus características figuras an-

---

[1] Javier Maderuelo, *La pérdida del pedestal,* Madrid, Círculo de Bellas Artes, 1994.

tropomórficas. Cada rueda de esta escultura de bronce, fundida como una pieza, reposa sobre dos tacos con apariencia de peanas de madera, que forman parte de la obra y que separan las ruedas del suelo.

Aunque estos tacos podrían considerarse como un tipo de pedestal, su apariencia diferente y menos noble en comparación con el conjunto figurativo, junto con su separación física y su escaso volumen, genera dudas sobre su capacidad para ser interpretados como un «altar» para la escultura. No obstante, el conjunto de las dos ruedas y la pequeña peana que forman el carro, elementos esenciales de la obra, puede entenderse correctamente como un pedestal para la figura erguida que se encuentra sobre él. Esta interpretación se sostiene a pesar de la extraña sensación de inestabilidad que el propio carro genera, sugiriendo la posibilidad de salir rodando y precipitar la figura hacia el suelo.

Los artistas de vanguardia van a debatir el problema del pedestal entre dos extremos: ser exhibido como una parte esencial de la obra o ser deliberada y notablemente ocultado, convirtiendo esta ausencia en el tema central de la escultura. Algunos escultores han abordado este segundo caso, como Raimund Kummer, quien, en la exposición «Skulptur Projekte in Münster» de 1987, propuso la creación de un pozo de siete metros y medio de profundidad y otros tantos de diámetro. En este pozo, se enterraría boca abajo un monumento ya existente, el *Einweihung des Kriegerdenkmals,* erigido en 1909 en un parque de la ciudad de Münster. De esta manera, solo la base del pedestal sería visible a nivel del suelo.

Independientemente del enfoque adoptado, la pérdida del pedestal es solo un síntoma, más o menos emblemático, de otras renuncias que afectan a las cualidades formales de la escultura. Nos referiremos específicamente a dos de estas renuncias formales que afectan a aspectos fundamentales, como la pérdida de la materialidad y del contorno. Estas pérdidas conducen a la negación de la «masa» y del «volumen», características esenciales en la concepción tradicional de la escultura. Desde los postulados de la vanguardia, el vacío también va a construir espacio, por lo que va a usarse como un elemento más en la construcción de una escultura. Pensemos en las obras de Moore que, partiendo de la figuración y basándose en una transformación fundada en las líneas onduladas, genera formas que a su vez crean huecos, siendo tan importantes visualmente como la propia parte material de la escultura. Sirva como ejemplo *Figura grande en un refugio* de 1986 y que se instaló en el parque de los pueblos de Europa de Gernika (Guipúzcoa) en 1990.

En cuanto al contorno, el gran avance fue la inclusión de las técnicas de soldadura, que permitían construir las esculturas con finas barras de metal que, a modo de trazo, generan un perfil de figura, como un dibujo tridimensional. El pionero de esta técnica fue el escultor Julio González, que jugó con el lenguaje cubista y constructivista, así como con la figuración y la abstracción, dando las bases para usar el ensamblaje de piezas como técnica escultórica.

Una obra emblemática, sobre todo por su reflejo en la cultura popular audiovisual, que nos habla de la tensión entre arte figurativo, escala y ausencia de pedestal, es el proyecto labrado en la roca entre 1927 y 1941 por Gutzon Borglum de realizar cuatro inmensos retratos en el conocido hoy día como Monte Rushmore, en Dakota del Sur. Los retratados eran cuatro presidentes de Estados Unidos: George Washington, Thomas Jefferson, Theodore Roosevelt y Abraham Lincoln. La idea fue concebida por un historiador local, Doane Robinson, para crear un polo de atracción turística. Como ha señalado Miguel Ángel Cajigal en su *Otra Historia del arte*[2], la elección de Roosevelt junto con los llamados padres de la nación no era casual y estaba muy vinculado a las opciones políticas que se pretendían loar en el monumento, las del partido Republicano y, lo que es más importante, el lugar elegido era el corazón del territorio sagrado para los siux, que Estados Unidos les arrebató durante la Guerra de Black Hills, que es una de las que siempre forman parte de la narrativa de la construcción del país, con la consabida conquista del Oeste. Lo más sorprendente para mí, además de la resignificación y relectura de este espacio de los pueblos originarios de esas tierras en clave blanca y además con un sesgo partidista, es que es un monumento muy ajeno a la tradición europea. Como hemos visto, la tradición del monumento político no suele generar imágenes que tengan una escala monumental tan desproporcionada respecto a nuestro propio tamaño. Desde la Antigüedad nos han hablado de esculturas monumentales: el *Zeus de Olimpia* o la *Atenea Partenos* de Fidias, que tenían 12 y 10 metros

---

[2] Miguel Ángel Cajigal, *Otra Historia del arte,* cit.

de altura respectivamente, o el famoso y totalmente desconocido *Coloso de Rodas,* una de las maravillas del mundo antiguo que se nos ha mostrado en grabados fantasiosos que tratan de evocar una escultura monumental que para empezar no decoraba la bocana del puerto de la ciudad griega, sino, seguramente, la colina más próxima. Pero no nos han llegado a nuestra tradición visual imágenes reales y palpables de ese tamaño ni proporción. Por ejemplo, cuando en Estados Unidos se quiso hacer un remedo del Partenón de Atenas, como monumento a Abraham Lincoln, la escultura sedente del presidente, realizada por Daniel Chester French, estuvo inspirada clarísimamente en la estatua crisoelefantina perdida de *Zeus de Olimpia* hecha por Fidias. La escala, qué importante es la escala. Daniel Chester French había planteado su escultura la mitad más pequeña, de 3 metros, y enseguida se dieron cuenta de que iba a quedar ridícula dentro del espacio de ese remedo de templo griego clásico.

En España hubo una voluntad de hacer del arte abstracto, también en esculturas y monumentos públicos, algo que viniese a representar, por un lado, la nueva sociedad española del desarrollismo, su apertura al mundo y el fin del aislamiento de los primeros años de la dictadura franquista; y, por otro, ese lenguaje en el que la sociedad podía ver una manifiesta crítica a esa misma dictadura, pero con el velo de la abstracción que burlaba la censura. Esa paradoja cristalizó cuando, a partir de 1966, un grupo de artistas de vanguardia, encabezados por Fernando Zóbel, que junto con Gustavo Torner y Gerardo Rueda, crearon el Museo de Arte Abstracto Español en las Casas Colgadas de Cuenca, ahora gestionado por la fundación March. No por casualidad ese mismo año se producía la aprobación de la llamada Ley Fraga, o ley de prensa, que acababa con la censura previa en los medios de comunicación.

Relacionado con la creación del museo abstracto, y casi como su consecuencia, surgió en Madrid la idea de crear un museo de escultura contemporánea al aire libre. Evidentemente un museo no es un monumento conmemorativo, pero sí es un espacio público, más si cabe al estar al aire libre. Además, se hizo con una intención de propaganda clarísima: el régimen franquista quería mostrar su aperturismo, el fin del ostracismo de las dos décadas anteriores, así como demostrar que sus planes económicos, los planes de desarrollo, daban frutos. Para ello aprovecharon la construcción de un paso elevado para coches y peatones, que uniera la calle Eduardo Dato con la calle Juan Bravo, sobre el Paseo de la Castellana. Si el símbolo de la España de los sesenta es el Seat 600, su equivalente artístico era mostrar en un núcleo importante de la circulación, el eje de la Castellana, el nuevo lenguaje de la abstracción que estaba en la línea de lo que se hacía en el ámbito de los países occidentales, pero sin que molestara la carga de crítica al propio sistema que los artistas lanzaban con sus obras de arte. Los ingenieros autores del puente, Antonio Fernández Ordóñez y Julio Martínez Calzón, entraron en conversaciones con el artista Eusebio Sempere, que será el encargado de gestionar la parte artística. El propio Sempere diseñará las barandillas metálicas del puente que funcionan como una de sus esculturas. Aunque la idea era bastante novedosa, contó con el beneplácito de las autoridades municipales, ya que el coste no era elevado por tratarse en su mayoría de obras que los artistas cedían gratuitamente, siendo el Ayuntamiento responsable de los gastos de traslado y material. El Museo se organiza en tres niveles que descienden gradualmente desde la calle Serrano hasta el Paseo de la Castellana, adaptándose al desnivel del terreno.

En el primer nivel, el muro de contención de la calle Serrano está revestido por una cascada de láminas de agua diseñada por Eusebio Sempere. Estas láminas, creadas con módulos de hormigón blanco de formas onduladas, generan efectos fascinantes de luz y movimiento. El agua fluye hacia un estanque rectangular, pavimentado en granito al igual que todo el museo, con la escultura central de Martín Chirino. Una pasarela con barandilla conecta este tramo, donde se exhiben obras de artistas como Francisco Sobrino, José María Subirachs, Rafael Leoz, el mural de Eusebio Sempere y otras piezas.

El segundo nivel destaca por el mural de Gerardo Rueda, flanqueado por las esculturas de Palazuelo y Miró. En este nivel, se accede a una gran explanada que alberga destacadas obras de la colección, como la conocida *Sirena varada* de Chillida que en realidad se llama oficialmente *Lugar de encuentros III,* los *Toros* de Alberto y la figura de Julio González. Originalmente, estaba planeada una fuente circular diseñada por François Baschet en este espacio, pero finalmente no se materializó.

En la parte del Museo separada por el Paseo de la Castellana, cerca del acceso a la calle de Eduardo Dato, se encuentra la escultura de Pablo Serrano. Además, en el muro de contención del puente estaba prevista una obra de la escultora argentina Alicia Penalba, aunque esta pieza no se incorporó a la colección.

En su momento hubo mucha polémica sobre si la escultura de Chillida, hecha en hormigón armado y colgada de los pilares del puente por cuatro cables de acero, podía ser sostenida por la estructura del mismo, o si se veía afectada la seguridad del puente. La escultura, suspendida, genera un interesante hueco que interacciona con el espectador. La polémica era interesada, ya que la vinculación de Chillida a esta obra pública no era vista con buenos ojos por todas las autoridades y siempre es mejor usar la excusa de los problemas técnicos que aceptar que se está censurando una obra por la carga ideológica de la misma y de su autor.

Chillida creo que es un caso interesantísimo en muchos niveles. Sus esculturas, evidentemente abstractas, logran en el público una suerte de identificación de la idea que quiere representar y ha creado verdaderos iconos, que cumplen de una manera efectiva su función de representatividad. Es increíble que su estupendo grupo de acero corten en Berlín, con el título homónimo de la ciudad en la que se instaló, junto a la Cancillería Federal, en 1999, se haya convertido en el símbolo de la unificación de aquel país. Todo el mundo entiende que se ha querido reflejar dos manos que se quieren unir, y todo esto está simplemente evocado con las formas curvas del acero y, sobre todo, con los huecos, los vacíos, que va dejando entre las dos piezas. Este tipo de representación, ni necesita, ni se entiende con un pedestal. Para él son lugares de encuentro, en ocasiones homenajes a importantes pensadores, pero en cualquier caso obras que interactúan con el espectador de manera más orgánica y activa que si estuvieran elevadas en pedestales.

Consciente del potencial evocador de sus imágenes, Chillida accedió a crear logotipos que simbolizan instituciones y organismos que representen los valores democráticos, de protección de la naturaleza o de proyección de la cultura de Euskadi en democracia. Así, la Universidad del País Vasco o el antiguo logo de Kutxabank salieron de la mente del artista donostiarra.

El problema viene cuando parte de la ciudadanía no entiende qué significa convivir con una escultura que está a nuestra altura, a nuestro alcance, sin la protección que otorga un potente pedestal. En ese sentido, Chillida ha vuelto a ser ejemplo de esto último,

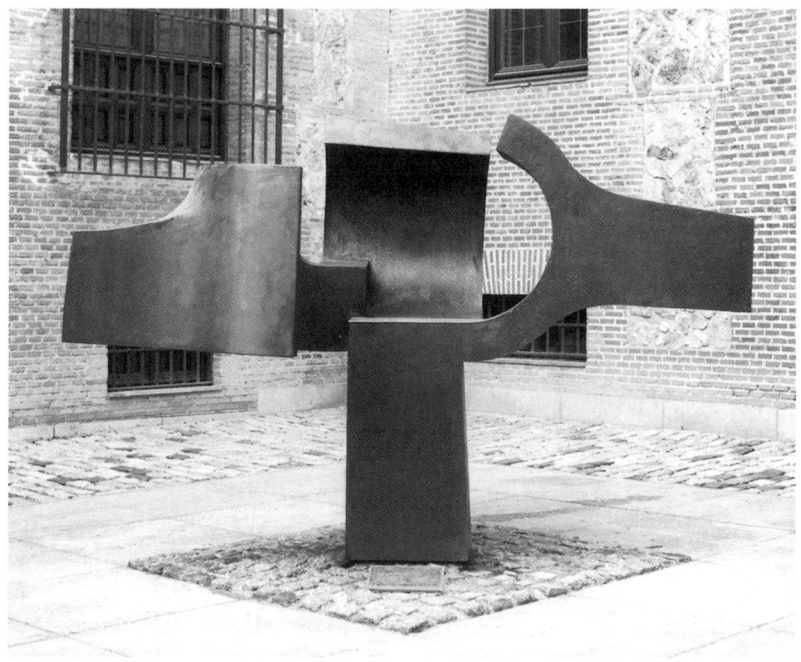

Figura 16. *Lugar de Encuentros II* de Eduardo Chillida. Madrid.

pues su *Lugar de Encuentros II* (Fig. 16), situado en la plaza del Rey, junto a la sede del Ministerio de Cultura, fue pintada por un grafitero en 2017, absuelto en primera instancia. El Tribunal Supremo dictaminó en marzo de 2022 que el acto debía ser considerado daño –pues para eliminar el rotulador blanco que se empleó para los grafitis hubo que intervenir la pieza con técnicas específicas de conservación y restauración–, marcando un hito importante en la jurisprudencia española. El revuelo mediático que se produjo en esos días del pronunciamiento judicial respecto al delito contra el patrimonio me lleva a preguntarme si no se juzga con ojos diferentes los atentados a obras contemporáneas que a obras antiguas, si no nos parece mal la calificación de delito si pintas con un rotulador un cuadro de Goya o de Velázquez, mientras que no pasa nada si el objeto vandalizado es una escultura abstracta que, además, está a pie de calle y no tiene ni pedestal ni valla de protección. El problema de base es la esencia misma del grafiti, un acto de afirmación e inconformismo. En origen los grafitis eran firmas que servían como acto de reivindicación de una juventud que se rebela contra el orden y la sociedad del momento, contra la autoridad y los símbolos de esta. Es cierto que, desde ese origen, el grafiti, convertido en arte urbano ha tomado muchos otros derroteros, incluidos la aceptación por parte de la crítica y su incorporación al mercado artístico. Pero se sigue utilizando como acto de reafirmación, sin otro interés artístico que dejar constancia de que Fulanito estuvo aquí. Es en este punto donde se produce la confrontación entre el respeto a una obra conmemorativa del pasado, a los monumentos públicos, con la idea, quizá romantizada en exceso, del acto de rebeldía de las pintadas. Para mí el problema es complejo, pero parto de la idea de que una obra de arte ha de ser respetada. Igual que me parece una verdadera aberración el ataque a cuadros con supuestos motivos ecologistas, que es una práctica que busca solo los minutos de fama de nuestra sociedad mediatizada. Creo firmemente que se ha de poner coto a esa tendencia, profundamente individualista y egoísta, de primar la voluntad de uno, el que quiere afirmar su presencia por medio de la pintada, frente a la colectividad. Incluso en los casos en los que las pintadas son políticas, por la implicación de lo representado, creo que ha de primar la conservación y si no se puede garantizar la misma, habría que abogar por una retirada del monumento.

Otro de los problemas a los que nos enfrentamos con los monumentos públicos de vanguardia es el de su conservación. Obras que por su significado político o por su naturaleza efímera, aunque fueran verdaderos iconos, no se conservaron y que en otro momento se aboga por intentar recuperarlos. En 2001 se hizo en Madrid, en la plaza frente al Museo Nacional Centro de Arte Reina Sofía, una réplica en hormigón de 18 metros de altura de la famosísima escultura *El pueblo español tiene un camino que conduce a una estrella* de Alberto Sánchez Pérez, que fue expuesta en el exterior del Pabellón de la República Española en 1937, el mismo en el que se exponía el *Guernica* de Picasso del que ya hemos hablado. Esta réplica hecha por Jorge Ballester se hizo con motivo de una exposición en el museo de la obra de Alberto Sánchez. Con este acto se intentaba hacer justicia a la importancia de este escultor en la vanguardia española, colocar su escultura monumental a las puertas del museo en el que también se exhibe la obra más conocida, seguramente, de Picasso, es tratar de crear un eco de ese pabellón español que pedía a las potencias occidentales ayuda en la guerra. Bien es cierto que el gran desconocimiento actual sobre la figura de Sánchez, su implicación política, y el hecho de que la abstracción dificulta la lectura de esta pieza, hace que hoy día luzca en la plaza de Juan Goytisolo, sin mayor problema y sin la carga que normalmente asumimos a su obra hermanada, el *Guernica*.

En paralelo al desarrollo de esta vía de vanguardia, vamos a tener una corriente, llamémosle clásica, que sigue apegada a los modelos academicistas tradicionales: esculturas en materiales nobles, es decir bronce o piedra, a ser posible mejor mármol blanco y gran desarrollo de los pedestales. Esta corriente se va a simultanear sin problemas y coexistirá, dejándose a veces influir por la vanguardia, pero sin perder la figuración humana como centro de la escultura. Una de las ventajas que ofrecía esta corriente era precisamente su apego a la figuración, que hace que, para el público menos versado, fuera en principio más aceptable, aunque esto se vio como una reacción conservadora por cierta parte de la crítica. En realidad, hay un poco de todo, la vanguardia no deja de ser elitista, desde el momento en que hace falta dar a conocer sus claves de lectura. El público general no termina de entenderla y le genera rechazo, por lo que acudir a la figuración tradicional podía ser una manera de garantizar el éxito ante la opinión pública en una obra conmemorativa. Pero en realidad es simplemente otra vía de expresión y hay multitud de artistas que continúan aferrados a la figuración como lenguaje y momentos en los que esa figuración vuelve a estar en la primera línea de la crítica artística. Por otra parte, el lenguaje realista fue abrazado por regímenes totalitarios del XX, como puede ser la Unión Soviética de Stalin o el lenguaje monumental del fascismo italiano o de la dictadura franquista. En estos casos la utilización de la figuración se hace desde un presupuesto propagandístico, como parte del lenguaje artístico adscrito al régimen.

Para ilustrar cómo esa corriente figurativa no está reñida con estar en la actualidad artística, nos puede servir el ejemplo del monumento proyectado por Salvador Dalí en la madrileña plaza de Felipe II, en el que sitúa un dolmen junto a una escultura masculina, representación de Newton según el propio artista, con las letras del nombre de Gala en el pedestal, como un homenaje a los logros de la humanidad. En este caso, el lenguaje surrealista del pintor catalán, traducido a la materialidad de las esculturas crea un monumento que responde bien a la estética de las obras del pintor, aunque quizá no funcione tan bien como monumento conmemorativo.

En 1994 se organizó en Madrid una exposición de 21 esculturas de bronce de Fernando Botero, el artista colombiano que hacía representaciones femeninas con una distorsión evidente de sus proporciones. El éxito de esta muestra fue impresionante y la ciudad de Madrid adquirió varias de estas obras y alguna más que donó el propio artista. Actualmente podemos ver todavía en las calles madrileñas su representación del *Rapto de Europa,* situado en la puerta de salida de la Terminal 1 del Aeropuerto Internacional Adolfo Suarez Madrid-Barajas, como también *Mujer con espejo* junto a la plaza de Colón. Una de las características de aquella muestra es que los bronces de Botero apenas tenían un pequeño pedestal y se permitía la posibilidad de interactuar con las esculturas. Recuerdo a niños usar las curvas de algunas de las señoras de Botero como toboganes por los que deslizarse. Para gran parte del público ocasional de la exposición, este fue un contacto más que directo con unas obras que ya no tenían el peso cultural de objeto sagrado dentro de un museo y quizá, por eso, la gente acudió en masa a ver esta muestra.

Una de las manifestaciones más emblemáticas en el siglo XX de esta amalgama de corrientes es la moda que recuerdo, sobre todo a partir de los años noventa, de colocar esculturas a tamaño natural de personas sin ningún tipo de pedestal. Esta moda empezó tras el triunfo del realismo como corriente pictórica en los años ochenta, con Antonio López a la cabeza. El grupo de realistas también dedicados a la escultura empezaron a planear obras donde el pedestal casi desaparece o directamente se prescinde de él. Seguramente podríamos tomar como inicio de esta moda la escultura de bronce *Un pintor para el Prado* de Julio López Hernández que se instaló en los jardines adyacentes al Museo, en la escalera que conecta con la iglesia de Los Jerónimos. A partir de ahí Madrid y otras ciudades se poblaron de figuras de bronce a tamaño real con los que más de una vez nos hemos topado en un descuido. *La joven leyendo o tras Julia,* obra de Antonio Santín en el barrio de Malasaña; o los antiguos oficios de la ciudad como *El Barrendero,* en la Plaza de Jacinto Benavente, o *El Farolero,* en la Calle Concepción Jerónima, ambas de Félix Hernando García, son algunos ejemplos. También personajes literarios como *La Regenta,* obra de Mauro Álvarez Fernández en Oviedo, junto a su Catedral. Un monumento icónico de esta moda y seguramente el que cerró esta tipología es el dedicado al director de cine y clarinetista de jazz norteamericano Woody Allen en la ciudad de Oviedo, obra de Vicente Menéndez-Santarúa, instalado en 2003.

También en el tránsito entre el siglo XX y el XXI se dieron ciertos intentos de recuperar la escultura tradicional, con su emblemático pedestal, que han provocado no pocos debates respecto a la conveniencia de rescatar ese modelo que, en realidad, representaba mejor los ideales de las sociedades burguesas del siglo XIX. Uno de los ejemplos más significativos, que motivó la movilización ciudadana, fue la creación en 1990 del monumento a *La Violetera* en Madrid. De primeras, puede parecer que estaríamos dentro del rescate de los oficios antiguos, que mencionábamos en el párrafo anterior, pero en este caso el monumento a una mujer vendiendo violetas, además de una cita obvia a la letra de una canción popular, tiene pedestal, con lo que ello conlleva. En realidad, la escultura, obra de Santiago de Santiago, estaba reaprovechando un proyecto de 1973, un monumento a la cupletista Celia Gámez, famosa por sus ideas políticas cercanas al régimen franquista y por cantar el cuplé *¡Ya hemos pasao!,* cuyo título y letra aludía al famoso lema de la resistencia republicana en Madrid durante la Guerra Civil y celebraba la victoria del bando sublevado. El encargo de 1973 fue del entonces alcalde de Madrid, Carlos Arias Navarro, y no se llevó a cabo por la situación política de esos años finales del franquismo. En 1990, el encargo lo retomará el entonces alcalde Agustín Rodríguez Sahagún y será inaugurado por José María Álvarez del Manzano, colocándose la escultura en la intersección entre la calle de Alcalá y la Gran Vía. Contó con el rechazo generalizado de gran parte de la ciudadanía y la opinión pública, que la veía como una representación del gusto hortera y cutre, un homenaje encubierto a una figura abiertamente franquista. En marzo de 1999 se produjo una manifestación de madrileños en contra de esta obra y de la deriva estética del Ayuntamiento madrileño bajo el lema «La rebelión de las musas». Finalmente, el Ayuntamiento decidió moverla de ese lugar tan emblemático y trasladarla al parque de Las Vistillas.

En 2014, por ejemplo, también en Madrid se inauguraba la estatua homenaje al teniente general de la Armada Blas de Lezo, ubicada en la Plaza de Colón y creada por el escultor Salvador Amaya.

La estatua un bronce que representa al personaje histórico con vestimenta de época y la característica pata de palo que lució en vida, no puede estar más ajena al espíritu artístico del siglo XXI, bien pudiera ser un remedo del *Mendizábal* perdido de Gragera. Pero ahora resulta extraña, tanto como el pedestal que ha recuperado la altura y la distancia del más puro academicismo decimonónico. La suerte es que la pretensión de la asociación promotora del monumento, costeado por suscripción popular, de instalarlo en un lugar emblemático chocó con los intereses del Ayuntamiento y, aunque en principio pueda parecer que está instalada en una de las plazas más emblemáticas de Madrid, la de Colón junto al *Monumento al Descubrimiento,* de Joaquín Vaquero Turcios de 1977, su posición lateral en la plaza hace que pase desapercibida frente a la mole de hormigón del monumento, por otro lado, mucho más interesante de Vaquero Turcios.

Algo parecido, todavía más reciente, es el caso del *Monumento a la Legión,* escultura de tres metros de altura, en bronce, obra de Salvador Amaya, que más parece de principios del siglo XX que del XXI. Es la representación de un soldado con el uniforme de la Legión, fundada en 1921 por Millán-Astray, que luego será del bando golpista en la Guerra Civil. Estéticamente la escultura se asemeja a la de *Eloy Gonzalo héroe de Cascorro* en el madrileño barrio del Rastro, obra de Aniceto Marinas en 1898. La pretensión de la fundación del ejército que donó esta escultura era que se instalara en la Plaza de Oriente en Madrid, pero se instaló en el Paseo de la Castellana, cerca de donde estuvo hasta 2005 la escultura ecuestre de Franco de José Capuz.

Cambiando de tercio, siguiendo la estela de la figuración, pero cambiando la escala, de tal manera que no podemos entenderlas como obras realistas o naturalistas, estarían dos autores que han copado la atención de la actualidad en los últimos años. El primero sería el pintor manchego Antonio López y su obra escultórica, en la que destacan sus gigantescas cabezas de bebé –retrato de su nieta Carmen–, que podemos ver en la Estación de Atocha en Madrid, o los polémicos proyectos para las puertas de la Catedral de Burgos, que finalmente, en el momento que escribo esto, no están ni instaladas ni expuestas en la ciudad castellana, o el también polémico proyecto de las puertas para la Basílica de la Santa Cruz de Caravaca en Murcia.

También hace figuras especialmente desproporcionadas el escultor español de moda en estos momentos, Jaume Plensa, que ha expuesto en todo el mundo y cuyas esculturas podemos ver en Madrid, como su *Julia* en la plaza de Colón (Fig. 17), *Carmela* de 2015 en Barcelona, pero también en Nueva York o *La casa de la memoria* de 2012 en Shanghái, entre otros lugares, como Seúl, Montreal, Chicago o Venecia. Tiene gran éxito internacional porque su juego de imágenes, que evocan perfiles humanos hechos a base de letras o palabras y sus cabezas femeninas grandes y de canon estilizado, como si fueran salidas de una obra del Manierismo, son fácilmente comprensibles y juegan con la poética. Si tuviera que dar una valoración sobre la obra de López, comparándola con Plensa, lo primero que me viene a la cabeza es la diferencia conceptual en sus obras. Mientras que López llega a la escultura desde el hiperrealismo, Plensa tiene un componente más conceptual. Las obras de hiperrealismo son un derroche de técnica; en el caso de López, llegó a la escultura tras una formación tradicional, en la propia Academia de Bellas Artes de San Fernando, con una importancia grande del dibujo y la pintura, copiando yesos clásicos. Por otro lado, en Plensa importa más el juego con el concepto de figura humana y las palabras. Personalmente la sensación es que López no es escultor, sino un pintor que usa la escultura como medio de expresión con el que también trabaja en la representación de la realidad. Sus esculturas son, seguramente, menos evocadoras, menos poéticas que las de Plensa, que, al trabajar conceptos como la línea, el contorno, las palabras, las figuras humanas, crea imágenes, en mi opinión, mucho más potentes. Por otro lado, uno tiene la sensación de que López lleva décadas regalándonos sus fotos del álbum familiar en forma de esculturas monumentales –rostros de su hija, de su nieta, de él mismo son los grandes protagonistas de sus esculturas–.

También el siglo XX y los inicios del XXI parecen haber suscitado una especie de carrera, sobre todo en los focos alejados de la tradición clásica occidental, de ver quién hace la escultura más grande del mundo. Es lógico que estas esculturas se den en contextos no europeos, pues en muchos casos están respondiendo a una tradición ajena a la occidental. Así, en Oriente ha habido esculturas monumentales desde antiguo, como los *Budas de Bāmiyān,* que medían 55 y 37 metros, hechos en ese valle afgano entre los siglos

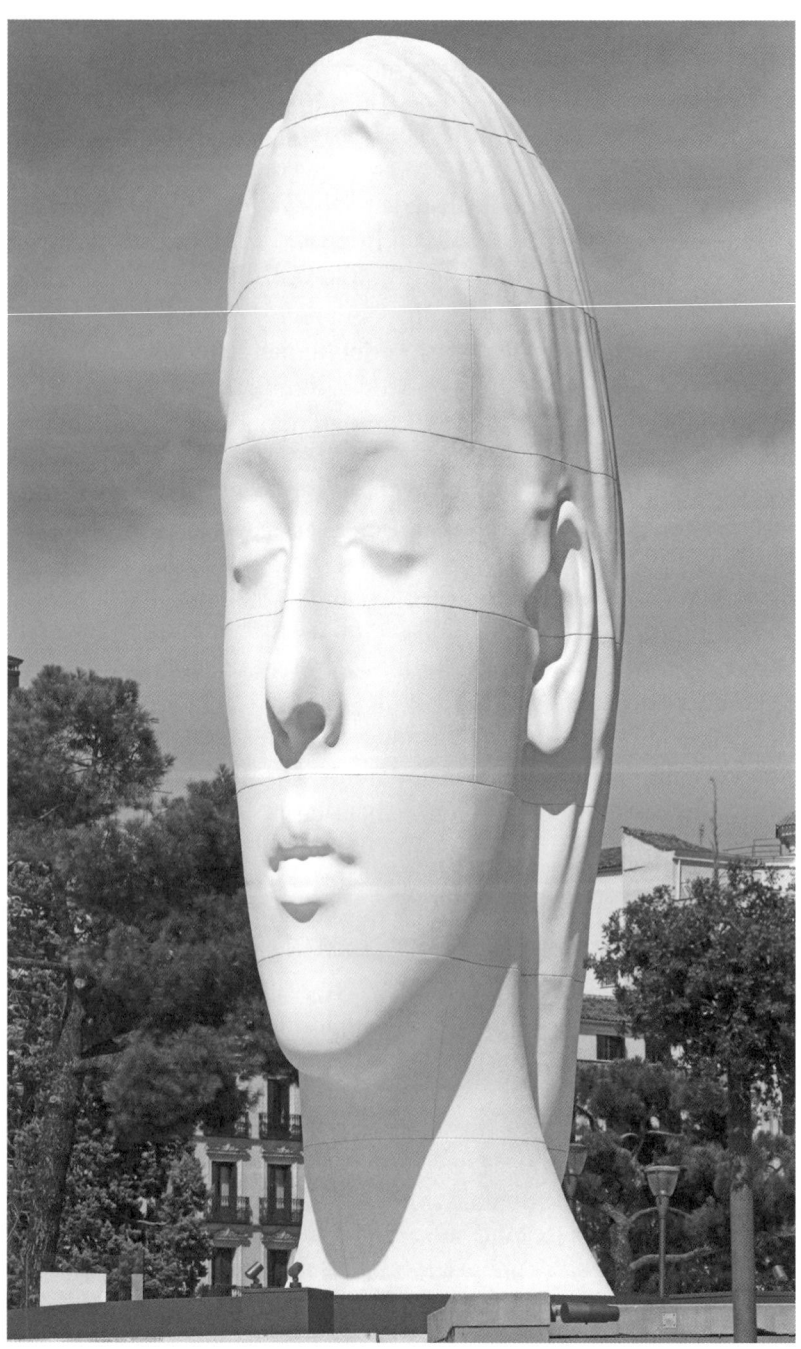

Figura 17. *Julia* de Jaume Plensa. Madrid.

v y vi, y el *Gran Buda de Leshan* de 71 metros de altura, hecho en China durante la dinastía Tang en el siglo viii.

Esta carrera podemos comenzarla seguramente con la escultura más icónica del mundo, tanto que, hasta ahora, creo que no la he mencionado ninguna vez, por lo obvio que resultaba. La *Estatua de la Libertad* que domina la llegada a Nueva York desde 1886, es obra del escultor francés Frédéric Auguste Bartholdi, siendo la estructura interna diseñada por el ingeniero Alexandre Gustave Eiffel. La obra, regalo del pueblo francés al norteamericano, es fruto de un centenario, en este caso el primero de la firma de Declaración de Independencia de Estados Unidos. La cabeza y busto de la escultura se mostró en la Exposición Universal de París de 1878. El conjunto alcanza, gracias al imponente pedestal de 47 metros, que diseñó el arquitecto Richard Morris Hunt, la nada despreciable altura de 93 metros.

Le podría seguir en altura, pues como escultura es más alta, la estatua de *La Madre Patria te llama* levantada en Volgogrado (Rusia), concebida como conmemoración a la batalla de Stalingrado durante la Segunda Guerra Mundial. Es obra del escultor Yevgueni Vuchétich y del ingeniero Nikolái Nikitin en 1967, considerándose ese año la escultura más grande del mundo, con sus 87 metros de altura sin contar el pedestal. Realizada en el lenguaje típico de la escultura propagandística soviética, remite a modelos como *El obrero y la mujer de la granja colectiva* del que hablamos ya, también a la iconografía clásica de la *Nike* o Victoria alada.

Entre China, Myanmar, Filipinas e India podemos localizar esculturas monumentales, principalmente religiosas, con características muy parecidas: una iconografía tradicional, uso de colores o directamente dorados. La única diferencia, en general, es el tamaño. En esta lista podrían entrar ejemplos como *Dizang del monte Jiuhua, Guanyin de Nanshan* y *Guanyin de Mil Manos y Mil Ojos* en China; *La Madre de toda Asia* en Filipinas; o el *Laykyun Setkyar* en Myanmar. Todas ellas oscilan entre los 70 y los 115 metros de altura. La estética, apegada a los modelos tradicionales de representaciones de las deidades orientales, están alejados de los gustos y formas del arte occidental, la propia escala tan monumental es muy ajena a la idea que desde el clasicismo ha imperado en el arte occidental, que es que el arte, la escultura, ha de estar hecho a la medida, a la escala, del hombre.

*El Buda del Templo de Primavera* es una imponente estatua ubicada en China. Representa a Vairochana y fue erigida entre 1997 y 2008. Con una altura de 128 metros, que incluye un trono de 20 metros con forma de flor de loto, durante un tiempo fue la estatua más alta del mundo. Si se considera el edificio sobre el que se encuentra, la altura total alcanza los 153 metros. Tanto la estética como la dimensión de la escultura está totalmente alejada de la tradición del monumento en la cultura occidental. Es significativo el uso del dorado y la conservación de la estética tradicional de estas representaciones que derivan de los modelos indios, fundamentalmente los creados durante el periodo de la dinastía Gupta en India, que se expandieron por la Ruta de la Seda a partir del siglo I durante la dinastía Han.

*El Buda* fue superado en altura por la *Estatua de la Unidad,* que es un monumento erigido en honor al destacado político indio Sardar Vallabhbhai Patel, uno de los fundadores de la India moderna. Esta imponente estatua se encuentra en el Estado de Guyarat (India). Su base alcanza una altura de 58 metros, mientras que la estatua en sí se eleva a 182 metros. Construida con una estructura de acero, hormigón armado de cemento y revestimiento de bronce, se considera la estatua más alta del mundo.

Estas esculturas tan enormes nos generan desasosiego a todos los que tenemos una formación eminentemente en el arte occidental, pues desde el Renacimiento, el arte, para ser bello, ha de tener proporción y esta ha de estar a la escala del hombre. Estas megaesculturas, con estructuras complejísimas para poder soportar el peso de las partes que lo componen, no son sino un reflejo de esos budas gigantes de la tradición oriental. Salvo el primer ejemplo que poníamos, la *Estatua de la Libertad,* que está más en la línea de probar qué se puede hacer con los conocimientos técnicos que había en ese momento, es un canto al progreso generado gracias a la Revolución industrial. No es casual que entre los nombres de los responsables salga el del ingeniero francés Gustave Eiffel, el mismo de la famosísima torre parisina que, en realidad, se construyó simplemente para demostrar que se podía hacer.

Casi como contrapunto podríamos traer uno de los monumentos más interesantes del siglo XX, que no responde a la tipología de escultura conmemorativa, pero que es más evocador y que revolucionó el concepto de monumento. Me estoy refiriendo al *Monu-*

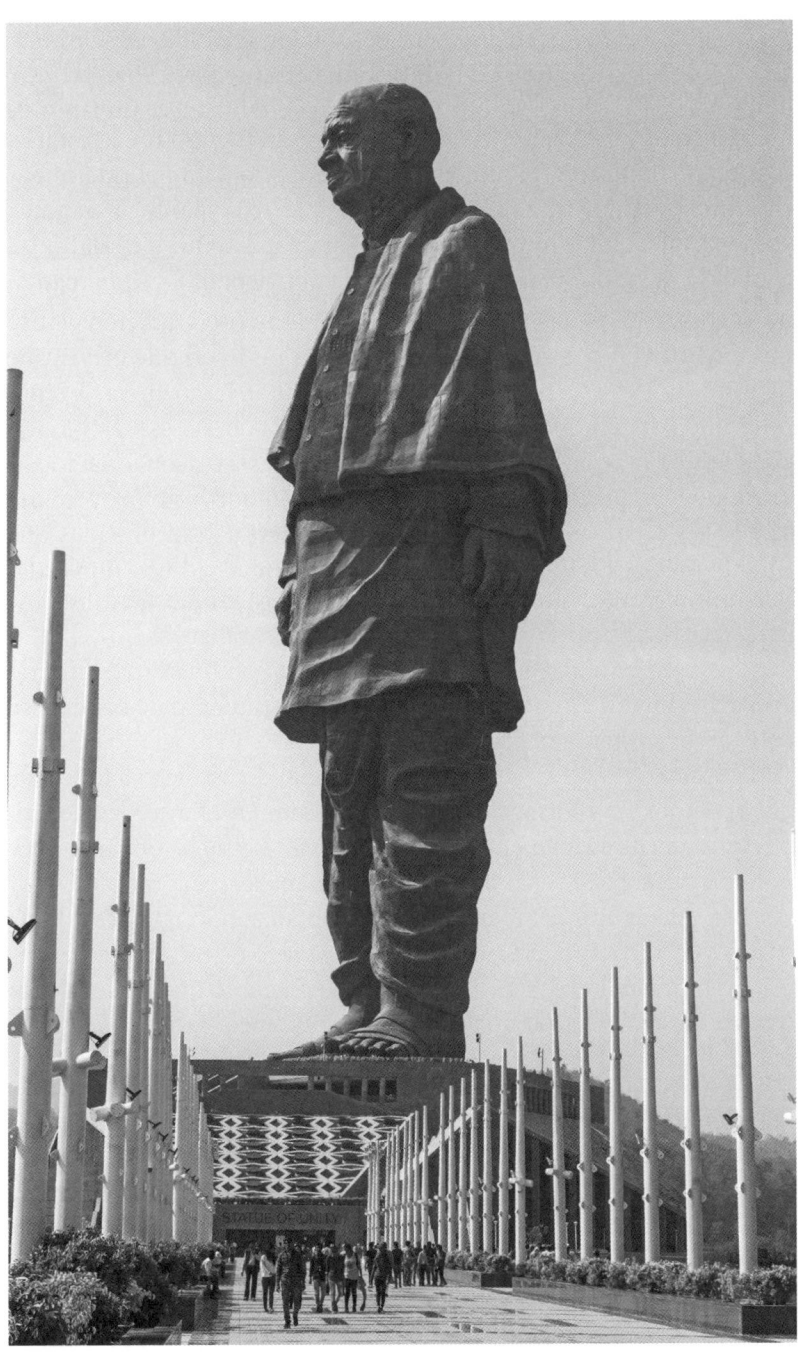

Figura 18. *La Estatua de la Unidad.* Estado de Guyarat (India).

*mento a los veteranos de Vietnam* construido en 1982 en Washington. La autora del proyecto, Maya Lin, ideó un corte en el terreno con un leve descenso, con forma de uve, de tal manera que uno de los muros que se genera con la ondulación del terreno y la suave pendiente descendiente, se orienta hacia el monumento a Washington, mientras que el otro lo hace hacia el de Lincoln. Ese muro revestido de piedra negra pulida contiene los nombres de todos los soldados muertos o desaparecidos durante esa contienda. Como he dicho, está en las antípodas del monumento tradicional. Ese monumento en el que tiene que haber un pedestal que eleve, que haga que la idea esté por encima del observador, también ha de tener un grupo o figura que exprese el concepto, ha de ser visual y basado en la representación humana, las figuras humanas personalizan ideas, sentimientos, pasiones. Como hemos comentado, este proyecto no sigue estas premisas y seguramente por eso, pese a los problemas que tuvo la propia Lin en su momento, se ha convertido en un verdadero modelo de cómo debe ser un monumento público de estas características.

# 9. Acción y reacción
## «De aquellos polvos, estos lodos»

Hemos visto cómo la ciudad es el escenario del conflicto. En realidad, es el escenario de nuestras vidas, pues somos una sociedad, la europea de cultura occidental, cada vez más urbanita. Al ser el escenario de nuestras vidas, lo es también de nuestros conflictos: ideológicos, económicos, laborales. La ciudad acaba siendo un actor más y, en ocasiones, no es un agente neutro, sino que, por su carga histórica, por el uso que se ha dado a sus espacios, estos van adquiriendo connotaciones, sesgos y símbolos. Es importante entonces entender hasta qué punto los símbolos de las ciudades nos representan o si representan ideologías del pasado que no son fáciles de encajar en la sociedad que queremos o pretendemos ser. En ocasiones, las ideologías van creando un poso de mensaje en los objetos que acaba cambiando su significado original y creando lecturas interesadas. Quiero tratar en este capítulo de ese conflicto entre los símbolos heredados, con su carga ideológica, y las nuevas sociedades urbanas que no están dispuestas a mantenerlos.

Los estallidos sociales han venido normalmente acompañados de actos que tienen una gran carga simbólica. Cuando aquello contra lo que se lucha puede identificarse con un símbolo en forma de monumento público, es normal que en el momento de exaltación durante las reivindicaciones alguien piense que es buena idea derribar, mancillar o simplemente eliminar ese símbolo como si tuviera una suerte de conexión con lo que representa. Creo que esta idea nos ha quedado más que clara a lo largo de las páginas de este libro. A este respecto, quiero recordar varios ejemplos relacionados con la proclamación de la Segunda República. Ya hablamos de los altercados que provocaron en la ciudad de Logroño la destrucción de seis de las esculturas de reyes de España hechas para el

Palacio Real de Madrid, destrucción que, en este caso, ponía de manifiesto la voluntad popular de acabar con la institución monárquica representada en aquellas figuras.

Algo parecido pasó en la ciudad de Madrid con la escultura en bronce de Isabel II que, desde principios de siglo, presidía la plaza del mismo nombre, popularmente conocida como Ópera. La escultura se hizo siguiendo el modelo del escultor José Piquer en 1850 y estuvo en diferentes emplazamientos hasta que volvió a ocupar su pedestal en la susodicha plaza en 1905. Con la proclamación de la República, el 14 de abril de 1931, un grupo de exaltados la derribaron y arrastraron hasta el convento de las Madres Arrepentidas, en la calle de Hortaleza, a algo más de un kilómetro de distancia. El acto, además de destruir la imagen de la reina, que era la abuela del monarca que estaba partiendo al exilio, culminó con la mofa hacia los monarcas, quienes debían mostrar arrepentimiento: no era casual la decisión del convento a cuyas puertas se dejó la escultura. Madres Arrepentidas era una institución encargada de recoger a mujeres de la calle, dedicadas a la prostitución, y procurarles un matrimonio o su ingreso en un convento como monjas.

La otra historia que quiero traer a colación está relacionada con el otro símbolo al que se asociaba la monarquía y el sistema político tradicional que estaba en crisis, la religión. En 1936 con el triunfo del Frente Popular se estaban crispando y radicalizando las ideas que iban a detonar en la sublevación militar y tras el fracaso de esta, en el inicio de la Guerra Civil. En ese clima se produjeron en las zonas que quedaron bajo mandato del gobierno de la República muchos altercados de índole anticlerical. En realidad, manifestaciones de iconoclasia parecidas a algunos fenómenos que hemos visto que se produjeron en el pasado. En la ciudad en la que vivo, se había realizado unos años antes un monumento nacional dedicado al Sagrado Corazón de Jesús, una advocación de Cristo impulsada por el papa León XIII en el Año Santo de 1900 y que se acogió con entusiasmo por parte de los católicos españoles. En 1911 se inició la campaña de recolección de fondos para erigir este monumento y se pensó en el Cerro de los Ángeles, de Getafe, una pequeña colina desde la que se divisaba todo el territorio del valle del Manzanares y que ya contaba con una ermita del siglo XVII. El lugar se consideraba el centro geográfico de la península ibérica, lo que cargaba todavía más de significado al monumento, que contaba con el beneplácito de la Casa Real. La idea era que pudiera ser visto desde grandes distancias, sobre todo desde Madrid, por lo que tenía una altura total de 28 metros, incluida la figura, que se alzaba a 9 metros desde el plinto. La obra fue un trabajo del arquitecto Carlos Maura Nadal y el escultor Aniceto Marinas, este último autor, por ejemplo, de la escultura monumental dedicada a Velázquez y que hoy preside, en el exterior del Museo del Prado, la puerta homónima que da al paseo del Prado.

El monumento se organizaba en un alto pedestal, casi como un obelisco truncado, coronado por la figura del Sagrado Corazón, con dos grupos de figuras que se acercaban a él desde ambos lados. Uno representaba la «Humanidad santificada» y el otro, la «Humanidad que tiende a santificarse». En el primero, se incluían figuras como santa Margarita María de Alacoque, san Agustín, san Francisco de Asís, santa Teresa de Jesús, santa Gertrudis, el beato Bernardo de Hoyos y san Juan Evangelista. En el segundo grupo, ubicado a la izquierda del monumento, se representaba el camino hacia el cielo a través de la práctica de la caridad, el amor, la humildad y el arrepentimiento. La caridad estaba simbolizada por una hija de san Vicente de Paúl y cinco niños guiados por ella. Otro grupo de cinco figuras personificaba la Virtud y el Amor, siendo la primera representada por una joven de alta alcurnia y una niña con traje de primera comunión, y el segundo por un hombre y una mujer del pueblo sosteniendo a un niño en brazos. El conjunto se hizo en piedra caliza de la zona de Levante. Todo el sentido iconográfico estaba en la línea de que la sociedad de principios de siglo se viera reflejada en cada una de estas figuras que se encaminan hacia la de Cristo.

El monumento fue inaugurado por Alfonso XIII, acompañado por todas las autoridades nacionales y eclesiásticas. La asistencia gubernamental fue completa, con la presencia destacada del presidente Antonio Maura. Del lado de las autoridades eclesiásticas, participaron 23 prelados, liderados por el nuncio Francos Ragonesi, el cardenal primado Victoriano Guisasola y Menéndez, y el obispo de Madrid-Alcalá Prudencio Melo y Alcalde. Después de la celebración de la Eucaristía en el altar situado al pie del monumento, Alfonso XIII procedió a su inauguración solemne, consagrando a España al Sagrado Corazón de Jesús.

En 1936, un grupo de milicianos republicanos organizaron el fusilamiento del monumento y su posterior destrucción, primero a martillazos y luego con dinamita. Tras el fin de la guerra, se decidió su reconstrucción, pero aumentando su tamaño, incluyendo en la base o pedestal un edificio que funciona como basílica y construyendo también toda una explanada empedrada. Para la arquitectura se recurrió a un lenguaje clasicista, con arcos y empleo de granito que recuerda al lenguaje de la Cruz de los Caídos en Cuelgamuros. Se inició en 1944 y los arquitectos encargados de su reconstrucción son Pedro Muguruza, el mismo arquitecto de la Cruz, y Luis Quijada. El nuevo monumento iba a tener una escultura de 11 metros de altura y el pedestal de 26. La escultura de Cristo se encargó de nuevo a Aniceto Marinas y los grupos escultóricos a los pies pasaron de dos a cuatro, realizados por Fernando Cruz Solís. La idea era mantener una iconografía semejante al monumento original, pero en este se incluyeron los personajes de la historia de España que el régimen franquista quería ensalzar y usar como propaganda del nuevo Estado. Los conjuntos frontales simbolizan la España misionera y la España defensora de la fe, mientras que los posteriores personifican la Iglesia militante y la Iglesia triunfante. Estas dos últimas representaciones mantienen las figuras originales, aunque dispuestas en un orden diferente. El primer grupo incluye a Isabel la Católica, Cristóbal Colón, Hernán Cortés y fray Junípero Serra. El segundo grupo está compuesto por Osio, obispo de Córdoba, Don Pelayo, Diego Laínez, Juan de Austria y el beato Anselmo Polanco. El tercer grupo presenta a la Caridad, encarnada por una religiosa guiando a niños, la Virtud, representada por una niña con flores y otra vestida como niña de primera comunión, el Amor, personificado por un hombre y una mujer del pueblo con un niño en brazos, junto con un hombre desnudo que se dirige hacia Cristo. El cuarto y último grupo está conformado por san Agustín, san Francisco de Asís, santa Margarita María de Alacoque, santa Teresa de Jesús, santa Gertrudis y el beato Bernardo de Hoyos.

Desde el siglo XIX, el nacionalismo español va a considerar al subcontinente americano como una prolongación de la propia identidad nacional. Aunque en ese siglo sea cuando se pierden las colonias, no se va a terminar la proyección que para España suponía seguir teniendo lazos, ya no políticos sino culturales, con las antiguas tierras que habían pertenecido a sus dominios, pues les confería una dimensión universal, justo en el momento en el que el resto de las naciones europeas se lanzan a una carrera por la conquista de todo aquel territorio del mundo que entendiesen que estaba a su alcance, como potencias civilizadoras.

Las elites políticas criollas, que van a detentar el poder en los nuevos países que surjan de la descomposición de los virreinatos españoles en América, van a tener la misma formación que las elites de la metrópoli, van a responder a los mismos ideales y van a defender la misma ideología, por lo que esos lazos de conexión cultural van a recibir siempre impulso en ambos sentidos. En este sentido, podemos ver cómo el lenguaje de los monumentos públicos es el mismo en ambos lados del Atlántico, en muchos casos se va a recurrir a los escultores de la antigua metrópoli para que manden proyectos para los mismos, como puede ser, por ejemplo, el *Monumento a Francisco Bolognesi* que presentó Agustín Querol para glorificar a este héroe de la historia de Perú y que está en la plaza del mismo nombre en Lima, o el *Monumento a Urquiza* hecho por el mismo Querol y terminado por Benlliure para la ciudad de Paraná en Argentina.

En el tránsito entre el siglo XIX y el XX surgen toda una serie de ideologías que tratan de reivindicar el papel de lo español, asociado a la conquista y evangelización del Nuevo Mundo, así como en la idea del papel civilizador que tendría España. Toda esta ideología hundía sus raíces en los discursos regeneracionistas que se habían puesto de manifiesto durante las celebraciones del IV Centenario del Descubrimiento de América. Durante la dictadura de Primo de Rivera, se había tratado de construir en el tablero geopolítico internacional un bloque de naciones hispánicas, que evidentemente debía encabezar España. En este clima, el gobierno de Primo de Rivera auspiciará la Exposición Iberoamericana de Sevilla de 1929 que ya hemos mencionado varias veces.

En el siglo XX, con el régimen franquista tras la victoria del bando sublevado en la Guerra Civil, se volverá a rescatar con fines propagandísticos ese espíritu de exaltación de la Hispanidad y de los vínculos culturales con los antiguos territorios americanos. En ese sentido, sobre todo en los años del aislacionismo, va a funcionar como un vector de proyección exterior del nacionalismo español, a la vez que se incidirá en el ingrediente que el nacionalcatolicismo quiere exaltar como clave en la aportación española a la Historia universal: la cristianización –más bien catolización– de todos los territorios que habían pertenecido a la corona hispánica. La idea que finalmente se destilaba era el papel de España como una especie de misión mesiánica para lograr la evangelización de aquellas tierras de manera totalmente desinteresada. Así, en la zona franquista, como nos cuenta David Marcilhacy[1], la Delegación Nacional de Prensa y Propaganda de Falange Española Tradicionalista y de las Juntas de Ofensiva Nacional Sindicalista (FET y de las JONS), creada en abril de 1937, impulsó una clara manipulación del mito de la Hispanidad de manera que sirviera para legitimar al bando sublevado, creando un relato que insistía en el paralelismo entre la épica del descubrimiento en 1492 y el alzamiento militar de 1936, presentado como una nueva gesta al servicio de la resurrección nacional. Para ello se valió del lenguaje de los carteles, que, gracias a su simplificación de las formas y a eslóganes impactantes, lograban transmitir a las masas un mensaje claro y capaz de estimular los ánimos. A esto hay que añadir que, una vez instalado el nuevo régimen, se va a emprender una política de transmisión de sus valores mediante organizaciones como Frente de Juventudes, Acción Católica o las leyes educativas que recordaban la necesidad de ajustar la educación al dogma y la moral católica, además de introducir en las clases la «Formación del Espíritu Nacional» en las que se insistía en una visión imperial de la Historia. En los libros se ensalzaba a los héroes de la «raza hispana»: Pelayo, el Cid, Santiago, santa Teresa de Jesús, Recaredo, Isabel la Católica, Colón y los conquistadores. De esta utilización manipulada de la historia y de esta creación de iconos del nacionalcatolicismo derivarán las posteriores visiones negativas de estos personajes en épocas recientes, ya que se ha de hacer el esfuerzo de contextualizar esas figuras y eliminar la visión parcial y errónea de la que fueron dotadas por el régimen franquista, para devolverles a su verdadero papel en la Historia.

Tras la derrota de las potencias del eje en la Segunda Guerra Mundial, el franquismo entró en una etapa de aislacionismo que trató de mitigar con políticas de acercamiento cultural con el mundo hispanoamericano. Pero cuando la situación política internacional cambia y el régimen franquista es aceptado por el bloque anticomunista, produciéndose el desarrollismo, la política respecto

---

[1] David Marcilhacy, *Imaginarios y representaciones de España durante el franquismo,* Madrid, Casa de Velázquez, 2014.

a América también trata de conjugar el papel de conexión cultural. En la década de los sesenta, se intentará promover la cooperación iberoamericana con la creación de monumentos conmemorativos en la capital, muchos de ellos en el Parque del Oeste, como los dedicados a Simón Bolívar, con un retrato ecuestre en bronce obra de Emilio Laiz Campos de 1970, a San Martín, que es una réplica, también en bronce, del monumento ecuestre realizado en 1862 por el escultor francés Louis-Joseph Daumas, que se encuentra en Buenos Aires, y a Artigas, héroe uruguayo, que es también una réplica en bronce de la original hecha en 1898 por el escultor de Montevideo, Juan Luis Blanes, para la ciudad uruguaya de San José.

En 1954, se erigió en la Ciudad Universitaria de Madrid una estatua de cuerpo entero en bronce dedicada al conquistador Vasco Núñez de Balboa. Esta iniciativa fue impulsada por el VI Congreso de la Unión Postal de las Américas y España, que tuvo lugar en octubre de 1952, y contó con la participación de varios Ministerios en el proyecto. La solución creativa del escultor, Enrique Pérez Comendador, radica en la extensión de los brazos hacia adelante y hacia atrás, formando una simbólica cruz. Esta reinterpretación cristianiza un modelo clásico, evidenciando la influencia del *Zeus de Artemision,* una obra emblemática del estilo severo griego. Aunque se ha modificado la posición de las piernas para proporcionar mayor impulso, el resultado es una obra con una apariencia dinámica que, paradójicamente, evoca una extraña sensación de movimiento congelado. La serenidad presente en obras anteriores se transforma aquí en elocuencia y gestualidad exaltada.

La estatua se situó cerca del Museo de América y sistemáticamente sufre actos de vandalismo. A pesar de limpiezas periódicas, las pintadas y grafitis persisten, y varias asociaciones hispanistas han enviado cartas a diversas autoridades solicitando la «puesta en valor» de la escultura y de otro monumento dedicado a Isabel la Católica en la misma área. La falta de claridad sobre la titularidad de la pieza y la preocupación por la representación del gesto del conquistador generan debate entre las asociaciones, proponiendo incluso la sustitución de la escultura actual por una más fiel a la iconografía clásica de Núñez de Balboa. La gestión y mantenimiento recae en el Consorcio de la Ciudad Universitaria, pero las asociaciones critican la insuficiente vigilancia y cuidado en comparación con otros monumentos cercanos de titularidad municipal, como los dedicados a los héroes de la Independencia Americana en el Parque del Oeste que acabamos de comentar. Su ubicación en las inmediaciones de la Ciudad Universitaria la convierten en objeto de las mismas pintadas que sufren las fachadas y elementos de mobiliario urbano de esta zona.

De todos estos monumentos, sobresale por su estética y su ubicación, junto al Museo de América en Madrid, el *Monumento a la Hispanidad,* obra de Agustín de la Herrán de 1970 hecha en roca y aluminio en el que se trata de representar de manera alegórica el encuentro de dos civilizaciones a través de la figura de un guerrero español a caballo que levanta a una mujer india en un abrazo de amor.

Estas visiones sesgadas de la conquista han provocado la identificación de los personajes del pasado y sus hechos con el mensaje que quería la dictadura franquista, lo que en realidad no ha hecho ningún bien a esas figuras, que ahora son víctimas del revisionismo más radical y también de la incomprensión por parte de quienes han recibido un mensaje manipulado durante mucho tiempo. De aquellos polvos, estos lodos.

En 2017 saltaba la noticia de disturbios protagonizados por simpatizantes de la ultraderecha en Estados Unidos; más en concreto, los altercados se iniciaron en la ciudad de Charlottesville (Virginia). Este hecho reavivó el intenso debate sobre los símbolos de la Guerra Civil en Estados Unidos, llevando al sur del país a confrontar su pasado. En el siglo XIX, durante el conflicto, los Estados sureños de la Confederación defendían la esclavitud frente a los Estados de la Unión, que la abolieron al vencer. El problema, en realidad, era mucho más profundo, se trataba de el antagonismo de dos modelos económicos. Los Estados del sur habían dirigido su economía hacia la producción extensiva de la agricultura, fundamentalmente el cultivo del algodón, materia prima básica para el desarrollo de la Revolución industrial textil. Para hacer frente a la producción de algodón, se precisaba un sistema que facilitara la mano de obra abundante y barata, por lo que se utilizaba el modelo esclavista y una economía proteccionista para evitar las importaciones. En el norte, sin embargo, se estaba desarrollando una industrialización fuerte, basada en la metalurgia, por lo que había mucha más mano de obra y un sistema económico que precisaba de libertad comercial para fomentar las exportaciones. Este hecho económico tuvo muchísimo más peso en la contienda que los escrúpulos de los ciudadanos del norte acerca del sistema esclavista, por mucho que la propaganda cinematográfica haya tratado de contar lo contrario. El problema fundamental es que, una vez acabada la guerra, se impuso el modelo económico del norte, se abolió la esclavitud, pero no se solucionaron los problemas de base que habían forzado la desigualdad social, es más, durante más de un siglo, se produjo una política de segregación racial en los Estados del antiguo sur, que no hizo sino enquistar más las posturas. En ese sentido, los estallidos violentos saltan cada cierto tiempo. Me detengo en este caso de 2017, porque estos movimientos de protesta llevaron aparejada la destrucción de símbolos, de monumentos públicos relacionados con el pasado incómodo. De tal manera que la decisión del Ayuntamiento de Charlottesville de retirar la estatua del general confederado Robert E. Lee, paralizada por la justicia, desencadenó protestas de grupos supremacistas blancos, que derivaron en caos y en la trágica muerte de una mujer. La reacción inicial del presidente Donald Trump, que no condenó enérgicamente la violencia de la extrema derecha, generó una intensa controversia política.

Como dato anecdótico, en 2017 en la ciudad de Nueva York se vandalizó con pintura roja la copia en bronce del Cristóbal Colón que preside el monumento en el Paseo de la Castellana de Madrid, hecho por Jerónimo Suñol siguiendo el modelo que corona el pedestal columna de Arturo Mélida. Del que hablamos ya en su momento.

Tras lo ocurrido en Charlottesville, en Durham (Carolina del Norte), un grupo derribó una estatua de soldados confederados. Para ello ataron una soga al monumento y lo tumbaron, pidiendo el desmantelamiento de todos los símbolos confederados en Carolina del Norte para evitar más pérdidas de vidas inocentes, refiriéndose a los disturbios en Charlottesville, sumándose así a esa creciente tendencia de ciudades que abogan por desmantelar símbolos incómodos de esa época. Después de eso, los alcaldes de Baltimore, Maryland y Lexington (Kentucky), confirmaron la continuación de sus planes para retirar monumentos confederados. Asimismo, ciudades como Memphis, Tennessee y Jacksonville (Florida), anunciaron nuevas iniciativas en la misma dirección. En Tennessee, el gobernador republicano Bill Haslam se sumó al debate solicitando la eliminación de un busto de Nathan Bedford Forrest, general de la Confederación y miembro inicial del Ku Klux Klan, del Capitolio estatal.

El debate sobre los símbolos de la Guerra Civil, que se gestó en el sur de Estados Unidos, tomó relevancia nacional después de un acto racista en Carolina del Sur en 2015, cuando Dylann Roof, un supremacista blanco, mató a nueve personas negras en una iglesia de Charleston. La vinculación de Roof con la bandera confederada reabrió la discusión sobre su presencia en el Capitolio estatal.

La oposición a monumentos confederados ha llevado a la retirada o cambio de al menos 60 de ellos hasta abril de 2022, según el Southern Poverty Law Center (SPLC), un referente en el estudio del extremismo. A pesar de los esfuerzos por retirar estos símbolos, ha habido protestas tanto a favor como en contra, destacando la visibilidad de grupos de extrema derecha que los consideran parte de la herencia blanca. En el sur, es común encontrar calles, escuelas o estatuas con nombres de figuras de la Confederación esclavista, sumando un total de 718 monumentos de este tipo en el país, según el SPLC. Mientras que, para los detractores, estos símbolos representan desde la esclavitud hasta la segregación racial legal, vigente hasta los años sesenta, para los partidarios son una expresión de patriotismo

Podría parecer que se trata de una cuestión lejana, pero en Barcelona, en 2018, el Ayuntamiento, entonces presidido por Ada Colau, decidió la retirada del *Monumento a Antonio López* de su pedestal. El personaje, que también es conocido por su título nobiliario de marqués de Comillas, fue un importante magnate de origen cántabro que se enriqueció con negocios en Cuba y Puerto Rico. Al poco de morir, salió un opúsculo, escrito por un familiar, que desvelaba su pasado esclavista en sus negocios americanos. Aun así, se hizo una escultura a finales del siglo XIX, a su muerte, que fue destruida durante la Guerra Civil. Una vez concluido el conflicto, Frederic Marès hizo una nueva en piedra para suplir aquella. El Ayuntamiento de Barcelona, en una revisión de su callejero y de los símbolos de la ciudad, decidió hacer una fiesta popular del hecho del traslado de la escultura. Tanto la entonces alcaldesa de Comillas, en Cantabria, como el presidente de aquella comunidad, pidieron a la alcaldesa Colau que les cedieran la escultura para ponerla en su tierra de origen, pero el consistorio barcelonés prefirió guardar la estatua en dependencias municipales, pues no deja de ser patrimonio histórico artístico de la ciudad. Ese es el gran problema de estas esculturas molestas: en sus pedestales están siendo ensalzadas, pero en un museo parece que se les está perdonando y aceptando su modo de vida, contrario a los valores que ahora se quieren potenciar. En ese sentido, podría acabar como la escultura ecuestre decapitada de Franco, que se expuso en 2016 en el Born Centre Cultural y Memòria (BCCM) de Barcelona, en el contexto de una exposición temporal «Franco, Victòria, República, Impunitat i Espai urbà» y que acabó siendo derribada al suelo por tres individuos, lo que ocasionó la fractura en varios trozos y la consiguiente retirada por parte de operarios municipales. La escultura en cuestión, obra de Josep Viladomat, no es otra que aquella que mencionamos en el castillo de Montjuïc cuando hablábamos del baile de estatuas.

En 2019 vimos cómo otra escultura ecuestre en una gran plaza monumental era el foco de una revuelta social. La expresión «estallido social» se usa para describir extensas protestas y disturbios iniciados en Santiago y extendidos por Chile, con un impacto significativo en las capitales regionales. Estos eventos ocurrieron sobre todo entre octubre de 2019 y marzo de 2020. En la capital, Santiago, el epicentro de las protestas estaba en la plaza Baquedano, conocida también como plaza Italia, y sobre todo en torno al monumento ecuestre dedicado a Manuel Baquedano (Fig. 19), general del ejército chileno participante en la Guerra del Pacífico, realizado por Virginio Arias e inaugurado el 18 de septiembre de 1928. Es un monumento que sigue los modelos tradicionales, con un gran desarrollo del pedestal. En octubre de 2019 y ante la subida de precio del transporte público se inició una serie de revueltas que concentraron su acción en dicho espacio público. Renombraron la plaza como plaza Dignidad y la escultura de Baquedano fue objeto de pintadas, pasquines, carteles y todo tipo de ocupación de su espacio (Fig. 20). Llegando en un momento a intentar incendiarla y también derribarla mediante el corte de las extremidades del caballo. Estas imágenes icónicas de los manifestantes cabalgando en la escultura con sus banderas y pancartas, mientras que pedestal y estatua cambiaban de color casi a diario por efecto de las pintadas, fueron en parte el germen del proceso de ataque y destrucción de los monumentos públicos en Estados Unidos y en otros lugares del planeta unos meses después. En 2022 se decidió finalmente retirar

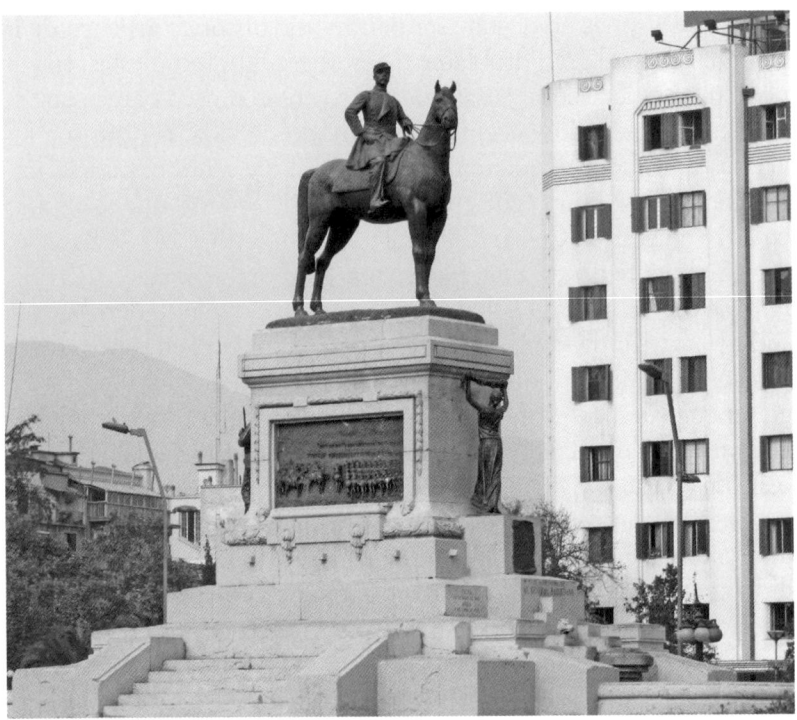

Figura 19. *Monumento a Baquedano.* Santiago de Chile.

la escultura y someterla a un profundo proceso de restauración para intentar recuperar el bronce de todas las agresiones físicas y químicas producidas por los pegamentos, pinturas y el intento de incendio de la escultura. Actualmente se encuentra en el Museo Histórico y Militar de Chile.

El 25 de mayo de 2020 unas imágenes tomadas por un teléfono móvil, en las que se veía cómo la policía detenía e inmovilizaba a George Floyd, causándole un estrangulamiento que acabó con su vida, dieron la vuelta al mundo rápidamente por su difusión en las redes sociales. Este hecho, visto como representación de la violencia policial contra las minorías norteamericanas, desenterraba los fantasmas de la segregación racial, la violencia policial y la visión negativa sistemática contra la población afroamericana y de otras etnias en el país. Resucitaba así el llamado «Black Lives Matter», movimiento de protesta social que había surgido en 2013 a raíz de otro asesinato a manos de la policía, el de Trayvon Martin.

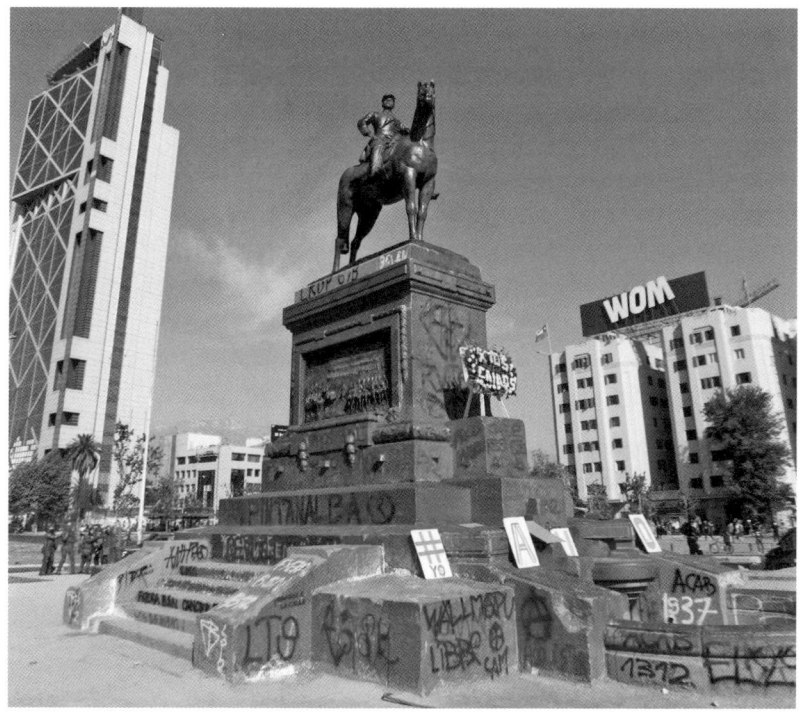

Figura 20. *Monumento a Baquedano* tras las acciones de vandalismo. Santiago de Chile.

El objetivo de la Black Lives Matter Foundation era erradicar la supremacía blanca e intervenir en la violencia ejercida contra las comunidades negras por parte del Estado y sus cuerpos de seguridad. Así que el asesinato de Floyd, que conjugaba racismo estructural, abandono por parte del Estado y unas imágenes impactantes que golpeaban las conciencias de la población, provocó una oleada de protestas que comenzaron el día siguiente, 26 de mayo, en Minneapolis y que pronto se extendieron a muchas ciudades de Estados Unidos. Coral Bullón y Marina Segovia[2] mencionan que el día 31 de mayo en la ciudad de Salt Lake City (Utah), un grupo de manifestantes vertieron, como protesta por el asesinato de Floyd, pintura roja sobre un monumento conmemorativo al cuerpo de poli-

---

[2] Coral Bullón y Marina Segovia, «De cuando las estatuas besan el suelo. Reflexiones en torno al papel de la iconoclasia en el movimiento Black Lives Matter (BLM)», en *Hastapenak* 1 (2021).

cía estadounidense, *Servir y proteger,* obra de Gregory Ragland ubicado frente a una comisaría desde 2013. La escultura tiene forma de dos manos con las palmas vueltas hacia arriba en un gesto que en lengua de signos significa la palabra *servir.* El baño de pintura roja sobre las palmas de las manos transformaba la escultura que hacía un homenaje al objetivo, que debiera ser el principal de un cuerpo de seguridad, de servir a la ciudadanía, en una imagen palpable de la expresión «tener las manos manchadas de sangre». El acto contra la escultura no podía ser más efectivo con menos recursos, generando a su vez una nueva imagen. Como un efecto dominó, se comenzaron a usar las esculturas de las ciudades donde se producían las manifestaciones como blanco de las iras y las críticas al sistema que había permitido el asesinato de un hombre por la violencia policial, teñida de racismo estructural. Eso sí, los blancos de las iras no van a ser los monumentos neutrales, si tal cosa pudiese existir, sino aquellos dedicados a personas o instituciones que son vistos como los culpables de la ideología de las elites dominantes que han perpetuado esa violencia y racismo en Estados Unidos: líderes políticos con pasado vinculado al esclavismo, soldados confederados que lucharon en la Guerra de Secesión en el bando del sur, figuras vinculadas al descubrimiento y colonización por parte de los europeos del continente americano.

En un mundo cada vez más globalizado y donde parece que se debe responder inmediatamente a cualquier suceso en cualquier parte del mundo, las protestas pronto se extendieron a otros lugares, donde su pasado era equiparable al pasado norteamericano y a sistemas de represión y racismo institucional similares. Así, se propagaron las manifestaciones no solo por Estado Unidos, sino también por Reino Unido, Bélgica, Alemania y diversos países de América Latina –que tenían muy cercano los sucesos de Chile en 2019–. En estas manifestaciones la destrucción de simbología colonial y racista se hizo un elemento común a todas ellas.

Ante esta tesitura parece que solo cabrían dos opciones como historiador del arte o profesional del patrimonio: los que opinan que es un desarrollo de iconoclasia clásica, como pudieron ser los provocados por las revueltas religiosas del siglo XVI o los movimientos revolucionarios –como la Revolución francesa–, y los que lo consideran como una reacción vandálica y destructora contra el patrimonio. El problema para mí es mucho más profundo y no se puede convertir en un planteamiento maniqueo, porque, por un lado, como historiador, entiendo las reacciones sociales en procesos de lucha contra los sistemas establecidos y que en esos momentos se pueden producir destrucciones. Por otro lado, como historiador del arte, que necesita de los artefactos culturales del pasado para poder entender los contextos, la destrucción de esos mismos objetos me deja sin opción de profundizar sobre mi materia. Entiendo a Bullón y Segovia cuando defienden el rechazo al término *vandalismo* para estos actos violentos contra monumentos y esculturas, pero, aunque sean actos de reclamación, ¿no nos dejará sin la posibilidad de contextualizar ese pasado que necesitamos conocer? ¿Hemos de justificar la violencia contra un objeto como algo legítimo, cuando en realidad el patrimonio no nos pertenece? Personalmente, creo que la violencia no tiene justificación o, por lo menos, no debería ser el camino. Evidentemente, el proceso de resignificación no es fácil y hay patrimonio que puede ser incómodo de gestionar; eso está claro y ya hemos mencionado varios casos a lo largo de estas páginas.

Me parece muy interesante la idea que transmite Borja Santiago en un trabajo completísimo que hizo sobre todo el fenómeno de la iconoclasia asociada a las protestas por la muerte de George Floyd[3], donde comenta que el ataque a estos símbolos, su derribo o retirada por parte de las instituciones no deja de ser un acto simbólico y evidentemente estético, pero, aunque sea una solución «vistosa», es en realidad una solución barata, pues es mucho más asequible el gasto de retirar una escultura y almacenarla en un depósito que realizar una verdadera política de reparación y redistribución que permita acabar con esas dinámicas de segregación, falta de perspectivas y desarrollo, racismo y opresión policial que fueron las que condujeron en primera instancia al estallido de las protestas.

Es cierto que el estallido de estas protestas ha tenido como consecuencia, por parte de las instituciones, la retirada de monumentos, placas y nombres de espacios públicos de personas que fueron traficantes de esclavos, comerciantes sin escrúpulos, colonizadores o directamente asesinos. Está claro que la historia ha de evitar el relato hagiográfico, en el que todos son héroes y mártires, pero

---

[3] Borja Santiago, *Del asesinato de George Floyd al derribo de estatuas. La lucha por la imagen de la ciudad,* trabajo final de grado, Madrid, Universidad Nacional de Educación a Distancia, 2022.

también la visión con ojos contemporáneos de lo sucedido en el pasado, el temido y peligrosísimo presentismo. La estatua ecuestre de Robert E. Lee ya no campea a sus anchas en Virginia y también sufrieron el mismo destino la estatua dedicada a Colston en Reino Unido o muchas de las dedicadas a Cristóbal Colón en algunas de las ciudades norteamericanas. Ya vimos cómo se inició el proceso de encumbramiento del almirante con motivo de la cercanía de los fastos del IV Centenario, por esas mismas fechas se van a levantar en muchos de los Estados del sur los monumentos a militares del ejército confederado, pues se está reivindicando esa parte de la historia en un contexto de tensión racial y evocación del modo de vida perdido. En otros casos, como en el que comentábamos más arriba de Antonio López, marqués de Comillas, el éxito en los negocios y la labor filantrópica realizada en la península a su vuelta de América hacía olvidar o por lo menos obviar, la parte de su pasado que le relacionaba con el esclavismo.

Evidentemente hay personajes que lo tienen más difícil: el rey Leopoldo II de Bélgica y su papel en la colonización del Congo constituyen seguramente uno de los capítulos más deleznables de la historia del colonialismo, y eso que en general los europeos de finales del siglo XIX y principios del XX no se comportaron bien en ningún lugar que ocuparon políticamente.

Muy interesante, como movimiento contra la destrucción de algunas estatuas, es lo que pasó en Brooklyn (Nueva York), con el monumento a Colón que realizó la escultora norteamericana Emma Stebbins. Su escultura, de la que hablamos en su momento y que está ubicada frente al Borough Hall, estaba destinada a ser retirada en esta oleada de frenesí borrador del recuerdo de cualquier personaje incómodo. Ha sido la labor de un movimiento vecinal el que ha logrado parar esa idea de hacer desaparecer una de las pocas, y esto es importante, obras públicas de una mujer escultora, que además por su abierta opción afectivo sexual, era lesbiana, la ha convertido en un símbolo del colectivo LGTBIQ+. Me parece una casualidad fascinante, que por un lado un monumento que recuerda el colonialismo europeo pueda ser resignificado por el perfil de la autora del mismo.

Como epílogo o conclusión me gustaría refrescar la historia que nos contó mi querida Ximena Apisdorf en un vídeo del canal Pasquino de Youtube, titulado *La historia de una glorieta en tres actos,* que se publicó el 7 de octubre de 2021[4]. En Ciudad de México, en el paseo de la Reforma se encuentra una de las obras de urbanismo del siglo XIX del periodo del Imperio mexicano de Maximiliano de Habsburgo y por iniciativa de su mujer Carlota de Sajonia-Coburgo-Gotha y que está en la línea de los grandes bulevares decimonónicos europeos. En esta calle se van a ir organizando glorietas, que sirven también de punto de confluencia. En una de esas glorietas se va a instalar el regalo que el rey de Bélgica Leopoldo I le quiere hacer al emperador Maximiliano: una estatua de Cristóbal Colón. Finalmente se hizo un monumento al marino, supuestamente genovés, y en él también se encontraban las representaciones de fray Bartolomé de las Casas, fray Juan Pérez Marchena, fray Diego de Deza y fray Pedro de Gante. El diseño de las esculturas estuvo a cargo del escultor francés Charles Cordier. El monumento se instaló en 1877. En 2020 el gobierno de Ciudad de México decidió retirarlo el día 10 de octubre, antes de que se pudieran producir actos violentos contra el grupo escultórico coincidiendo con la festividad del 12 de octubre. Se decidió después ocupar ese espacio con otro tipo de monumento público. Algunos conservadores e historiadores del arte quisieron promover una suerte de concurso público de ideas, así que se convocó a un grupo de artistas para que propusieran opciones. Una de las ideas era hacer un monumento opuesto a Colón, es decir, hacer una representación de una mujer indígena. La alcaldía de México anunció que se instalaría una escultura denominada *Tlali,* creada por el artista mexicano Pedro Reyes, consistente en una gran cabeza femenina en piedra volcánica que recuerda a las cabezas olmecas con supuestos rasgos indígenas. Esta elección generó controversia tanto en la opinión pública como entre muchos historiadores, ya que se trataba de una obra esculpida por un hombre sin haber consultado previamente a los pueblos originarios. Tras esta polémica y ante el vacío del pedestal, un conjunto de mujeres feministas lo ocupó e instaló una figura de casi dos metros que denominaron *antimonumenta,* una escultura de madera que simboliza a una mujer con el puño en alto y está pintada de morado. Esta acción suponía una resignificación importante de un espacio público en un país donde la violencia y los

---

[4] Véase el vídeo en [https://www.youtube.com/watch?v=LIhOXcqMyPA&ab_channel=Pasquino].

asesinatos contra las mujeres están a la orden del día. Pero el gobierno de Ciudad de México lo eliminó en varias ocasiones, y en 2021 presentó el proyecto de colocar un nuevo monumento: una réplica de la escultura conocida como *La joven de Amajac,* hallada en la Huasteca veracruzana en enero de 2021 y perteneciente al periodo posclásico tardío (1450-1521 d.C.). Con ello, será una representante de los pueblos indígenas la que ocupe el lugar de los símbolos colonialistas.

# Agradecimientos

Muchos quizá no conozcáis la concatenación de hechos que han conducido a que tengáis en vuestras manos un objeto, para mí precioso, como es un libro y que además haya salido del trabajo de este que escribe. Creo que puedo considerarme una persona afortunada y por ello he de dar cumplida cuenta de todas aquellas personas que el destino, o lo que sea, ha puesto en mi camino y como resultado yo haya podido ver un sueño cumplido. ¿Quién no ha soñado con escribir un libro?

Primero de todo, he de dar las gracias a Jesús Espino, editor de Akal, por permitirme con libertad y sin cortapisas meterme en esta aventura tan desconocida para mí. Saber que él estaba ahí por si lo necesitaba ha sido más que suficiente para sentir una seguridad que de otra manera quizá no hubiera tenido. También he de dar las gracias al director de la colección *Artefactos,* mi querido Miguel Ángel Cajigal, *El Barroquista,* que siempre confió en que esto iba a salir bien y si el confía, yo no puedo decepcionar.

El que yo me haya convertido en un divulgador en Historia del arte ha venido por dos vías que en la divulgación se dan la mano y se fusionan en un solo camino. Por un lado, el mundo académico y, por otro, el mundo de la docencia. He de acordarme aquí de todos mis profesores, desde Lola Benavides, aquel torbellino de carisma que me inició en la Historia del arte en el Instituto de Bachillerato Matemático Puig Adams de Getafe y a todos los profesores y las profesoras de mi Licenciatura en Historia del arte en la Universidad Complutense de Madrid. He de destacar aquí a aquellos que marcaron de manera indeleble mi forma de pensar y de investigar, de manera muy especial a Estrella de Diego y a mi querida Beatriz Blasco Esquivias. Sin todas y todos ellos no hubiese sido igual.

La docencia ha ocupado mi vida laboral durante los últimos dieciséis años, y en todos ellos he encontrado compañeros que me han ayudado y me han hecho más grande como docente, es decir, como persona. Me tengo que acordar de los antiguos compañeros del IES Laguna de Joatzel y a mis actuales compañeros del IES Altaír de Getafe. Merecen especial mención ese grupo de personas con las que he compartido café y ratos charlando sobre nosotros, sobre educación, sobre aficiones y, siempre que puedo, sobre arte: Rafa, Alcira, Paco, Esther, Alicia, Sheila, Mariángeles, Christian, Nuria, Alejandro, Asun, Mercedes, Mar, Vero, Diana y, por supuesto, a Esther la compañera de la cafetería. Todos los profesores que forman parte del claustro del Altaír han sido parte importante en la construcción de este libro. Evidentemente también todos mis alumnos, que son fantásticos de verdad y hacen que todos los días quiera ir a trabajar. Gracias.

Las Redes Sociales me han traído una nueva forma de relacionarnos y muchos y buenos amigos. He de mencionar a todos los que formaron parte de esa locura llamada #OrgulloBarroco que seguimos conectados en un cónclave o quizá más bien *falansterio barrocho:* Lu, Noe, Xabi, Cristina, Gerardo, Berta y Vanesa. También a toda esa gente que internet ha unido y que no ha de separar el hombre, ni la mujer: Manuel y Alegra, Sonia, Mónica, Hugo, Elena, Pablo, Luis, Carmen y tantos otros con los que hemos vivido momentos alucinantes. He de hacer mención especial a Carlos G. Navarro, Mónica Calderón, Fernando Plaza, Venancio Galán y a Adriana Cousillas.

La redacción de este libro se solapó con la escritura del prólogo de *PintorAs,* de mis queridas Sara Rubayo y Ana Gállego, a las que también tengo que agradecer muchas cosas, empezando por contar conmigo y hacerme partícipe de un proyecto tan fantástico. Aquí he de acordarme también de los amigos de *Fluzo,* especialmente Laia San José y Néstor Marqués, a este último le debo un café o lo que él quiera porque me auxilió en un momento de ofuscación.

También tengo que acordarme de esas personas que el azar pone en nuestras vidas y nos dan luz y alegría, María Ideas Flotantes y Enrique Pérez de mis años pradianos, Ana Ruiz por ser siempre tan humana. También mis amigos de toda la vida: Cristina, Mónica, Elvira, Gema, Edu, Carmen, Juanlu y Julián, que sé que están ahí. Siempre están ahí.

Por otra parte, me gustaría reconocer públicamente todo lo que me han ayudado, como profesional, como docente y también como persona los amplios debates e intercambios de ideas que ha supuesto mi participación en el canal Pasquino de YouTube, sobre todo por el debate que no se ve, pero que está en la base de mucho de lo que cuento en el libro. Gracias a Luis y Miguel, otra vez, por iniciar esa maravilla de proyecto y gracias a Ximena, Mónica, Xoan y Abraham por los buenos ratos que hemos pasado, por ayudarme y enseñarme tanto.

También he de agradecer a todos los compañeros que han colaborado con el blog *InvestigArt* y que no puedo citar a todos, porque la lista sería extensa. En ese sentido, sí que tengo que mencionar a la creadora y directora del mismo, mi querida Gloria Martínez Leiva, que es una de las mejores historiadoras del arte que conozco y de la que he aprendido mucho, muchísimo, y que siempre me dice que sí. Sin su apoyo no hubiera podido escribir esto. Tanto Gloria como Gerard tienen una parte grande de este libro.

Me dediqué en su día a la Historia del arte, porque un matrimonio de manchegos emigrados a la periferia sur de Madrid, Antonia y Cipriano, se esforzaron por dar una educación en la escuela pública a sus tres hijos: Antonio, Eva María y este servidor. Gracias a su esfuerzo y sobre todo gracias a la libertad que me dejaron ejercer, yo estudié lo que quise y nunca me cuestionaron esa decisión. Yo solo puedo estar agradecido y espero que este homenaje, a ellos y a mis hermanos sirva de compensación por los sacrificios que toda la familia tuvo que hacer para que pudiera ir a la universidad y terminar cumpliendo un sueño: ser historiador.

Este libro es sobre todo gracias a tres chicas, que me liberaron de algunas tareas, me dieron abrazos y besos cuando lo necesitaba, vinieron a preguntarme si lo llevaba bien y a sugerirme meter bocadillos de cómics en las imágenes del libro, a pedirme que les contara cosas y que enumerara de qué esculturas hablaría. Este libro tiene que ir dedicado a ellas, a Elena, Olivia y Amelia, el motivo por el que vale la pena seguir adelante con todo.

Si has llegado hasta aquí, también a ti querido lector anónimo o conocido, te doy las gracias.

# Una reflexión sobre la bibliografía y las obras citadas

Siempre he sido muy proclive a la utilización de notas al pie en mis textos, evidentemente en un contexto académico. Cuando inicié este trabajo tenía claro que en ese caso sería más un elemento distorsionador que facilitador, pues suele interrumpir la lectura y se puede perder el hilo con mayor facilidad, por lo que he optado por emplear el menor número posible de estas.

Me parece que es mucho más interesante hacer un llamamiento sobre las obras que creo que han sido fundamentales para mi conocimiento del fenómeno de la escultura monumental pública y de la escultura en general.

Lo primero es que quería tener un manual clásico sobre escultura, a ser posible uno con la suficiente antigüedad como para que me diera juego para ver los cambios en la historiografía. Por eso he utilizado el que escribió en 1970 Juan José Martín González, publicado por la editorial Gredos. El profesor Martín González ha sido uno de los más importantes en mis años académicos por sus estudios sobre la escultura barroca castellana y, sobre todo, por sus estudios sobre los retablos. Su visión de la escultura cuadra a la perfección con la construcción del relato de la evolución de la Historia del arte más canónica. Como contrapunto de esa historia de la escultura más tradicional y académica, he utilizado libros de corte más divulgativo, pero que traen un aire nuevo a la Historia del arte, como son los publicados por Miguel Ángel Cajigal y Sara Rubayo.

Para el fenómeno de la escultura monumental –eso sí, en España– ha sido un acierto contar con el magnífico estudio de Carlos Reyero, publicado por Cátedra en 1999, y el dedicado exclusivamente a Madrid por Socorro Salvador Prieto, publicado en 1990. Estos dos manuales clásicos aportan datos fundamentales como son los proyectos, la localización de la documentación sobre las iniciativas, el modelo de financiación y, finalmente, la realización material y las diferentes ubicaciones. Todos estos aspectos fundamentales para entender en profundidad las implicaciones de la escultura monumental y su cambio de lectura a lo largo del tiempo.

Seguramente el otro gran libro que cito a lo largo de todo el texto es el que para mí fue todo un descubrimiento en mis años de estudiante, el de Rudolf Wittkower, sobre la escultura y sus principios. En este estudio se tumba de un plumazo la visión de escultores genios, y se habla mucho sobre la importancia del taller y la parte mecánica. Hasta la lectura de este libro, yo desconocía la existencia de la máquina de sacado de puntos, por ejemplo, básica para entender la manera de trasladar una escultura del boceto de yeso o arcilla a piedra.

También, creo, que ha quedado clara mi deuda con la obra de David Freedberg, especialmente la edición española de sus textos sobre iconoclasia, publicados en 2017 y que están totalmente en la misma línea de mi visión sobre el asunto.

También me he valido de los trabajos de los dos blogs en los que escribo, por un lado, en *InvestigArt,* el blog de arte en el que junto a Gloria Martínez Leiva hemos creado un interesante corpus de artículos sobre Historia del arte con cierto grado de compromiso por hacer difusión de muchas de las líneas de investigación que a nosotros nos interesan y que creemos que pueden tener cabida en él, así como mi proyecto más personal, el blog *cipripedia.com,* donde intento dar cabida a temas que me interesan como la iconografía, el Barroco o parte de mi labor investigadora.

Además, hay también en este recopilatorio de fuentes, obras de carácter general que sirven para todos aquellos que necesiten acercarse a algunos de los periodos artísticos que tratamos en el libro, como las obras de Zalama, para el Renacimiento, o Beatriz Blasco, para el Barroco.

No pretendiendo haber hecho un estado de la cuestión ni una exhaustiva reunión de todo lo escrito sobre el fenómeno de los monumentos conmemorativos públicos, espero que sirva para todos aquellos que necesiten ampliar alguna de las cuestiones que se plantean en esta obra. En ese sentido, deseo que esta bibliografía y recursos digitales sirvan a los lectores que quieran más información.

Para el concepto de Paseo de la fama, he recurrido a los libros de Néstor Marqués que, además de recoger numerosas referencias, explica perfectamente la utilidad pública de la escultura monumental romana.

En el caso de la *damnatio memorie,* me he valido del fabuloso blog de mi compañero en el instituto y referente en todo lo concerniente al mundo antiguo, Jesús M. Ibáñez, que explica con ejemplos y de manera muy accesible el modo legal en que se podía hacer el borrado de una persona en la antigua Roma.

El capítulo dedicado a la creación de los espacios públicos, entendidos como espacios sociales, ha bebido del concepto de esfera pública que aportó Habermas, por lo que me remito a su libro para profundizar en el mismo. También ha sido muy útil cómo ha tratado la evolución de estos espacios el historiador Vicente Casals.

Fundamental también ha sido la contribución de Michael Camille y su libro sobre las imágenes góticas, que recoge todas las implicaciones teológicas, culturales y de significado en un momento tan importante para la construcción de la estética y la simbología de instituciones tan fundamentales como la iglesia o la monarquía. Su lectura es más que recomendable.

Otra lectura imprescindible fue el estudio de Whitney Chadwick, *Mujer, Arte y Sociedad,* que, aunque está algo desfasado, es muy buen texto para introducirse en las cuestiones de género en la Historia del arte. A su visión le debo mucho de mi cambio de perspectiva sobre este asunto. Al texto de Chadwick hay que sumar la gran contribución que resultó de la exposición comisariada por Carlos G. Navarro en el Museo del Prado, «Invitadas», a cuyo catálogo me remito, especialmente al capítulo dedicado a las mujeres escultoras españolas y redactado por Leticia Azcue.

Para el contexto histórico del siglo XIX, en este caso español, pero que nos sirve para hacernos una idea general, he utilizado el libro de Daniel Aquillué, *España con honra,* que además recoge muchísima bibliografía y referencias sobre este periodo.

Muy interesante, para el periodo de las vanguardias históricas, es el texto de Javier Maderuelo que reflexiona sobre el pedestal, tanto como objeto como metáfora, y el uso que se ha dado a este elemento en la vanguardia.

ALBERTI, Leon Battista, *De statua,* Livorno, Sillabe, 1998.

AGUILAR, Andrea, «Estatuas sin pedestal. La retirada del monumento a Antonio López en Barcelona y la negativa de la regidora a mandarla a Cantabria, abre el interrogante de qué hacer con estas obras», en *El País,* 16 de marzo de 2018, disponible en [https://elpais.com/cultura/2018/03/16/actualidad/1521213320_311778.html].

AQUILLUÉ, Daniel, *España con honra. Una historia del siglo XIX español 1793-1923,* Madrid, La esfera de los Libros, 2023.

ARGAN, Giulio Carlo, *Renacimiento y Barroco. I. El arte italiano de Giotto a Leonardo da Vinci,* Madrid, Akal, 1987.

—, *Renacimiento y Barroco. II. El arte italiano de Miguel Ángel a Tiepolo,* Madrid, Akal, 1987.

BARRIONUEVO PÉREZ, Raquel, «Harriet Hosmer. Escultora de heroínas mitológicas», en *Mas igualdad. Redes para la igualdad. Congreso Internacional De La Asociación Universitaria De Estudios De Las Mujeres (Audem),* Sevilla, Alciber, 2012.

BAZÁN DE HUERTA, Moisés, «La escultura monumental de Enrique Pérez Comendador», en *Norba-Arte* XXX (2010), disponible en [https://core.ac.uk/download/pdf/304881020.pdf].

BLASCO ESQUIVIAS, Beatriz, *Introducción al arte barroco. El gran teatro del mundo,* Madrid, Cátedra, 2015.

BRAVO, Oier, «El Monumento a la Batalla de Vitoria entra en la Lista Roja por estar "muy deteriorado"», en *Gasteiz hoy,* 26 de enero de 2024, disponible en [https://www.gasteizhoy.com/monumento-batalla-de-vitoria-lista-roja/].

BULLÓN GIL, Coral y SEGOVIA VARA, Marina, «De cuando las estatuas besan el suelo. Reflexiones en torno al papel de la iconoclasia en el movimiento *Black Lives Matter* (BLM)», en *Hastapenak. Revista de Historia Contemporánea y Tiempo Presente. Gaurko Historiaren Aldizkari Kritikoa* 1 (2021).

CAJIGAL VERA, Miguel Ángel, *Otra Historia de la arquitectura. Por qué tu casa es mejor que Versalles,* Barcelona, Plan B, 2023.

—, *Otra Historia del arte. No pasa nada si no te gustan Las Meninas,* Barcelona, Plan B, 2021.

CAMILLE, Michael, *El ídolo gótico. Ideología y creación de imágenes en el arte medieval,* Madrid, Akal, 2000.

CAÑEDO ARGÜELLES, Cristina, *Arte y Teoría: La contrarreforma y España,* Oviedo, Universidad de Oviedo, 1982.

CASALS, Vicente, «El espacio público, espacio social. Crítica Urbana», *Crítica Urbana. Revista de Estudios Urbanos y Territoriales* 5/22 (enero 2022).

CHADWICK, Whitney, *Mujer, arte y sociedad,* Barcelona, Destino, 1992.

CHECA CREMADES, Fernando; GARCÍA FELGUERA, M. Santos y MORÁN TURINA, Miguel, *Guía para el estudio de la Historia del Arte,* Madrid, Cuadernos de Arte Cátedra, 1980.

«Cinco grandes monumentos históricos destruidos por los yihadistas», en *El País,* 22 de agosto de 2016, disponible en [https://elpais.com/internacional/2016/08/22/actualidad/1471857242_456948.html?event_log=oklogin].

CONGOSTRINA, Alfonso L., «Derribada la estatua de Franco colocada en el Born de Barcelona», en *El País,* 21 de octubre de 2016, disponible en [https://elpais.com/ccaa/2016/10/20/catalunya/1476997072_508117.html].

CRUZ, Luis de la, «Cuando la ciudadanía de Madrid se opuso a la estatua de La Violetera por franquista y "cutre"», en *elDiario. es,* 14 de enero de 2024, disponible en [https://www.eldiario.es/madrid/somos/ciudadania-madrid-opuso-estatua-violetera-franquista-cutre_1_10814516.html].

DE ANDRÉS, Jesús, «Las estatuas de Franco, la memoria del franquismo y la transición política española», en Javier Moreno Luzón (coord.), *Nacionalismo español: las políticas de la memoria,* Madrid, Universidad Complutense, 2004.

DE DIEGO, Estrella, *La mujer y la pintura del XIX español. Cuatrocientas olvidadas y algunas más,* Madrid, Cátedra, 2009.

DE QUIROGA, Cris, «El vandalismo se ceba con los monumentos de Núñez de Balboa e Isabel la Católica», en *ABC,* 16 de enero de 2024, disponible en [https://www.abc.es/espana/madrid/ocupa-incesante-vandalismo-monumento-nunez-balboa-20240111201020-nt.html].

DIEZ, José Luis y BARÓN, Javier, *El siglo XIX en el Prado (catálogo de exposición),* Madrid, Museo del Prado, 2007.

ELORZA BERECIARTU, M.ª Teresa, *Eduardo Chillida y la cultura vasca,* Eusko ikaskuntza – jakinet, Curso 2005, disponible en [https://potolino.files.wordpress.com/2010/12/chillida_por_elorza_bereziartu1.pdf].

FAUS, Joan, «Charlottesville acelera la retirada de los polémicos símbolos de la América confederada», en *El País,* 17 de agosto de 2017, disponible en [https://elpais.com/internacional/2017/08/15/actualidad/1502783991_861851.html].

FERREIRO, Miguel Ángel, «"Memento Park" de Budapest, el parque de las esculturas que nadie quiere», en *El reto histórico,* 7 de junio de 2020, actualizado el 1 de julio de 2024, disponible en [https://elretohistorico.com/memento-park-de-budapest-el-parque-de-las-esculturas-que-nadie-quiere/].

FRAGUAS, Rafael, «En busca de la estatua de Juan Álvarez Mendizábal. Bellas Artes y el Colegio de Arquitectos indagan sobre el bronce retirado de la plaza del Progreso en 1939», en *El País,* 13 de marzo de 2001, disponible en [https://elpais.com/diario/2001/03/13/madrid/984486275_850215.html].

FREEDBERG, David, *El poder de las imágenes,* 7.ª ed., Madrid, Cátedra, 2022.

—, *Iconoclasia. Historia y psicología de la violencia contra las imágenes,* Vitoria-Gasteiz, Sans Soleil, 2017.

G. NAVARRO, Carlos (ed.), *Invitadas. Fragmentos sobre mujeres, ideología y artes plásticas en España (1833-1931),* Madrid, Museo Nacional del Prado, 2020.

GAS BARRACHINA, Silvia, «La historia fragmentada de los monumentos públicos: el proceso de identificación y su significado en la actualidad», en *Arte y políticas de la identidad,* Vol. 23, Murcia, Universidad de Murcia, 2020.

HABERMAS, Jürgen, *Historia y crítica de la opinión pública,* Barcelona, Gustavo Gili, 1982.

HERRIN, Judith, *Bizancio. El Imperio que hizo posible la Europa Moderna,* Barcelona, Debate, 2009.

HOBSBAWM, Eric, *La era de la Revolución 1789-1848. La era del Capital 1848-1875. La era del Imperio 1875-1914,* Barcelona, Crítica, 2012.

IBÁÑEZ MUÑOZ, Jesús M., «Por qué damnatio memorie (I)», en *Damnatiomemoria.blogspot.com,* 15 de septiembre de 2016, disponible en [https://damnatiomemoria.blogspot.com/2016/05/por-que-damnatio-memoriae-i.html?m=1].

KONSTANTYNÓW, Dariusz, «El obrero y la mujer de la granja colectiva de Vera Mukhina, 1937», en *Historia, antropología y fuentes orales* 26 (2001), pp. 23-36.

LACARRA DUCAY, M.ª del Carmen y GIMÉNEZ NAVARRO, Cristina (coords.), *Historia y política a través de la escultura pública 1820-1920,* Zaragoza, Institución «Fernando el Católico», 2003.

*Las Cortes del Barroco. De Bernini y Velázquez a Luca Giordano,* Madrid, SEACEX y Patimonio Nacional, 2003.

LOTZ, Wolfgang, *La Arquitectura del Renacimiento en Italia. Estudios,* Madrid, Hermann Blume, 1985.

LUTZ, Heinrich, *Reforma y Contra-reforma. Europa entre 1520 y 1648,* Madrid, Alianza, 2016.

MADERUELO, Javier, *La pérdida del pedestal. Cuadernos del círculo n.º 3,* Madrid, Círculo de Bellas Artes, 1994.

MARCILHACY, David, «La Hispanidad bajo el franquismo», en *Imaginarios y representaciones de España durante el franquismo,* Madrid, Casa de Velázquez, 2014, disponible en [https://hal.science/hal-03831055/document].

MARQUÉS, Néstor F., *Momentos de la antigua Roma que cambiaron el mundo,* Barcelona, Espasa, 2023.

—, *Fake news de la antigua Roma. Engaños, propaganda y mentiras de hace 2000 años,* Barcelona, Espasa, 2019.

MÁRQUEZ MACÍAS, Rosario, «Gertrude Vanderbilt Whitney. Su controvertido viaje a Huelva en 1927», en Eduardo García Cruzado (coord.), *Actas de las Jornadas de Historia sobre el Descubrimiento de América. Tomo V: Jornadas XV, XVI, XVII y XVIII, 2019, 2020, 2021 y 2022,* Huelva, Universidad Internacional de Andalucía y Ayuntamiento de Palos de la Frontera, 2023.

MARTÍN GONZÁLEZ, Juan José, *Historia de la escultura,* 2.ª ed., Madrid, Gredos, 1970.

MESONERO ROMANOS, Ramón de, *El antiguo Madrid. Paseos histórico-anecdóticos por las calles y casa de esta villa,* Madrid, Establecimiento tipográfico de Don F. de P. Mellado, 1861.

MUNIAIN EDERRA, Sara, *El programa escultórico del Palacio Real de Madrid y la Ilustración española,* Madrid, Fundación Universitaria Española, 2000.

MURRAY, Linda, *El Alto Renacimiento y el Manierismo,* Barcelona, Destino, 1995.

NIERHAUS, Andreas, «Christlichsozialer Personenkult im Roten Wien», en *Wien Museum Magazine* 202, disponible en [https://magazin.wienmuseum.at/das-lueger-denkmal-von-josef-muellner].

PÉREZ-MARTÍN, Mariángeles, «"La resurrección del Cid". Anna Hyatt Huntington, escultora», en *Laboratorio de Arte* 35 (2023), pp. 305-324.

POZUELO GONZÁLEZ, José Ignacio, *Guía de las Estatuas del Palacio Real de Madrid,* Madrid, Ergon, 2008.

REYERO, Carlos, *La escultura conmemorativa en España. La edad de oro del monumento público, 1820-1914,* Madrid, Cátedra, 1999.

RINCÓN GARCÍA, Wifredo, «Ponciano Ponzano. Un escultor aragonés en la corte (1813-1877)», en María del Carmen Lacarra Ducay (coord.), *El siglo XIX: el arte en la corte española y en las nuevas colecciones peninsulares,* Zaragoza, Institución «Fernando Católico», 2020.

RINCÓN LAZCANO, José, *Historia de los monumentos de la Villa de Madrid,* Madrid, Asociación de Libreros de Lance, 2001 [facsímil de la ed. de 1909].

RINCÓN, Reyes, «El Supremo considera delito un grafiti sobre una escultura de Chillida por la envergadura de los daños», en *El País,* 30 de marzo de 2022, disponible en [https://elpais.com/espana/2022-03-30/el-supremo-considera-delito-un-grafiti-sobre-una-escultura-de-chillida-por-la-envergadura-de-los-danos.htm].

RODRÍGUEZ, Darinka, «Ciudad de México elige la escultura prehispánica de una mujer para sustituir definitivamente a Colón en Paseo de la Reforma», en *El País,* 12 de octubre de 2021, disponible en [https://elpais.com/mexico/2021-10-12/ciudad-de-mexico-elige-la-escultura-prehispanica-de-una-mujer-para-sustituir-definitivamente-a-colon-en-paseo-de-la-reforma.html].

RUBAYO MARTÍNEZ, Sara, *Te gusta el Arte aunque no lo sepas,* Barcelona, Paidós, 2022.

RUBAYO, Sara y GÁLLEGO, Ana, *PintorAs. Vol.1 del siglo VI a.C. al XVII,* Barcelona, Paidós, 2024.

—, *PintorAs. Vol. 2 siglo XVIII,* Barcelona, Paidós, 2024.

SAAVEDRA FAJARDO, Diego, *Idea de un príncipe político-cristiano representada en cien empresas,* Amberes, Casa de Jeronimo y Juan Bautista de Verdussen, 1655, disponible en [https://books.google.es/books?id=mAAswUyy5ccC&pg=PP7&hl=es&source=gbs_selected_pages&cad=1#v=onepage&q&f=false].

SALVADOR PRIETO, M.ª del Socorro, *La escultura monumental en Madrid. Calles, Plazas y jardines públicos (1875-1936),* Madrid, Alpuerto, 1990.

SÁNCHEZ ROMERO, Marga, *Prehistoria de mujeres,* Barcelona, Destino, 2022.

SANTIAGO ARNOSO, Borja, *Del asesinato de George Floyd al derribo de estatuas. La lucha por la imagen de la ciudad,* trabajo final de grado, Madrid, Univesidad Nacional de Educación a Distancia, 2022, disponible en [https://www.academia.edu/102357880/Del_asesinato_de_George_Floyd_al_derribo_de_estatuas_La_lucha_por_la_imagen_de_la_ciudad].

SILVA-ESCOBAR, Juan Pablo, «Monumento, espacio público y poder simbólico. El caso de la estatua del general Baquedano y el uso político del patrimonio», en *Multiplicidades del patrimonio de lo sagrado a lo cotidiano, de la calle a la mesa,* Santiago de Chile, Universidad Mayor SpA, 2021.

TATARKIEWICZ, Władysław, *Historia de la estética II. La estética medieval,* Madrid, Akal, 1989.

VASARI, Giorgio, *Las vidas de los más excelentes arquitectos, pintores y escultores italianos desde Cimabue a nuestros tiempos,* 6.ª ed., Madrid, Cátedra, 2012.

VEGA, Elo, «¿Una violencia invisible? Las mujeres en los monumentos públicos», en *Boletín de Arte* 37 (2016).

VELMANS, Tania; KORAC, Vojislav y SUPUT, Marica, *Bizancio. El esplendor del arte monumental,* Barcelona, Lunwerg, 1999.

«Victory in Brooklyn! The Christopher Columbus Statue stays in place in front of Borough Hall», en *Keep the Columbus monument. Art. History. Heritage,* 3 de enero de 2023, disponible en [https://columbusmonumentsyracuse.com/?p=1290].

VIEJO, Manuel, «Almeida inaugura en Madrid una estatua de tres metros de la Legión con una loa a Millán-Astray», en *El País,* 8 de noviembre de 2022, disponible en [https://elpais.com/espana/madrid/2022-11-08/almeida-inaugura-en-madrid-una-estatua-de-tres-metros-de-la-legion-con-una-loa-a-millan-estray.html].

VINCI, Leonardo da, *El tratado de la pintura y los tres libros que sobre el mismo Arte escribió Leon Battista Alberti. Traducido por Don Diego Antonio Rejón de Silva, caballero maestrante de la Real de Granada, y académico de honor de la Real Academia de San Fernando,* Prato, Aurora Boreale, 2019 [reed. a partir de la ed. de 1784, con la trad. de Rejón].

VITRUVIO POLIÓN, Marco, *Los diez libros de Arquitectura,* Madrid, Akal, 2001.

WEISS, Stefan, «Karl-Lueger-Denkmal wird um 3,5 Grad nach rechts gekippt», en *DerStandard,* 31 de mayo de 2023, disponible en [https://www.derstandard.at/story/3000000172519/kunst-kultur-politik-siegerentwurf-permanente-kuenstlerischen-kontextuali-sierung-lueger-denkmal-httpslidostandardatpderstandardarti-cles172519editcanvascomponentdoc-1h1oohfm50].

WITTKOWER, Rudolf, *La Escultura. Procesos y principios,* Madrid, Alianza, 1997.

—, *Arte y arquitectura en Italia 1600-1750,* Madrid, Cátedra, 1995.

—, *Gian Lorenzo Bernini,* Madrid, Alianza, 1990.

ZALAMA, Miguel Ángel, *El Renacimiento. Artes, artistas, comitentes y teorías,* Madrid, Cátedra, 2016.

# Índice